Thomas Schmallowsky

Einführung in die betriebliche Steuerlehre

Thomas Schmallowsky

Einführung in die betriebliche Steuerlehre

3., erweiterte Auflage

Tectum Verlag

Thomas Schmallowsky
Einführung in die betriebliche Steuerlehre
3., erweiterte Auflage

ISBN 978-3-8288-4509-1
ePDF 978-3-8288-7548-7

Gesamtverantwortung für Druck und Herstellung:
Nomos Verlagsgesellschaft mbH & Co. KG
Printed in Germany

Besuchen Sie uns im Internet
www.tectum-verlag.de

Bibliografische Informationen der Deutschen Nationalbibliothek
Die Deutsche Nationalbibliothek verzeichnet diese Publikation
in der Deutschen Nationalbibliografie; detaillierte bibliografische
Angaben sind im Internet über http://dnb.d-nb.de abrufbar.

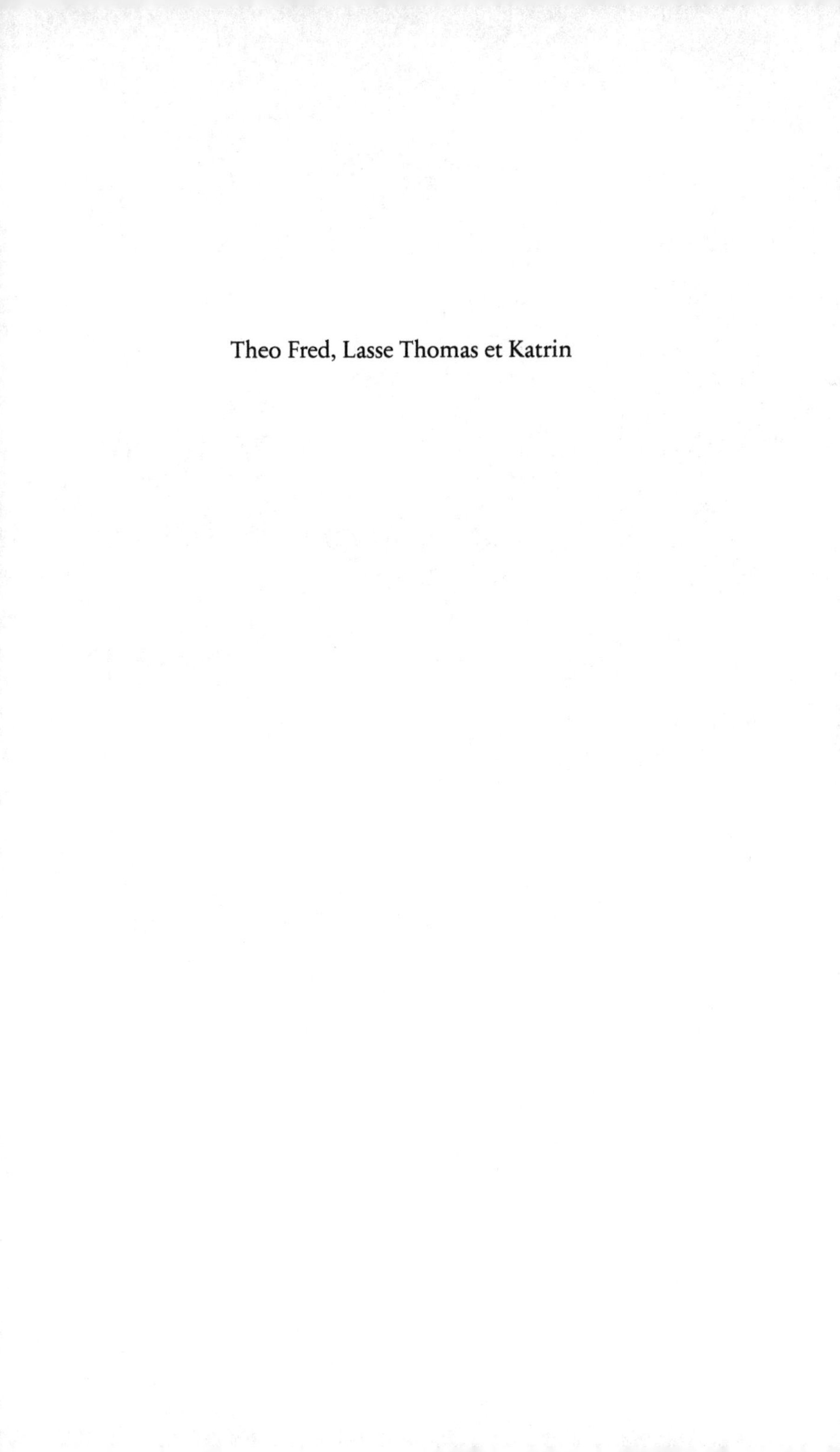

Theo Fred, Lasse Thomas et Katrin

Vorwort zur 3. Auflage

Änderungen in der Rechtsprechung, situationsbezogene Einflüsse auf das Steuerrecht und neue Anforderungen an die Ausbildung von Studenten und Schülern haben es notwendig gemacht, eine neue Auflage dieses Werkes zu erstellen. Insbesondere der Wegfall des Bankengeheimnisses bzw. die sich daraus ergebenden Rechtsfragen stehen im Focus der Bearbeitung. In das Werk wurde ferner – auf Wunsch der Leser – zu jedem Thema umfangreiche Rechtsprechung mit diversen Querverweisen eingefügt, um an entsprechender Stelle einfach zitieren zu können und zu einem Thema die gegensätzliche Literatur und Rechtsprechung auf einen Blick zu erfahren. Dies ist für Studenten des Steuerrechts ebenfalls nicht unwichtig, da sich langwierige Recherchen erübrigen und die besprochene Materie anhand der relevanten Rechtsprechung wiederholt werden kann. Für Wissenschaftler ist die Einfügung aktueller Rechtsprechung ebenfalls sinnvoll, da sich pro und contra diverser Streitfragen übersichtlich darstellen lässt. Auch für die Praktiker wie Juristen und Steuerberater entfällt damit der zeitaufwändige Einstieg in die Suche nach geeigneter Rechtsprechung, sodass der Zeitgewinn sinnvoll genutzt werden kann.

Im Jahre 2020 hat das Steuerrecht einen gewaltigen Innovationssprung erlebt, nicht zuletzt durch die Corona-Pandemie. Welchen Ursprungs auch immer die Änderungen sind – das gesamte Steuerrecht ist zumindest temporär davon betroffen. Bei einem dauerhaft aufgelegten Werk wie dem vorliegenden kann es natürlich unmöglich sinnhaft sein, alle Änderungen zu publizieren, die sich möglicherweise im Herbst bereits wieder erledigt haben. Daher dient der Band als Grundlagenliteratur und soll zur weiteren Lektüre anregen. Für Anregungen und Änderungswünsche steht der Verfasser selbstverständlich gerne zur Verfügung. Mit dem größten Dank an den Verlag und der Bitte, trotz sorgfältigen Lektorates auftretende Fehler jedweder Art zu entschuldigen, hofft der Verfasser, den Einstieg in das Steuerrecht einfach gestaltet zu haben.

Wismar, im September 2020 — Prof. Dr. Thomas Schmallowsky

Inhalt

Einleitung und Übersicht

Grundlage eines jeden Studiums ist die Kenntnis des Ertragsteuerrechts, da dieses wiederum Grundlage weiterer Gesetze und Verwaltungsanweisungen ist. Elementare Grundlage eines jeden Studiums ist auch die Kenntnis von Bilanzrecht und Handelsrecht. Die einzelnen Gesellschaftsarten und Rechtsformen sowie die Kenntnis von Bilanzierungsgrundsätzen führen zu einem besseren Verständnis des Steuerrechts. Zudem wird in den einzelnen Vorschriften eine dezidierte Kenntnis über die Unterschiede der einzelnen Rechtsformen und der damit in Verbindung stehenden Rechtsfolgen verlangt. Ohne die Kenntnis des Handelsgesetzbuches und der internationalen Rechnungslegungsvorschriften ist heutzutage das Steuerrecht kaum noch überschaubar. Auch die Rechtsprechung des Europäischen Gerichtshofes nimmt immer größeren Einfluss auf das deutsche Steuerrecht. So ist es unabdingbar, die 6. Mehrwertsteuerrichtlinie zu kennen und sich einen kleinen Überblick über die europäische Rechtsprechung, welche elementare Wirkung für jeden Steuerpflichtigen entfaltet, zu verschaffen.

Dieses Buch beschäftigt sich zunächst mit dem Einkommensteuerrecht und verweist danach auf das Körperschaftsteuerrecht und das Gewerbesteuerrecht.

Weiter soll ein Einblick in das Umsatzsteuerrecht erfolgen, welches dauerhafte Änderungen erfährt.

Nicht zuletzt sind Verfahrensfragen von elementarer Bedeutung. Auf die Abgabenordnung und Finanzgerichtsordnung wird daher ebenfalls eingegangen.

Es wird kein Anspruch erhoben, sämtliche Rechtsprechung und Literatur dieser umfangreichen Sachgebiete berücksichtigt zu haben.

I. Einkommensteuerrecht (EStG)

Rechtsgrundlagen für die Besteuerung ergeben sich aus dem EStG und der EStDV. Spezialvorschriften enthalten die AO und andere Steuergesetze wie DBA etc.

EStR sind die Verwaltung bindende Anweisungen zur Anwendung des EStG. Darin werden Zweifelsfragen und Auslegungsfragen von allgemeiner Bedeutung hinsichtlich immer wiederkehrender Sachverhalte behandelt. Sichergestellt werden soll damit die Einheitlichkeit der Anwendung des Steuerrechts, sowie die Verfahrensökonomie der Finanzbehörden. Ergänzende Verfügungen, Erlasse und Richtlinien vervollständigen die Anwendung der Steuerrechtsvorschriften.

Dem Einkommensteuergesetz liegt in § 1 EStG der Grundsatz der unbeschränkten Steuerpflicht zu Grunde. Da die Einkommensteuer eine Personensteuer darstellt, beurteilt sich die Steuerpflicht nach der subjektiven Pflicht zur Entrichtung von Steuern. Ausschließlich natürliche Personen im Sinne des § 1 BGB sind für sich einzeln steuerpflichtig. Die persönliche Steuerpflicht definiert denjenigen, der in den Steuergesetzen als Steuerpflichtiger bezeichnet wird. Unterschieden wird im deutschen Steuerrecht ferner zwischen persönlicher und sachlicher Steuerpflicht.[1] § 1 EStG wird ergänzt durch das Außensteuergesetz (AStG).

Die sachliche Steuerpflicht definiert die Verwirklichung eines Tatbestandes, der eine Steuerschuld entstehen lässt.

Die Steuerpflicht beginnt mit der Vollendung der Geburt und endet mit dem Tode. Andere Kriterien spielen für die Steuerpflicht keine wesentliche Rolle.

Jede natürliche Person mit Wohnsitz in Deutschland ist mit ihrem Welteinkommen in Deutschland steuerpflichtig. Dies bedeutet, dass jedes Einkommen, welches von einem in Deutschland Steuerpflichtigen erzielt wird, in der Besteuerung ebenfalls in Deutschland unterliegt.

Ausnahmen bieten Doppelbesteuerungsabkommen, auf die hier nicht weiter eingegangen werden soll.

Sachlich erfolgt eine Besteuerung, wenn ein zu versteuerndes Einkommen vorliegt. Bitte beachten Sie, dass auch Einkünfte aus verbotenen Tätigkeiten der Besteuerung unterliegen (vergleiche § 40 AO). § 1 Abs. 1 1 EStG enthält eine Übersicht der Voraussetzungen, um die persönliche Steuerpflicht zu begründen. Diese Norm sollte unbedingt bekannt sein.

Die Einkommensteuer wird nach Ablauf eines Kalenderjahres mittels Veranlagungsverfahren – also nach der Ermittlung der Besteuerungsgrundlagen – fest-

1 Heinicke / Schmidt, EStG, § 1 Rn. 1 ff.

gesetzt und dem Steuerpflichtigen mittels Bescheid bekannt gegeben. Veranlagungszeitraum ist mithin das Kalenderjahr. Grundlage für die Einkommensteuer ist das zu versteuernde Einkommen, (vergleiche § 2 Abs. 5 1 EStG). Grundsätzlich wird jede natürliche Person einzeln veranlagt. Hinzuweisen ist jedoch gemäß §§ 25 ff. EStG auf die Zusammenveranlagung, die getrennte Veranlagung und die besondere Veranlagung für Eheleute. Unterschiede ergeben sich dabei im Hinblick auf die außergewöhnlichen Belastungen, die Verdoppelung von Pauschbeträgen (Sonderausgaben und Vorsorgepauschale), den Entlastungsbetrag für Alleinerziehende (§ 24b EStG) sowie den Steuertarif. Unbestritten dürfte die Zusammenveranlagung von Eheleuten in der Regel steuerlich günstiger ausfallen. Es sei noch darauf hinzuweisen, dass die Zusammenveranlagung noch am letzten Tag eines Veranlagungszeitraumes gewählt werden kann, um Geltung für das gesamte Kalenderjahr zu entfalten.

1. Einkunftsarten

Das deutsche Einkommensteuerrecht weist gemäß § 2 I EStG die sieben folgenden Einkunftsarten auf, die mit der Einkommensteuer belastet werden:

Einkünfte aus Land- und Forstwirtschaft,
Einkünfte aus Gewerbebetrieb,
Einkünfte aus selbstständiger Arbeit,
Einkünfte aus nicht selbstständiger Arbeit,
Einkünfte aus Kapitalvermögen,
Einkünfte aus Vermietung und Verpachtung,
sonstige Einkünfte im Sinne des § 22 EStG,

die der Steuerpflichtige während seiner unbeschränkten Einkommensteuerpflicht oder als inländische Einkünfte während seiner beschränkten Einkommensteuerpflicht erzielt.

Die §§ 13 ff. EStG definieren die Einkünfte (Reinertrag aus allen wirtschaftlichen Betätigungen, die zu derselben Einkunftsart zählen, d. h. Gewinn / Verlust hinsichtlich Nr. (1) bis Nr. (3), §§ 4–7g, 9b EStG und Überschuss der Einnahmen über die Werbungskosten hinsichtlich Nr. (4) bis (7), §§ 8, 9, 9a EStG)) allgemeinverbindlich und weisen die jeweiligen Einkünfte den dazugehörigen Einkunftsarten zu.

Gem. § 22 Nr. 2 EStG gehören Einkünfte aus privaten Veräußerungsgeschäften i. d. § 23 I 1 Nr. 2 EStG zu den sonstigen Einkünften. Dies gilt auch für Kinder und zusammenveranlagte Eheleute. Personengesellschaften und juristische Personen unterliegen selbst nicht dem Einkommensteuerrecht. Vielmehr wird bei einer Kapitalgesellschaft die Gesellschaft an sich steuerpflichtig (Körperschaftsteuergesetz); bei einer Personengesellschaft werden die Einkünfte auf die Beteiligten verteilt und diesen zugerechnet (vergleiche §§ 179, 180 AO).

§ 17 EStG bildet die Ausnahme zu dem Grundsatz, dass private Veräußerungsgeschäfte von Gegenständen des Privatvermögens (stille Reserven) grundsätzlich steuerrechtlich nicht erfasst werden. Davon soll dann eine Ausnahme gemacht werden, wenn die Grenzen von den steuerbaren zu den nicht steuerbaren privaten Veräußerungsgeschäften überschritten werden, indem die Ausnutzung substanzieller Vermögenswerte im Sinne der Fruchtziehung entscheidend in den Vordergrund tritt, m. a. W. wenn die Einkünfte gewerblichen Einschlag erhalten und nicht mehr der privaten Lebensführung dienen sollen.

Der Durchsetzung stehen jedoch in erheblichem Maße das Steuergeheimnis und das Bankgeheimnis entgegen; diese Rechtsinstitute erschweren die Informationsbeschaffung und praktische Subsumtion des Steuertatbestandes des § 23 I 1 Nr. 2 EStG.

Die Einkunftsarten 1–3 werden auch als Gewinneinkünfte und die restlichen Einkunftsarten als Überschusseinkünfte bezeichnet werden. In der Literatur wird dies auch als Dualismus der Einkunftserzielung bezeichnet. Bitte beachten Sie, dass begrifflich ein Unterschied zwischen Einnahmen und Einkünften besteht. Einnahmen sind Bruttoeinnahmen aus der jeweiligen Einkunftsart, während Einkünfte den Nettobetrag darstellen. Bei der Besteuerung wird das Nettoprinzip angewandt, das heißt, besteuert wird die netto-Ertragskraft eines Menschen. Berücksichtigt werden soll bei der Steuerfestsetzung die wirtschaftliche Leistungsfähigkeit der einzelnen Steuersubjekte. Daraus folgt, dass das Ziel der Steuergerechtigkeit[2] nicht erreicht werden kann. Die besonderen Umstände im Leben einer natürlichen Person sind zu verschieden, als dass mit einer Steuervorschrift alle Lebenslagen und wirtschaftlichen Gesichtspunkte Berücksichtigung finden könnten.

Die Einkommensteuer ist nicht abzugsfähig und wird direkt beim Steuerpflichtigen angesetzt, der sowohl gesetzlicher Steuerschuldner als auch wirtschaftlicher Steuerträger ist.

Die konjunkturabhängige Einkommensteuer ist eine wichtige Ertragsquelle des Bundes; daher kommt ihr neben der MwSt. ein hoher Stellenwert zu.

a. Steuergeheimnis, § 30 AO

Das Steuergeheimnis im deutschen Steuerrecht gem. § 30 AO ist eine Regelungsnorm zur Durchsetzung des Datenschutzes im geltenden Recht. Geschützt werden soll damit die informationelle Selbstbestimmung eines jeden Steuerpflichtigen nach Maßgabe der Art. 1 I GG i. V. m. Art. 2 I GG. Der Ein-

2 Vgl. Badura, Peter, Staatsrecht, 732 Rn. 16.

zelne soll selbst bestimmen können, inwieweit seine persönlichen Daten verwendet und preisgegeben werden dürfen. Bedeutung erlangt das Steuergeheimnis insbesondere im Steuerecht de lege lata. Denn darin werden den staatlichen Stellen weitreichende Einblicke in die private Lebensführung eines jeden Einzelnen gewährt, indem die Mitwirkungspflicht des Steuerpflichtigen eine Offenlegung des jeweiligen Lebensbereiches verlangt.[3] Das Steuergeheimnis regelt somit die Berücksichtigung des allgemeinen Persönlichkeitsrechts. Es ist zeitlich nicht begrenzt.

Das Steuergeheimnis bestimmt, dass Amtsträger (Abs. 1) das Geheimnis zu wahren haben, also dementsprechend sämtliche Beamte der Gerichte, Behörden, Verwaltungen. Zum Zwecke des weitreichenden Schutzes werden aber auch die Angestellten und Beschäftigten des öffentlichen Dienstes sowie sonstige nichtverbeamtete Personen zur Geheimhaltung verpflichtet. Denn auch diese gelangen in den Geltungsbereich der Norm durch die Verwendung persönlichkeitsintensiver Daten. Um eine Ausuferung des Anwendungsbereiches zu vermeiden, werden die Arbeitgeber aus dem Verpflichtungskontext herausgenommen.

Geschützt werden sollen mit § 30 AO insbesondere Verhältnisse Anderer sowie fremde Betriebs- oder Geschäftsgeheimnisse (Abs. 2). Dabei ist nicht zur Voraussetzung zu machen, dass der Steuerpflichtige etwa ein berechtigtes Interesse an der Geheimhaltung geltend machen kann. Denn das Rechtsinstitut findet automatische Anwendung, auch wenn die zu beachtenden Verhältnisse steuerlich nicht relevant werden.

Andere sind in diesem Zusammenhang nicht nur der Steuerpflichtige, sondern auch z. B. der Steuerberater, Rechtsanwalt, Auskunftspersonen etc.

Nach dem Zweck der Vorschrift sind sämtliche Begriffsbestimmungen im Rahmen des § 30 AO weit auszulegen, um einen umfassenden Schutz der Persönlichkeitssphäre zu gewährleisten.

Ein Ausschluss von der Gewährleistung des Steuergeheimnisses ist dann zu statuieren, wenn die preiszugebenden Daten Voraussetzung für einen Strafanspruch des Staates sind. So muss etwa im Steuerstrafverfahren eine Verdichtung zur Pflicht der Preisgabe erfolgen (Abs. 2 Nr. 1 lit. a). Denn nur so kann das Recht der Allgemeinheit Vorrang gegenüber dem Recht des Einzelnen Durchsetzbarkeit erlangen.

Offenbarung i. d. § 30 AO ist jedes Verhalten, was dazu geeignet ist, einem Dritten die unter das Steuergeheimnis fallenden Verhältnisse oder Tatsachen bekannt zu geben. Dies gilt jedoch nicht, wenn der Dritte bereits in Kenntnis dieser Informationen war, bevor diese ihm preisgegeben wurden. Damit schei-

3 Vgl. BVerfGE 65, 1, 46.

det begrifflich bereits die Weitergabe der relevanten Daten innerhalb des Verwaltungsweges an andere Dienststellen aus dem Sinngehalt der Norm aus. Denn zur ordnungsgemäßen Verfahrenserledigung wird die Datenweitergabe mindestens bedingte Voraussetzung. Im Übrigen bleiben die Informationen im Verwaltungsbereich und gelangen nicht an Dritte nach außen. Davon unabhängig ist die Befugnis zur Weitergabe zu betrachten, die das Offenbaren oder das Abrufen von Daten zulässig macht.

Die Verwertung der Daten besteht in der wirtschaftlichen Nutzung eben dieser Informationen für eigene oder fremde Zwecke. Auf die Verwertungsart kommt es dabei nicht an. So ist eine Verwertung auch dann gegeben, wenn die geheim zuhaltenden Informationen nicht nach außen dringen.

Eine Verletzung ist ferner dann gegeben, wenn geschützte Daten im automatisierten Verfahren unbefugt abgerufen werden (§ 30 II Nr. 3 AO). Die dabei verwendete Technik ist dabei nicht relevant.

Das Steuergeheimnis ist nur dann als verletzt anzusehen, wenn die Offenbarung, die Verwertung oder der Abruf von Daten unbefugt vorgenommen wird. Dies ist dann gegeben, wenn die vorgenannten Vorgänge zur ordnungsgemäßen Durchführung eines Besteuerungsverfahrens entbehrlich sind und ein weiterer Rechtfertigungsgrund nicht ersichtlich ist. Denn das Steuergeheimnis ist nicht ausschließlich für den Schutz des betroffenen Steuerpflichtigen bestimmt, sondern dient gleichzeitig der richtigen und vollständigen Erfassung der Besteuerungsgrundlagen. Der Grundsatz der Verhältnismäßigkeit ist gleichwohl anzuwenden.

Eine befugte Verwendung von Informationen liegt ferner dann nicht vor, wenn der Betroffene einwilligt oder zustimmt oder die Verwertung durch Gesetz explizit zugelassen wird. So wird befürwortet, eine Befugnis zur Informationsverarbeitung zu bejahen, wenn damit illegale Beschäftigungen oder sozialer Leistungsmissbrauch bekämpft werden sollen. Aber auch zur Vermeidung unrichtiger Handelsregistereintragungen kann die Finanzverwaltung Daten weitergeben, was nach h. M. nicht als unbefugt angesehen wird.

Hat das Finanzamt im Rahmen eines Besteuerungsverfahrens Kenntnis von Tatsachen erlangt, die eine strafrechtliche Sanktion nach sich ziehen könnten, verwehrt das Steuergeheimnis die Weitergabe dieser Informationen. Dies erfährt dann eine Ausnahme, wenn die Erlangung dieser Tatsachen als unbeabsichtigte Nebenfolge des Besteuerungsverfahrens aufgetreten ist (sog. Zufallsfund). Dann überwiegt das Persönlichkeitsrecht des Betroffenen nicht. Zwar stellt das Steuergeheimnis bekanntermaßen das Korrelat zur Mitwirkungs- und Offenbarungspflicht dar. Im Strafrecht gilt jedoch der Grundsatz, dass niemand an seiner Verurteilung mitwirken muss (nemo tenetur se ipsum accusare). Bei der Preisgabe solcher Informationen würde dieser Grundsatz mittelbar in sein Gegenteil verkehrt. Ausnahmen bestehen nur dann, wenn Verbrechen oder schwere Vergehen (etwa Mord, Hochverrat u. a.) zu befürchten sind. Denn dann genießt die öffentliche Ordnung Vorrang vor dem Recht des Einzelnen.

Die Verletzung des Steuergeheimnisses ist als Antragstat strafrechtlich gem. § 355 StGB mit Freiheitsstrafe bis zu zwei Jahren oder Geldstrafe sanktioniert. Die Erlangung von Daten ist in § 202 a StGB mit Freiheitsstrafe bis drei Jahren oder Geldstrafe pönalisiert. Weil § 355 StGB eine Straftat im Amt darstellt, erfolgt außerdem eine kumulative Disziplinarmaßnahme, die bis zur Entlassung aus dem Beamtenverhältnis reichen kann. Auch die Schadensersatzansprüche gegen die öffentliche Hand gem. § 839 BGB i. V. m. Art. 34 GG machen deutlich, dass das Steuergeheimnis und dessen Verletzung kein „Kavaliersdelikt" darstellt, sondern streng verfolgt wird. Denn es ist Ausfluss des verfassungsrechtlich garantierten Schutzes des Persönlichkeitsrechts.

Bei der Besteuerung gewonnene Tatsachen, etwa die Erzielung von Einkünften in nicht unerheblichem Umfang oder die Aufdeckung von Insider-Handel oder Kapitalanlagebetrugs können eine Weitergabe an die jeweils zuständigen Behörden jedoch sanktionslos ermöglichen. Dabei verbietet sich jedoch eine pauschale Betrachtungsweise; insoweit sei auf den Einzelfall verwiesen.

Für betroffene Steuerpflichtige kommt ein pauschaler Finanzrechtsweg nicht in Betracht; auch hier entscheidet wieder der Einzelfall, also wogegen sich der Antrag des Betroffenen richtet.[4]

Rechtsprechung: BFH, Urt. V. 19.11.2002 – VII B 123/02):

Mit den vom Kläger referierten Argumenten aus der Instanzrechtsprechung und dem Schrifttum hat sich der Senat indessen bereits eingehend in seinem Urteil in BFHE 174, 197, BStBl II 1994, 552 auseinander gesetzt. Dies gilt insbesondere hinsichtlich des Einwandes, das Steuergeheimnis sei ein Gegenstück zu den Offenbarungspflichten des Steuerrechts und könne daher nur auf Steuerpflichtige und sonstige auskunftspflichtige Personen bezogen werden (vgl. Landgericht – LG – Hamburg, Beschluss vom 19. Februar 2002 631 Qs 9/02, Neue Juristische Wochenschrift – NJW – 2002, 1216, 1217; Streck/Olbing, Der beim Finanzamt angezeigte Steuerbürger: Auskunftsanspruch contra Steuergeheimnis, Betriebs-Berater 1994, 1267, 1268; Gosch, Anmerkung zur Senatsentscheidung VII R 88/92, Die steuerliche Betriebsprüfung – StBp – 1994, 217, 218; Schuhmann, Geheimhaltung der Namen von Informanten durch das Finanzamt, Zeitschrift für Wirtschaft, Steuer, Strafrecht – wistra – 1996, 16, 18). Hierzu hat der Senat ausgeführt, dass es unerheblich sei, ob die betreffende Person in einem steuerlichen Verwaltungs- oder Gerichtsverfahren auskunftspflichtig sei oder ihre Angaben ohne rechtliche Verpflichtung abgegeben habe (vgl. Senatsurteil in BFHE 174, 197, 201, BStBl II 1994, 552, 554). Dabei hat der Senat auf den mit dem Steuergeheimnis verfolgten Zweck hingewiesen, durch besonderen Schutz des Vertrauens in die Amtsverschwiegenheit die Bereitschaft zur Offenlegung der steuerlich relevanten Sachverhalte zu fördern,

4 Vgl. Zusammenfassung der Rechtswege in: Klein, AO, § 30 Rn. 221 ff.

um so das Steuerverfahren zu erleichtern, die Steuerquellen vollständig zu erfassen und eine gesetzmäßige, insbesondere auch gleichmäßige Besteuerung sicherzustellen (vgl. Bundesverfassungsgericht – BVerfG –, Urteil vom 17. Juli 1984 2 BvE 11, 15/83, BVerfGE 67, 100, 140). Hierbei handelt es sich um einen gegenüber dem Schutz des Steuerpflichtigen und der anderen zur Auskunftserteilung verpflichteten Personen gleichwertigen Zweck des Steuergeheimnisses (vgl. BVerfG-Urteil in BVerfGE 67, 100, 140). Anders als Schuhmann (wistra 1996, 16, 18) meint, steht das Senatsurteil in BFHE 174, 197, 202, BStBl II 1994, 552, 554 daher nicht in Widerspruch zu der Rechtsprechung des BVerfG.

b. Bankgeheimnis, § 30 a AO

Das Bankgeheimnis[5] (eine Legaldefinition existiert nicht) statuiert den Schutz der Beziehungen zwischen Bank und Kunde und entspricht dem früheren Bankenerlass[6]. Abgeleitet wird dieses Rechtsinstitut aus dem schuldrechtlichen Bankenvertrag zwischen Bank und Kunde. Jedoch wird auch vertreten, dass das Bankgeheimnis dem Gewohnheitsrecht entspringt oder dem allgemeinen Persönlichkeitsrecht der Art. 1 I i. V. m. 2 I GG entspricht. Letztgenannte Ansichten[7] vermögen nicht zu überzeugen. Denn zuvörderst im Blickwinkel stehen die vertraglichen Beziehungen zwischen Bank und Bankkunde mit ihren zahlreichen Facetten. So stellt die Bank dem Kunden eine Fülle von Informationen zur Verfügung; jedoch ist die Informationsübermittlung des Kunden an die Bank um einiges gewichtiger. Denn hierbei wird eine Unmenge von persönlichen Daten weitergeleitet, die der Kunde in sicheren Händen wissen will. Umso natürlicher ist es, dass viele Institutionen um die Herausgabe dieser Information wetteifern. So auch der Staat, der sich nunmehr der Sperre des Bankgeheimnisses ausgesetzt sieht.

Daher ist eine quasigesetzliche Regelung im Bankvertrag i. V. m. Nebenpflichtverletzungen (etwa § 280 I 1 BGB – alt. PVV) zu sehen.

Inhaltlich definiert sich das Bankgeheimnis als Schutz des Vertrauensverhältnisses (§ 30 a I AO) unter Berücksichtigung der Überwachung von Konten, Depots und der Abwicklung des Zahlungsverkehrs. Besondere Aufmerksamkeit verdienen in diesem Zusammenhang die Begriffe „Erforderlichkeit“ und „Verhältnismäßigkeit i. e.“. Denn ein Bankgeheimnis in Form eines Auskunftsverweigerungsrechts besteht nach h. M. nicht; vielmehr handelt es sich um Ermessensrichtlinien („soll … unterbleiben“ – „soll … nicht verlangt werden“), die bei der Ermittlung im Besteuerungsverfahren von Amts wegen berücksichtigt werden sollen. Gleichwohl wird wegen nicht einheitlicher Rechtsdefi-

5 Eigentlich nur Schutz von Bankkunden ggü. der Finanzbehörde vor einem Eindringen in die bankvertraglichen Beziehungen; insofern ist der Begriff „Bankgeheimnis“ nicht korrekt und zu weitreichend.

6 Vgl. BMF, BStBl. I 590.

7 Vgl. Huhmann, a. a. O., 27 ff m. w. N.

nition ein Auskunftsverweigerungsrecht allerorten statuiert, wogegen die Steuerbehörden oftmals hilflos sind.

So deklariert § 30 a II AO ein Mitteilungsverlangenverbot der Finanzbehörden ins Blaue hinein. Dazu bedurfte es des Absatzes zwei jedoch nicht, denn ein solches Verlangen ist bereits de lege lata nicht erlaubt (vgl. § 93 AO).

In § 30 a III AO wird das Verbot statuiert, eine Außenprüfung bei einer Bank als Gelegenheit zu nehmen, Guthabenkonten oder Depots festzustellen oder abzuschreiben oder Kontrollmitteilungen auszuschreiben. Wie das Wort „soll" zeigt, handelt es sich nicht um eine Verbotsnorm sondern lediglich um eine Ermessensvorgabe. In praxi ist diese Wortspielerei jedoch nur theoretischer Natur, der die tatsächliche Verfahrensweise der jeweiligen Bank entgegensteht.

§ 30 a IV AO regelt, dass ein Steuerpflichtiger im Rahmen seiner Steuererklärung keine Angaben zu seinen Konten oder Depots machen muss, soweit er nicht steuermindernde Ausgaben oder Vergünstigungen geltend macht oder die unbare Zahlungsabwicklung mit dem Finanzamt dies bedingt. Dieser Absatz ist unerheblich. Zum Einen muss ein Steuerpflichtiger keine Beweise der Steuererklärung beifügen. Insoweit kommt eine Kontenangabe ohnehin nicht in Betracht. Zum Anderen hat die Zinseinkunftsbesteuerung oder die Erklärung des privaten Kapitals keinen materiellen Zusammenhang mit den Konten eines Steuerpflichtigen. Also ist auch dabei die Nummernangabe der Konten oder Depots überflüssig. Im Übrigen modifiziert § 30 V AO unter Maßgabe des § 93 AO den Absatz gegen Null. Denn insoweit kann die Sollvorschrift de lege lata ausgehebelt werden.

§ 30 V AO regelt den Verweis auf § 93 AO und somit dessen Anwendung. Darin werden die Sollvorschriften des Bankgeheimnisses derart eingeschränkt, dass daran zu denken wäre, den § 30 a AO als überflüssig zu deklarieren. Denn die Banken machen häufig Gebrauch vom § 30 a V AO i. V. m. § 93 AO. Darin ist zwar die Auskunftspflicht der Beteiligten und anderer Personen geregelt. Gefordert wird jedoch zunächst die Sachverhaltsaufklärung durch die Beteiligten selbst. Davon entbunden ist lediglich die Steuerfahndung. Jedoch ist auch diese an eine umfassende Vorfeldermittlung gebunden, was den § 93 AO stark einschränkt und somit zu Spannungsfeldern zwischen den Auskunftsparteien führt.

Bedeutung findet das Bankgeheimnis im Rahmen des § 23 I 1 Nr. 2 EStG. Fallen bei einem Steuerpflichtigen Einnahmen wegen des Zwangsverkaufes der Aktien (squeeze out) an, so unterliegen diese im Rahmen des § 23 EStG der Spekulationsbesteuerung. Die Besteuerung kann jedoch nur erfolgen, wenn der Steuerpflichtige diese Einnahmen der Finanzverwaltung anzeigt. Durch die Einschränkungen des § 30 a AO geschieht dies nur bei jedem Zweiten. Würde diese Norm, wie derzeit wirtschaftspolitisch diskutiert, gestrichen, könnte ein schnellerer Zugriff auf die Konten der Bankkunden, also auch der Minderheitsaktionäre stattfinden. Alsdann wäre eine schnellere und gleichmäßigere Besteuerung möglich (Art. 3 I GG). Gleichwohl könnte in diesem Fall ein Verstoß gegen Art. 1 I, 2 1 GG gegeben sein. Denn die Befürchtung hinsichtlich des „gläsernen Bankkunden" und der hohen Fluktuation der Bankkunden in die Schweiz oder nach Luxemburg lässt allein schon die Wirtschaft für Widerstand sorgen. Denn für diese kommt ein Auskunftsersuchen lediglich als ultima ratio in Betracht. Der Norm des § 93 AO kann lediglich subsidiärer Charakter zugesprochen werden. Denn für ein Kreditinstitut ist es ein milderer Eingriff, zunächst im Rahmen der Außenprüfung oder der Mitwirkungspflicht bei einem natürlichen Steuerpflichtigen zu ermitteln. Dazu kommt, dass ein solches Auskunftsersuchen nicht unerhebliche Zeit-, Personal- und Finanzressourcen in Anspruch nimmt, also für die Bank ökonomisch nicht sinnvoll ist.

Rechtsprechung: BFH Urteil v. 09.12.2008 – VII R 47/07 BStBl 2009 II S. 509

Eine generelle Auswertungsbeschränkung „im Bankenbereich" besteht nicht. Sie ergibt sich insbesondere nicht aus § 30a Abs. 1 AO, wonach die Finanzbehörden bei der Ermittlung des Sachverhalts (§ 88 AO) „auf das Vertrauensverhältnis zwischen den Kreditinstituten und deren Kunden besonders Rücksicht zu nehmen" haben. Durch diese Norm wird der Ermessensspielraum der Finanzbehörden bei der Sachverhaltsermittlung nicht über die bei allen Ermittlungsmaßnahmen zu beachtenden Grundsätze der Verhältnismäßigkeit und der Zumutbarkeit hinaus beschränkt (BFH-Beschluss vom 2. August 2001 VII B 290/99, BFHE 196, 4, BStBl II 2001, 665; BFH-Urteil vom 18. Februar 1997 VIII R 33/95, BFHE 183, 45, BStBl II 1997, 499; auch im Beschluss vom 28. Oktober 1997 VII B 40/97, BFH/NV 1998, 424 hat der Senat eine mögliche Einschränkung des § 194 Abs. 3 AO nur hinsichtlich der in § 30a Abs. 3 AO bezeichneten Kontenbeziehungen in Betracht gezogen; offengelassen im BFH-Urteil vom 29. Juni 2005 II R 3/04, BFH/NV 2006, 1). Einer darüber hinausgehenden Beschränkung des Ermessens steht bereits die Beurteilung des BVerfG entgegen, wonach die durch die gleichlautende Formulierung in Nr. 1 des Bankenerlasses (BStBl I 1979, 590) veranlassten Beschränkungen der Steuerermittlung die zuverlässige Ermittlung der Kapitaleinkünfte prinzipiell verhindert hätten, ohne dass dies etwa verfassungsrechtlich geboten gewesen wäre (vgl. BVerfG-Urteil vom 27. Juni 2001 2 BvR 1493/89, BVerfGE 84, 239, BStBl II 1991, 654, unter C.II.2.b und c).

2. Steuerfreie Einnahmen, § 3 EStG

Zu beachten ist, dass das Einkommensteuerrecht steuerfreie Einnahmen kennt – gerade für Arbeitnehmer sind diese Normen von elementarer Bedeutung, soll zum Beispiel über eine Gehaltserhöhung oder freiwillige Zulage mit dem Arbeitgeber verhandelt werden; diese werden alsdann (vergleiche § 3 EStG) nicht versteuert. Damit in unmittelbarem Zusammenhang stehende Werbungskosten dürfen demzufolge jedoch auch nicht abgezogen werden (vergleiche § 3c EStG). Die steuerfreien Einnahmen stehen wiederholt im Fokus der öffentlichen Diskussionen. Häufig wird gefordert, derartige Subventionen abzuschaffen, was in der heutigen finanziellen Situation des Bundes und der Länder durchaus gerechtfertigt scheint. Im Übrigen darf nicht übersehen werden, dass diese Norm keine große Relevanz haben dürfte; für den Einzelnen sind die steuerfreien Einnahmen entweder selten erreichbar oder wirken sich nur gering auf das zu versteuernde Einkommen aus.

Rechtsprechung: Bundesfinanzhof: Urteil vom 20.12.2017 – III R 23/15

Die Bedeutung der Konjunktion „soweit“ ist jedoch nicht auf solche Fälle beschränkt. In einem Fall wie dem vorliegenden, in dem ausschließlich steuerfreie Einnahmen erzielt worden sind und die damit unmittelbar wirtschaftlich zusammenhängenden Aufwendungen höher sind, ermöglicht sie darüber hinaus eine Auslegung, wonach die Ausgaben nur bis zur Höhe der steuerfreien Einnahmen vom Abzug ausgeschlossen sind und der übersteigende Betrag steuerrechtlich zu berücksichtigen ist. Hiervon geht auch die ständige Rechtsprechung des BFH aus, der sich der Senat anschließt (Urteile vom 14. November 1986 VI R 226/80, BFHE 148, 457, BStBl II 1987, 385; vom 28. Januar 1988 IV R 186/85, BFHE 153, 11, BStBl II 1988, 635; vom 9. Juni 1989 VI R 33/86, BFHE 157, 526, BStBl II 1990, 119; vom 26. März 2002 VI R 26/00, BFHE 198, 545, BStBl II 2002, 823; vom 4. November 2003 VI R 28/03, BFH/NV 2004, 928; vom 13. Dezember 2007 VI R 73/06, BFH/NV 2008, 936; vom 24. März 2011 VI R 11/10, BFHE 233, 171, BStBl II 2011, 829, und vom 19. Oktober 2016 VI R 23/15, BFHE 255, 524, BStBl II 2017, 345; ebenso Schmidt/Levedag, EStG, 36. Aufl., § 3c Rz 9; Desens in Herrmann/Heuer/Raupach, § 3c EStG Rz 42; Isler in Frotscher/Geurts, § 3c EStG Rz 30; Karrenbrock in Littmann/ Bitz/Pust, Einkommensteuerrecht, Kommentar, § 3c Rz 48; a.A. Blümich/Erhard, § 3c EStG Rz 47).

19 cc) Diese Auslegung steht im Einklang mit dem Rechtsgrundsatz, wonach bei steuerfreien Einnahmen kein doppelter steuerlicher Vorteil durch den Abzug von unmittelbar mit diesen Einnahmen zusammenhängenden Aufwendungen erzielt werden soll (z.B. BFH-Urteil in BFHE 255, 524, BStBl II 2017, 345). Die Anwendbarkeit des § 3c EStG wird durch diese Zweckbestimmung begrenzt (BFH-Urteile vom 4. März 1977 VI R 213/75, BFHE 122, 265, BStBl II 1977, 507, und vom 30. Januar 1986 IV R 247/84, BFHE 146, 65, BStBl II 1986, 401). Die Abzugsbeschränkung des § 3c Abs. 1 EStG kann deshalb nicht dazu führen, dass die im Rahmen einer Einkunftsart angefallenen Aufwendungen, die mit steuerfreien Einnahmen in unmittelbarem wirtschaftlichen Zusammenhang stehen, auch insoweit nicht abgezogen werden können, als sie die Einnahmen übersteigen. Eine solche Gesetzesauslegung würde zu dem nicht gerechtfertigten Ergebnis führen, dass ein Steuervorteil in einen Steuernachteil umschlägt (BFH-Urteil vom 6. Juli 2005 XI R 61/04, BFHE 210, 332, BStBl II 2006, 163; ebenso FG Rheinland-Pfalz, Urteil vom 25. Mai 2011 2 K 1996/10, EFG 2011, 1596; ähnlich FG Berlin-Brandenburg, Urteil vom 5. Dezember 2007 7 K 3121/05 B, EFG 2008, 1535).

20 dd) Der vom BMF angestellte Vergleich mit Aufwendungen, die von vornherein außerhalb der Einkünftetatbestände des EStG anfallen, führt zu keiner anderen Betrachtung (anders Obermair, Deutsches Steuerrecht 2016, 1583). Derartige Aufwendungen sind von Anfang an losgelöst von einer für das Einkommensteuerrecht relevanten wirtschaftlichen Betätigung zu betrachten und bereits aus diesem

Grund steuerlich nicht zu berücksichtigen. Im Gegensatz hierzu stehen Aufwendungen, die im Rahmen einer Einkunftsart anfallen, jedoch aufgrund einer spezialgesetzlichen Regelung steuerfrei gestellt sind. In solchen Fällen ist eine Gesetzesauslegung angezeigt, die es verhindert, dass sich eine Steuerbefreiung nachteilig auswirkt.

21 ee) Das BFH-Urteil in BFHE 146, 65, BStBl II 1986, 401 steht dem gefundenen Ergebnis nicht entgegen. Darin lehnte der BFH eine (anteilige) Berücksichtigung von Betriebsausgaben im Rahmen einer nebenberuflich ausgeübten Lehrtätigkeit ab, weil § 3 Nr. 26 EStG in seiner früheren Fassung als Aufwandsentschädigung formuliert war, die es ausschloss, Aufwendungen, die mit einer solchen Entschädigung zusammenhingen, bis zur Höhe des Freibetrags als Betriebsausgaben oder Werbungskosten geltend zu machen (ähnlich BFH-Urteil vom 22. April 1988 VI R 193/84, BFHE 153, 559, BStBl II 1989, 288). In seiner jetzigen Fassung hat § 3 Nr. 26 EStG, worauf auch das BMF hingewiesen hat, nicht mehr den Zweck, Aufwendungsersatz steuerfrei zu stellen und hat damit auch keine Abgeltungsfunktion mehr (vgl. BTDrucks 14/2070, S. 16).

3. Gewinnermittlung, § 4 EStG

In dieser Norm wird beschrieben, wie der Gewinn ermittelt wird. Es gibt zwei Gewinnermittlungsarten: die Bilanzierung und die Einnahme-Überschuss-Rechnung. Die Bilanzierung ist in § 4 Abs. 1 sowie in § 5 Abs. 1 EStG geregelt; die Einnahme-Überschuss-Rechnung ist in § 4 Abs. 3 geregelt. Verwiesen sei in der Bilanzierung auf die Grundlagen des Bilanzrechts im HGB und die internationalen Rechnungslegungsvorschriften, die das HGB über kurz oder lang ablösen werden.

Zu erwähnen sei, dass nach neuester Gesetzesänderung die Gewerbesteuer keine Betriebsausgabe mehr darstellt und mithin nicht abziehbar ist (vergleiche Abs. 5b). Im Übrigen findet der Anwender in § 4 EStG Vorschriften für Entnahmen und Einlagen sowie für Betriebsausgaben, die den Gewinn nicht mindern dürfen. So ist besonders zu beachten, dass entgegen einzelner Vorschriften die Judikatur dennoch teilweise einen Abzug zulässt! Abzustellen ist immer auf den Einzelfall und nicht auf den puren Gesetzeswortlaut! Im Übrigen sei noch anzumerken, dass z.B. steuerliche Absetzungsverbote für Aufwendungen für ein häusliches Arbeitszimmer möglicherweise in der Zukunft entfallen können. Hier ist also äußerste Vorsicht im Hinblick auf die neueste Entwicklung in der Rechtsprechung geboten.

4. Gewinnermittlungszeitraum/Wirtschaftsjahr, § 4a EStG

Grundsätzlich ist der Gewinn nach dem Wirtschaftsjahr zu ermitteln (vergleiche § 4a EStG.). Für die einzelnen Einkunftsarten ist das Wirtschaftsjahr in dieser Norm fest geregelt. Grundsätzlich soll das Wirtschaftsjahr das Kalenderjahr darstellen. Für Land- und Forstwirte gilt wie immer eine Spezialregelung.

Rechtsprechung: BFH-Urteil vom 9.11.2006 (IV R 21/05) BStBl. 2010 II S. 230

Gemäß § 2 Abs. 7 Satz 1 EStG ist die Einkommensteuer eine Jahressteuer. Die tarifliche Einkommensteuer i.S. des § 32a Abs. 1 Satz 1 EStG bemisst sich dabei nach dem zu versteuernden Einkommen (§ 2 Abs. 5 EStG). Die Einkommensteuer wird nach Ablauf des Kalenderjahres (Veranlagungszeitraum) nach dem Einkommen veranlagt, das der Steuerpflichtige in diesem Veranlagungszeitraum bezogen hat (§ 25 Abs. 1 EStG). Bestandteile des Einkommens sind dabei auch die einzelnen Einkünfte aus den sieben Einkunftsarten (§ 2 Abs. 1 Satz 1 Nr. 1 bis 7 EStG). Diese Einkünfte müssen ebenfalls für einen bestimmten Zeitraum ermittelt werden, der grundsätzlich dem Kalenderjahr entspricht.

Eine Ausnahme hiervon sieht § 4a EStG für Land- und Forstwirte und Gewerbetreibende vor, die ihren steuerlichen Gewinn nach einem von dem Kalenderjahr abweichenden Wirtschaftsjahr ermitteln können. Nach § 4a Abs. 1 Satz 2 Nr. 2 EStG ist das Wirtschaftsjahr bei Gewerbetreibenden, deren Firma im Handelsregister eingetragen ist, der Zeitraum, für den sie regelmäßig Abschlüsse machen.

2. a) Gemäß § 4a Abs. 1 Satz 2 Nr. 2 EStG durfte die Klägerin, die zumindest wegen ihrer gewerblichen Prägung i.S. des § 15 Abs. 3 Satz 1 Nr. 2 EStG Gewerbetreibende und seit dem 19. Mai 1992 auch ins Handelsregister eingetragen ist, den Zeitraum, für den sie regelmäßig Abschlüsse macht, als Wirtschaftsjahr bestimmen (Urteile des Bundesfinanzhofs – BFH – vom 16. Dezember 2003 VIII R 89/02, BFH/NV 2004, 936, und vom 16. Februar 1989 IV R 307/84, BFH/NV 1990, 632, unter 2. der Gründe; K.-H. Bauer in Herrmann/Heuer/Raupach – HHR –, § 4a EStG Anm. 4 und 47).

b) Dabei umfasst der Zeitraum, für den die Klägerin regelmäßig Abschlüsse i.S. des § 242 Abs. 3 des Handelsgesetzbuches (HGB) macht, grundsätzlich zwölf Monate (§ 240 Abs. 2 Satz 2 HGB, § 4a Abs. 1 Satz 2 Nr. 2 EStG). Das handelsrechtlich gewählte Geschäftsjahr gilt bei Erfüllung der weiteren Voraussetzungen des § 4a Abs. 1 Satz 2 Nr. 2 EStG wegen § 5 Abs. 1 Satz 1 EStG auch für das (steuerrechtliche) Wirtschaftsjahr (HHR/K.-H. Bauer, § 4a EStG Anm. 12). Die Wahl des handels- und steuerrechtlichen Wirtschaftsjahres übte die Klägerin in Übereinstimmung mit der gesellschaftsvertraglichen Vereinbarung mit der Erstellung des ersten regelmäßigen Jahresabschlusses am 31. Oktober 1993 aus (vgl. zu Letzterem BFH-Urteil in BFH/NV 1990, 632, unter 2. der Gründe).

3. Durch die Wahl des Wirtschaftsjahres vom 1. Februar 1992 bis 31. Januar 1993 hat die Klägerin auch kein Steuergesetz i.S. des § 42 Abs. 1 Satz 1 AO 1977 umgangen.

a) Eine Umgehung i.S. des § 42 Abs. 1 Satz 1 AO 1977 ist nach ständiger Rechtsprechung gegeben, wenn eine Gestaltung gewählt wird, die – gemessen an dem erstrebten Ziel – unangemessen ist, der Steuerminderung dienen soll und durch wirtschaftliche oder sonst beachtliche nichtsteuerliche Gründe nicht zu rechtfertigen ist (ständige Rechtsprechung; vgl. z.B. Beschluss des Großen Senats des BFH vom 29. November 1982 GrS 1/81, BFHE 137, 433, BStBl II 1983, 272, unter C.III. der Gründe; BFH-Urteile vom 18. Dezember 1991 XI R 40/89, BFHE 166, 550, BStBl II 1992, 486; vom 26. März 1996 IX R 51/92, BFHE 180, 330, BStBl II 1996, 443, und vom 16. September 2004 IV R 11/03, BFHE 207, 274, BStBl II 2004, 1068, unter 2.a der Gründe, m.w.N.).

b) Dem Steuerpflichtigen ist es dabei grundsätzlich nicht verwehrt, seine rechtlichen Verhältnisse so zu gestalten, dass sich eine möglichst geringe steuerliche Belastung ergibt (BFH-Beschluss in BFHE 137, 433, BStBl II 1983, 272; BFH-Urteil in BFHE 166, 550, BStBl II 1992, 486). Die vom Steuerpflichtigen gewählte Rechtsgestaltung ist der Besteuerung jedoch dann nicht zugrunde zu legen, wenn sie ausschließlich der Steuerminderung dient und bei sinnvoller, Zweck und Ziel der Rechtsordnung berücksichtigender Auslegung des Gesetzes missbilligt wird (ständige Rechtsprechung; vgl. BFH-Urteile in BFHE 166, 550, BStBl II 1992, 486; vom 20. März 2002 I R 63/99, BFHE 198, 506, BStBl II 2003, 50, unter B.II.1.a der Gründe; vom 8. Mai 2003 IV R 54/01, BFHE 202, 219, BStBl II 2003, 854, und in BFH/NV 2004, 936, m.w.N.).

aa) Bei der Überprüfung, ob die Wahl des Wirtschaftsjahres durch einen im Handelsregister eingetragenen Gewerbetreibenden einen Missbrauch rechtlicher Gestaltungsmöglichkeiten i.S. des § 42 Abs. 1 Satz 1 AO 1977 darstellt, ist zu berücksichtigen, dass das Wirtschaftsjahr i.S. des § 4a EStG im Regelfall zwölf Monate umfasst (§ 51 Abs. 1 Nr. 1 Buchst. b EStG, § 8b Satz 1 der Einkommensteuer-Durchführungsverordnung 1990 i.d.F. vom 28. Juli 1992 – EStDV 1990 –, BGBl I 1992, 1418, BStBl I 1992, 498; HHR/K.-H. Bauer, § 4a EStG Anm. 14). Davon sind zwar in § 8b Satz 2 Nr. 1 und 2 EStDV 1990 Ausnahmen zugelassen. Gerade aufgrund des Regel-Ausnahmeverhältnisses lässt sich daraus jedoch nicht ableiten, dass die Klägerin verpflichtet gewesen wäre, ein Rumpfwirtschaftsjahr vom 1. Februar 1992 bis 31. Dezember 1992 zu bilden (zur Vermeidung eines Rumpfgeschäftsjahres als maßgeblichen Grund für die Wahl des Wirtschaftsjahres vgl. BFH-Urteil in BFH/NV 2004, 936, unter 2.b der Gründe).

bb) Zudem hat der Gesetzgeber – wie das FG zutreffend ausführt – mit der Regelung des § 4a Abs. 1 Satz 2 Nr. 2 EStG die erstmalige Wahl des Wirtschaftsjahres ausdrücklich in die Disposition des Gewerbetreibenden gestellt. Des Einvernehmens des FA bedarf es nur bei der Umstellung des Wirtschaftsjahres gemäß § 4a Abs. 1 Satz 2 Nr. 2 Satz 2 EStG. Zwar war im Gesetzesentwurf der Bundesregierung zum Dritten Steuerreformgesetz vom 9. Januar 1974 (vgl. BTDrucks 7/1470, 19) in § 9 Abs. 2 Satz 1 Nr. 1 Satz 2 EStG vorgesehen, dass eine ins Handelsregister eingetragene Firma als Wirtschaftsjahr einen anderen Zwölfmonatszeitraum als das Kalenderjahr wählen kann, wenn für die Wahl dieses anderen Zeitraums wichtige betriebliche Gründe vorliegen und das FA zustimmt. Gleichwohl hat der Gesetzgeber die Wahl des Wirtschaftsjahres in § 4a Abs. 1 Satz 2 Nr. 2 EStG i.d.F. des Einkommensteuerreformgesetzes 1974 vom 5. August 1974 nicht von diesen Voraussetzungen abhängig gemacht und die bis dahin gültige Regelung des § 2 Abs. 5 Nr. 2 EStG 1974, die inhaltlich § 4a Abs. 1 Satz 2 Nr. 2 EStG entspricht, in § 4a Abs. 1 Satz 2 Nr. 2 EStG 1975 übernommen (dazu auch HHR/K.-H. Bauer, § 4a EStG Anm. 3; Zimmermann, EFG 2005, 1062).

c) Die Wahl eines abweichenden Wirtschaftsjahres durch eine Personen-Obergesellschaft kann sich danach zwar ausnahmsweise als rechtsmissbräuchlich darstellen, wenn die Gesellschaft ohne branchenspezifische oder sonstige plausible Gründe ihr Wirtschaftsjahr in der Weise festlegt, dass dadurch eine einjährige Steuerpause eintritt; dabei kann nicht eingewandt werden, dass es angesichts einer Neugründung unbenommen bleiben müsse, das Wirtschaftsjahr frei zu wählen (BFH-Urteil in BFHE 166, 550, BStBl II 1992, 486).

Im Streitfall hat die Klägerin jedoch einen plausiblen Grund für die Festlegung des Wirtschaftsjahres vom 1. Februar 1992 bis 31. Januar 1993, das damit einen Monat nach den Wirtschaftsjahren der L-KG und P-KG endet. Dabei kann dahinstehen, ob die vom FG angeführten Gründe der speziellen innerbetrieblichen Struktur sowie der komplexe Gründungsablauf der Klägerin in diesem Sinne plausibel sind. Die Wahl des zwölfmonatigen Wirtschaftsjahres durch die Klägerin stellt sich nämlich schon deshalb als plausibel dar, weil dadurch ein Rumpfwirtschaftsjahr verhindert wird (vgl. BFH-Urteil in BFH/NV 2004, 936, unter II.2.b der Gründe).

Daher weicht die Entscheidung des Senats auch weder von dem BFH-Urteil in BFHE 166, 550, BStBl II 1992, 486 noch von jenem in BFH/NV 2004, 936 ab. Entgegen der Auffassung des FA beginnt das auch für das Steuerrecht maßgebliche handelsrechtliche Geschäftsjahr nicht erst mit der Eintragung im Handelsregister am 19. Mai 1992. Der Kaufmann bestimmt das Geschäftsjahr vielmehr durch Organisationsakt selbst. Im Streitfall ist dies durch die gesellschaftsvertragliche Vereinbarung geschehen, die durch die Aufstellung des ersten Jahresabschlusses auf den 31. Januar 1993 bestätigt wurde.

5. Altersvorsorge, §§ 4b ff. EStG

In der Praxis äußerst relevant sind die Vorschriften der §§ 4b ff. EStG. Diese beschäftigen sich mit der Altersvorsorge (Direktversicherung, Pensionskasse, Unterstützungskasse und Pensionsfonds). Da die Altersvorsorge jeden Steuerpflichtigen betrifft und auch hier in der Rechtsprechung zur steuerlichen Anerkennung (zum Beispiel der Zulage) strenge Anforderungen gestellt werden, beschäftigt sich die Praxis relativ häufig mit diesen Normen. Im Hinblick auf die eigene Altersvorsorge sollte sich jeder mit diesen Normen kursiv auseinander gesetzt haben.

Rechtsprechung: BVerfG, Urt. vom 06. März 2002–2 BvL 17/99

Die Modelle für eine Reform der Besteuerung von Alterseinkommen entsprechen im Wesentlichen den Reformalternativen, die in dem Gutachten der Sachverständigenkommission Alterssicherungssysteme vom 19. November 1983 zusammengestellt sind (Berichtsband 2 – Darstellung der Alterssicherungssysteme und der Besteuerung von Alterseinkommen, S. 469 ff.). Vor allem die vom Bundesministerium der Finanzen beauftragten oder dort gebildeten Kommissionen und Beiräte haben im Ergebnis einer nachgelagerten Besteuerung von Altersbezügen den Vorzug gegeben. Danach bleiben die Beiträge zur Altersvorsorge grundsätzlich steuerfrei und die Altersbezüge unterliegen dann vollständig der Einkommensteuer (so zuletzt der Wissenschaftliche Beirat beim Bundesministerium der Finanzen in seinem Gutachten von 1986, die Einkommensteuer-Kommission in ihren Thesen von 1994 und die Steuerreform-Kommission in ihren Vorschlägen von 1997). Auch der Sachverständigenrat zur Begutachtung der gesamtwirtschaftlichen Entwicklung hat sich in seinen Jahresgutachten kontinuierlich und nachdrücklich für eine nachgelagerte Besteuerung ausgesprochen. Die Vielfalt der Reformvorschläge und die zum Teil sichtbaren Probleme einer Konsensbildung innerhalb der jeweiligen Kommissionen deuten jedoch auch auf die Schwierigkeiten hin, politisch konsensfähige Lösungen zu präsentieren und durchzusetzen. In besonderem Maße veranschaulichen dies die Empfehlungen der Sachverständigenkommission Alterssicherungssysteme zur Neuregelung der Besteuerung der Alterseinkommen in ihrem Gutachten vom 19. November 1983 (Berichtsband 1, S. 161 ff.); die Gesamtwürdigung der von der Kommission erörterten Modelle zeigt ganz unterschiedliche Präferenzen der Kommissionsmitglieder auf (a.a.O., S. 176).

100 5. Die unterschiedliche steuerliche Belastung von Renten aus der gesetzlichen Rentenversicherung und von Versorgungsbezügen der Ruhestandsbeamten ist nach Art und Ausmaß beträchtlich. Dies erweist sich in der Zusammenschau der folgenden drei Aspekte: der unterschiedlichen einkommensteuerlichen Belastung beider Vergleichsgruppen in der Nacherwerbsphase (a), der Realitätsferne des bei der Ertragsanteilsbesteuerung gesetzlich unterstellten Anteils eines Kapitalrückflusses (b) sowie schließlich der unterschiedlichen steuerlichen Belastung in der Erwerbsphase (c).

6. Zinsschranke, § 4h EStG

Mit dem Unternehmenssteuerreformgesetz 2008 wurde der Betriebsausgabenabzug für Zinsaufwendungen (Zinsschranke) im Körperschaftsteuerrecht und Einkommensteuerrecht neu geregelt. Durch Erweiterung dieser Normen sind Aufwendungen nur begrenzt abziehbar und erreichen eine Grenze in Höhe von drei Millionen EUR (Abs. 2). Der Leser sollte wissen, wie die Zinsschranke definiert ist und welchen Inhalt sie hat. Vermieden werden soll mit dieser Schranke die Finanzierung eines Unternehmens durch Kredit möglicherweise von ausländischen Unternehmen und unter Vermeidung des Wegzugs in das Ausland. Es sei noch darauf hingewiesen, dass Zinsaufwendungen, die nicht abgezogen werden dürfen, in die folgenden Wirtschaftsjahre als Zinsvortrag verschoben werden dürfen.

Rechtsprechung: BFH, Beschluss vom 18.12.2013 – I B 85/13

Zinsaufwendungen eines Betriebs sind nach § 4h Abs. 1 Satz 1 EStG 2002 n.F. – hier i.V.m. § 8 Abs. 1 KStG 2002 n.F. – nur in Höhe des verrechenbaren EBITDA, d.h. 30 v.H. des um Zinsaufwendungen und bestimmte Abschreibungen erhöhten Einkommens, abziehbar. Danach verbleibende nicht abziehbare Zinsaufwendungen sind in die folgenden Wirtschaftsjahre vorzutragen (§ 4h Abs. 1 Satz 2 EStG 2002 n.F.). Dass das FA diese Vorgaben in dem angefochtenen Bescheid zutreffend umgesetzt hat, ist zwischen den Beteiligten nicht streitig und bedarf keiner weiteren Vertiefung. Insbesondere ist im Streitfall keiner der Ausnahmetatbestände gemäß § 4h Abs. 2 Satz 1 EStG 2002 n.F. erfüllt. Der die Zinserträge übersteigende Zinsaufwand ist höher als 1 Mio. EUR (vgl. § 4h Abs. 2 Satz 1 Buchst. a EStG 2002 n.F.), die Antragstellerin ist Muttergesellschaft eines Konzerns (vgl. § 4h Abs. 2 Satz 1 Buchst. b EStG 2002 n.F.) und ihre Eigenkapitalquote ist nicht (annähernd) gleich hoch oder höher als die des Konzerns (vgl. § 4h Abs. 2 Satz 1 Buchst. c EStG 2002 n.F.).

2. Der Senat hat indes im Hinblick auf Art. 3 Abs. 1 des Grundgesetzes (GG) ernstliche Zweifel an der Verfassungsmäßigkeit des § 4h Abs. 1 Satz 1 EStG 2002 n.F. (so

z.B. auch FG Berlin-Brandenburg, Beschluss vom 13. Oktober 2011 12 V 12089/11, EFG 2012, 358; Hey in Brähler/Lösel [Hrsg.], Deutsches und internationales Steuerrecht, Gegenwart und Zukunft, Festschrift für Christiana Djanani, 2008, S. 109, 122 ff.; Goebel/Eilinghoff, Deutsche Steuer-Zeitung – DStZ – 2010, 550, 554; Gosch, Deutsches Steuerrecht – DStR – 2007, 1553, 1559; Gosch/Förster, KStG, 2. Aufl., Exkurs § 4h EStG Rz 35 f.; Jehlin, Die Zinsschranke als Instrument zur Missbrauchsvermeidung und Steigerung der Eigenkapitalausstattung, 2013, S. 135 ff.; Musil/Volmering, Der Betrieb – DB – 2008, 12, 14 ff.; Oellerich in Mössner/Seeger, Körperschaftsteuergesetz, § 8a Rz 37; Seiler in Kirchhof, EStG, 12. Aufl., § 4h Rz 3 f.; Stöber in Lademann, Körperschaftsteuergesetz, § 8a Rz 243 ff.; „gewichtige Bedenken" hat auch das Niedersächsische FG in seinem Beschluss vom 18. Februar 2010 6 V 21/10, EFG 2010, 981; a.A. z.B. FG Baden-Württemberg, Urteil vom 26. November 2012 6 K 3390/11, juris; s. Betriebs-Berater – BB – 2013, 2646; Niedersächsisches FG, Urteil vom 11. Juli 2013 6 K 226/11, EFG 2013, 1790; Heuermann, DStR 2013, 1 ff.; Blümich/Heuermann, § 4h EStG Rz 25; Schenke in Kirchhof/Söhn/ Mellinghoff, EStG, § 4h Rz A 162 ff.; Schmehl in Schön/Beck, Zukunftsfragen des deutschen Steuerrechts, 2009, S. 99, 116 f.; Verfügung der Oberfinanzdirektion Nordrhein-Westfalen vom 11. Juli 2013, DStR 2013, 1947, 1948; im Ergebnis auch Heyes, Ursachen, Rahmenbedingungen und neue Rechtfertigungsgrundsätze zur Zinsschranke (§ 4h EStG, § 8a KStG), 2014, S. 404 ff.).

a) Der allgemeine Gleichheitssatz des Art. 3 Abs. 1 GG gebietet dem Gesetzgeber, wesentlich Gleiches gleich und wesentlich Ungleiches ungleich zu behandeln (z.B. Beschlüsse des Bundesverfassungsgerichts – BVerfG – vom 15. Januar 2008 1 BvL 2/04, BVerfGE 120, 1, unter C.I.2.a aa, und vom 8. Mai 2013 1 BvL 1/08, Neue Juristische Wochenschrift – NJW – 2013, 2498, unter C.II.1.). Aus dem Gleichheitssatz ergeben sich je nach Regelungsgegenstand und Differenzierungsmerkmalen unterschiedliche Grenzen für den Gesetzgeber, die vom bloßen Willkürverbot bis zu einer strengeren Bindung an Verhältnismäßigkeitserfordernisse reichen (vgl. z.B. BVerfG-Beschlüsse vom 4. Februar 2009 1 BvL 8/05, BVerfGE 123, 1, unter C.II.1.a; vom 7. Mai 2013 2 BvR 909/06, 2 BvR 1981/06, 2 BvR 288/07, DStR 2013, 1228, unter C.I.1.; BVerfG-Urteil vom 19. Februar 2013 1 BvL 1/11, 1 BvR 3247/09, NJW 2013, 847, unter B.IV.1.a).

Im Bereich des Steuerrechts hat der Gesetzgeber bei der Auswahl des Steuergegenstandes und bei der Bestimmung des Steuersatzes einen weitreichenden Entscheidungsspielraum (vgl. z.B. BVerfG-Beschlüsse in BVerfGE 123, 1, unter C.II.1.a; vom 18. Juli 2012 1 BvL 16/11, BVerfGE 132, 179, unter B.I.2.a). Die grundsätzliche Freiheit des Gesetzgebers, diejenigen Sachverhalte zu bestimmen, an die das Gesetz dieselben Rechtsfolgen knüpft und die es so als rechtlich gleich qualifiziert, wird vor allem durch zwei eng miteinander verbundene Leitlinien begrenzt: durch das Gebot der Ausrichtung der Steuerlast am Prinzip der finanziellen Leistungsfähigkeit und durch das Gebot der Folgerichtigkeit (vgl. z.B. BVerfG-Beschluss vom 21. Juli 2010 1 BvR 611/07, 1 BvR 2464/07, BVerfGE 126, 400, unter B.I.2.a). Danach muss im Interesse verfassungsrechtlich gebotener steuerlicher Lastengleichheit darauf abgezielt werden, Steuerpflichtige bei gleicher Leistungsfähigkeit auch gleich hoch zu besteuern (vgl. BVerfG-Urteil vom 12. Oktober 2010 1 BvL 12/07, BVerfGE 127, 224, unter D.I.). Bei der Ausgestaltung des steuerrechtlichen Ausgangstatbestands muss die einmal getroffene Belastungsentscheidung zudem folgerichtig im Sinne der Belastungsgleichheit umgesetzt werden (BVerfG-Beschlüsse in BVerfGE 127, 224, unter D.I., und vom 18. Dezember 2012 1 BvR 1509/10, Höchstrichterliche Finanzrechtsprechung - HFR - 2013, 258, unter II.1.a aa). Ausnahmen von einer folgerichtigen Umsetzung bedürfen eines besonderen sachlichen Grundes (vgl. z.B. BVerfG-Beschluss in BVerfGE 126, 400, unter B.I.2.a).

b) Von diesen Maßgaben ausgehend können gewichtige Gründe dafür ins Feld geführt werden, dass die Zinsschranke eine verfassungsrechtlich relevante Ungleichbehandlung von wesentlich Gleichem nach sich zieht. Durch die Zinsschranke könnte der Gesetzgeber das Gebot der folgerichtigen Ausgestaltung des Körperschaftsteuerrechts am Gebot der finanziellen Leistungsfähigkeit durchbrochen haben.

Die für die Lastengleichheit im Einkommensteuerrecht maßgebliche finanzielle Leistungsfähigkeit bemisst der einfache Gesetzgeber nach dem objektiven und dem subjektiven Nettoprinzip. Die Grundsätze der Besteuerung nach der Leistungsfähigkeit und damit das objektive Nettoprinzip gelten gleichermaßen im Bereich der Körperschaftsteuer (z.B. Senatsurteil vom 22. August 2012 I R 9/11, BFHE 238, 419, BStBE II 2013, 512). Die Körperschaftsteuer bemisst sich nach dem Einkommen der Körperschaft und damit nach der Ertragskraft des Unternehmens. Dies folgt auch aus § 8 Abs. 1 KStG 2002, demzufolge sich das Einkommen und die Einkommensermittlung nach den Vorschriften des Einkommensteuerrechts bestimmen. Danach unterliegt im Bereich der Unternehmensbesteuerung grundsätzlich nur das Nettoeinkommen, nämlich der Saldo aus den Einnahmen und den Betriebsausgaben (vgl. § 4 Abs. 4 EStG 2002), der Besteuerung. Deshalb sind Betriebsausgaben grundsätzlich steuerlich abziehbar (BVerfG-Beschluss in BVerfGE 127, 224, unter C.III.1.a).

Diese systematische Grundentscheidung hat der Gesetzgeber durchbrochen, weil aufgrund der Zinsschranke nicht das Nettoeinkommen besteuert wird. Während der Besteuerung in einem konkreten Veranlagungszeitraum die gesamten Einnahmen zugrunde gelegt werden (vgl. § 31 Abs. 1 Satz 1 KStG 2002 i.V.m. § 25 Abs. 1 EStG 2002), können die in dem Veranlagungszeitraum anfallenden Zinsaufwendungen aufgrund der Zinsschranke (§ 8 Abs. 1 KStG 2002 i.V.m. § 4h Abs. 1 Satz 1 EStG 2002 n.F.) nur in eingeschränktem Maße unmittelbar abgezogen und im Übrigen nur in spätere Veranlagungszeiträume vorgetragen werden (so auch Marquart/Jehlin, DStR 2013, 2301, 2302).

c) Der Senat hat ernstliche Zweifel, ob die Durchbrechung des objektiven Nettoprinzips gerechtfertigt ist.

7. Pflicht zur Bilanzierung, § 5 EStG

In dieser Norm wird klargestellt, wer zur Erstellung von Bilanzen verpflichtet ist. Dies sind in aller Regel Gewerbetreibende, die gesetzlich verpflichtet sind, Bücher zu führen und regelmäßig Abschlüsse zu erstellen. Nach erfolgter Novelle des Gesetzes wurde der direkte Zusammenhang zwischen Kaufmannseigenschaft und Bilanzierungspflicht zum Teil aufgehoben, so dass nunmehr auch Kaufleute in die Einnahme-Überschuss-Rechnung wechseln können, wenn an den Abschlussstichtagen zweier aufeinander folgender Geschäftsjahre ein Umsatz von nicht mehr als 500.000,00 EUR und ein Jahresüberschuss von weniger als 50.000,00 EUR erzielt wurden. Im Übrigen kann § 5 EStG entnommen werden, welche bilanziellen Grundsätze anzuwenden sind und wann Rückstellungen gebildet werden dürfen. Ferner kann Abs. 5 entnommen werden, wann ein Rechnungsabgrenzungsposten einsetzbar ist. Im Übrigen wird auf die weiteren Vorschriften der Bilanzierung verwiesen.

Wichtig zu erkennen ist, dass die Bilanzierung von den handelsrechtlichen Grundsätzen ordnungsgemäßer Buchführung abhängig ist. Dieser sogenannte Maßgeblichkeitsgrundsatz (Prinzip der Maßgeblichkeit der Handelsbilanz für die Steuerbilanz) wurde mittlerweile (partiell) aufgegeben. Grundsätzlich ist die Handelsbilanz für die Steuerbilanz maßgeblich, soweit das Steuerrecht keine eigenen Bewertungsvorschriften und Bilanzierungsregelungen enthält. Dabei wird auf die Handelsbilanzansätze Bezug genommen. Der Leser möge den Unterschied zwischen Rückstellungen und Rücklagen beachten. Rückstellungen sind gesetzlich geregelt und dürfen wegen möglicher Verbindlichkeiten etc. gebildet werden. Rücklagen finden sich im Eigenkapital wieder und haben mit Rückstellungen nichts gemein.

Neben der Wiedergabe von Bilanzierungsgrundsätzen wird im Übrigen auch auf die Vorschriften über Entnahmen und Einlagen etc. verwiesen.

Die Bilanz eines Unternehmens basiert grundsätzlich auf dem Inventar der Gesellschaft. Das Inventar beinhaltet eine ausführliche Gegenüberstellung aller einzeln abgrenzbaren Posten, während die Bilanz Vermögensvorteile und Verbindlichkeiten komprimiert darstellt. Verzichtet wird in der Bilanz demzufolge auf Einzelangaben, wobei die Wirtschaftsgüter in Gruppen gefasst und als Ganzes deklariert werden. Die Bilanz soll nämlich die Funktion der Übersichtlichkeit erfüllen und keinen Aufschluss über einzelne Werte liefern. Dennoch muss sie vollständig und gegliedert sein. Denn einer Bilanz kommt auch eine statistikähnliche Bedeutung zu, indem mehrere Bilanzen zeitlich und mehrere Bilanzen verschiedener Unternehmen inhaltlich verglichen werden.

Das dem italienischen il bilancia entspringende Wort „Waage“ stellt klar, dass einer Bilanz immer eine ausgleichende Funktion zukommt.

Die Bilanz (vgl. § 266 HBG) gliedert sich in Aktiva und Passiva in Form eines T-Kontos.

Auf der linken Seite dieses Kontos steht das Vermögen als Ganzes (Aktiva), über das der Unternehmer verfügt, sei es in Form von Eigentumsrechten oder in Form anderer Sachgüter.

Auf der rechten Seite der Bilanz erscheint das Kapital (Eigen- oder Fremdkapital) als Passiva.

Die Bilanz ist in der Regel nach einem Geschäftsjahr und zwar innerhalb von 6 Monaten für die Handelsbilanz und innerhalb von 6–8 Monaten für die Steuerbilanz auszuweisen.

Stark vereinfachtes Beispiel:[8]

Aktiva	Passiva
Forderungen	Rücklagen
Vermögensgegenstände	Gezeichnetes Kapital
Wertpapiere	Gewinnvortrag
	Jahresüberschuss

Die Bedeutung der Bilanz erschließt sich im Kontext mit den Einkommensarten. Die ersten drei Einkunftsarten (Einkünfte aus Land- und Forstwirtschaft, Einkünfte aus Gewerbebetrieb sowie Einkünfte aus selbständiger Arbeit) beruhen immer auf der Feststellung des Gewinns. Die steuerliche Bilanz hat also immer die Aufgabe, die ertragsteuerliche Gewinnfeststellung zu ermöglichen. Der Gewinn ist nach zwei Methoden zu ermitteln:

Gewinn- **u**nd **V**erlustrechnung (GuV)

Nach der Gewinn- und Verlustrechnung wird Aufwand eines Geschäftsjahres vom Ertrag abgezogen (Gewinn = Ertrag ./. Aufwand). Daraus kann sich ein Gewinn oder Verlust ergeben, der dann saldiert wird.

Bilanzformel, § 4 I 1 EStG

Die zweite und im Übrigen in § 4 I 1 EStG vorgeschriebene Möglichkeit ist die Bilanzierung mittels Bilanzvermögensvergleich. Danach wird das Betriebsvermögen vom Schluss des vorangegangenen Wirtschaftsjahres (BV-1) vom Betriebsvermögen des abgelaufenen Wirtschaftsjahres (BV-2) abgezogen und um den Wert der Entnahmen (EN) und Einlagen (EI) modifiziert (Gewinn = BV-2 ./. BV-1 + EN – EI). Auch hier kann sich ein Verlust oder Gewinn ergeben, der dann ggf. im Wege des Verlustvortrages oder Verlustrücktrages steuerlich geltend gemacht wird. Die Gewinnermittlung kommt für diejenigen Bilanzpflichtigen in Betracht, die auch nach dem Handels- oder Steuerrecht verpflichtet sind, Bücher zu führen und Abschlüsse zu erstellen (z. B. Land- und Forstwirte, sonst. Gewerbetreibende u. a.).

Rechtsprechung: BFH, Urt. vom 20.11.2019 – XI R 46/17.

Die Bewertung von Wirtschaftsgütern in der Steuerbilanz folgt den handelsrechtlichen Vorschriften, soweit dem steuerrechtliche Vorschriften nicht entgegenstehen

8 Vgl. ausführliches Beispiel für Kapitalgesellschaften in Falterbaum u. a., a. a. O., 79 f.

(§ 5 Abs. 6 EStG). Für die Bewertung der im Streitfall —unstreitig— vorliegenden Sachleistungsrückstellung sieht die Vorschrift des bereits mit dem Steuerentlastungsgesetz vom 24.03.1999 (BGBl I 1999, 402) eingeführten § 6 Abs. 1 Nr. 3a EStG vor, dass Rückstellungen „höchstens insbesondere" unter Berücksichtigung der sodann unter den Buchst. a bis f folgenden Grundsätze anzusetzen sind.

2. Die im Einleitungssatz des § 6 Abs. 1 Nr. 3a EStG enthaltene Regelung, dass Rückstellungen „höchstens insbesondere" mit den Beträgen nach den folgenden Grundsätzen in Buchst. a bis f anzusetzen sind, führt dazu, dass die sich aus § 6 Abs. 1 Nr. 3a Buchst. a bis f EStG ergebenden Rückstellungsbeträge den zulässigen Ansatz nach der Handelsbilanz nicht überschreiten dürfen (vgl. BFH-Urteile in BFHE 239, 315, BStBl II 2013, 676 [BFH 11.10.2012 - I R 66/11], Rz 14, zu Zeiträumen vor Inkrafttreten des BilMoG; vom 13.07.2017 - IV R 34/14, BFH/NV 2017, 1426, Rz 29, ohne Bindungswirkung für den dortigen Streitfall und ebenfalls für Zeiträume vor Inkrafttreten des BilMoG; ebenso Wacker, Höchstrichterliche Finanzrechtsprechung —HFR— 2013, 489; Märtens in juris PraxisReport Steuerrecht 15/2013 Anm. 1; Meurer, Betriebs-Berater —BB— 2012, 2807; Blümich/Krumm, § 5 EStG Rz 186; Blümich/Ehmcke, § 6 EStG Rz 976a; Maus, Neue Wirtschaftsbriefe 2012, 3542; Schmidt/Kulosa, EStG, 38. Aufl., § 6 Rz 471; Schindler in Kirchhof, EStG, 18. Aufl., § 6 Rz 154; Hörhammer/Schumann in Kanzler/Prinz, Handbuch Bilanzsteuerrecht, 3. Aufl., Rz 2647; Schubert in BeckBilKomm, 12. Aufl., § 253 HGB Rz 152; R 6.11 Abs. 3 Satz 1 EStR 2012; Oberfinanzdirektion Münster vom 13.07.2012, Deutsches Steuerrecht —DStR— 2012, 1606; a.A. Briesemeister/Joisten/Vossel, Finanz-Rundschau —FR— 2013, 164; Korn, Kölner Steuerdialog —KÖSDI— 2013, 18260, 18265 f.; KKB/Teschke/Kraft, § 6 EStG, 4. Aufl., Rz 183; Zwirner/Endert/Sepetauz, DStR 2012, 2094; Prinz/Fellinger, Die Unternehmensbesteuerung 2013, 362; Hennrichs in Tipke/Lang, Steuerrecht, 23. Aufl., § 9 Rz 288, m.w.N.).

a) Maßgebend für die Interpretation eines Gesetzes ist der in ihm zum Ausdruck kommende objektivierte Wille des Gesetzgebers (vgl. z.B. Beschluss des Bundesverfassungsgerichts —BVerfG— vom 09.11.1988 - 1 BvR 243/86, BVerfGE 79, 106, unter B.II.1.; BFH-Urteil vom 18.12.2014 - IV R 22/12, BFHE 248, 354, BStBl II 2015, 606, Rz 24, jeweils m.w.N.). Der Feststellung des zum Ausdruck gekommenen objektivierten Willens des Gesetzgebers dienen die Auslegung aus dem Wortlaut der Norm (grammatikalische Auslegung), aus dem Zusammenhang (systematische Auslegung), aus ihrem Zweck (teleologische Auslegung) sowie aus den Gesetzesmaterialien und der Entstehungsgeschichte (historische Auslegung); zur Erfassung des Inhalts einer Norm darf sich der Richter dieser verschiedenen Auslegungsmethoden gleichzeitig und nebeneinander bedienen (z.B. BFH-Urteil vom 01.12.1998 - VII R 21/97, BFHE 187, 177,HFR 1999, 197, unter II.2.a, Rz 12, m.w.N.; BFH-Beschluss vom 21.07.2016 - IV R 26/14, BFHE 254, 371, BStBl II 2017, 202, Rz 36). Ziel jeder Auslegung ist die Feststellung des Inhalts einer Norm, wie er sich aus dem Wortlaut und dem Sinnzusammenhang ergibt, in den sie hineingestellt ist (vgl. BFH-Urteile vom 09.04.2008 - II R 39/06, BFH/NV 2008, 1529; in BFHE 248, 354, BStBl II 2015, 606, Rz 24, m.w.N.; BFH-Beschluss in BFHE 254, 371, BStBl II 2017, 202, Rz 36). Gegen seinen Wortlaut ist die Auslegung eines Gesetzes allerdings nur ausnahmsweise möglich, wenn die wortgetreue Auslegung zu einem sinnwidrigen Ergebnis führt, das vom Gesetzgeber nicht beabsichtigt sein kann, oder wenn sonst anerkannte Auslegungsmethoden dies verlangen (z.B. BFH-Urteil vom 21.10.2010 – IV R 23/08, BFHE 231, 544, BStBl II 2011, 277, Rz 23, m.w.N.; BFH-Beschluss in BFHE 254, 371, BStBl II 2017, 202, Rz 36).

b) Aus dem Wortlaut des § 6 Abs. 1 Nr. 3a EStG „höchstens insbesondere" ergibt sich keine Durchbrechung der Maßgeblichkeit. Vielmehr lässt er einen Wortsinn zu, der einen unterhalb des Rückstellungsbetrages nach den folgenden Buchst. a bis f ergebenden Betrag aufgrund handelsrechtlicher oder steuerrechtlicher Bewertungsvorschriften erfasst. Mit dem Wortzusatz „insbesondere" hat der Gesetzgeber gerade zum Ausdruck gebracht, dass es weitere Obergrenzen gibt.

c) Zu diesem Ergebnis führt auch eine historische und systematische Auslegung sowie der Zweck der Vorschrift.

aa) Aus einer historischen Auslegung ergibt sich, dass ein niedrigerer handelsbilanzieller Wert als der steuerrechtliche Wert zugrunde zu legen ist. Dies ist zunächst eindeutig der Begründung des Gesetzentwurfs zu § 6 Abs. 1 Nr. 3a EStG zu entnehmen (vgl. BTDrucks 14/443, 23; BFH-Urteile in BFHE 239, 315, BStBl II 2013, 676, Rz 14; in BFH/NV 2017, 1426, Rz 29; R 6.11 Abs. 3 Satz 1 EStR 2012; ebenso Wacker,HFR 2013, 489; Meurer, BB 2012, 2807; Schmidt/Kulosa, a.a.O., § 6 Rz 471; Blümich/Krumm, § 5 EStG Rz 186; Blümich/Ehmcke, § 6 EStG Rz 976a; Hörhammer/Schumann in Kanzler/ Prinz, a.a.O., Rz 2647; a.A. Briesemeister/Joisten/Vossel, FR 2013, 164; Korn,KÖSDI 2013, 18260, 18265 f.). Dort heißt es: „Zum Einleitungssatz – Klarstellung, dass die in § 6 Abs. 1 Nr. 3a EStG genannten Grundsätze keine abschließende Aufzählung enthalten. Die beispielsweise in § 5 EStG festgelegten Regeln sind ebenfalls zu beachten. Ist der Ausweis für die Rückstellung in der Handelsbilanz zulässigerweise niedriger als der sich nach § 6 Abs. 1 Nr. 3a EStG ergebende Ausweis, so ist der Ausweis in der Handelsbilanz für die Steuerbilanz maßgebend."

bb) Auch eine systematische Auslegung führt zum Höchstansatz des handelsrechtlichen Bilanzwertes. Zwar hat sich die handelsrechtliche Maßgeblichkeit i.S. von § 5 Abs. 1 EStG seit der Einführung des § 6 Abs. 1 Nr. 3a EStG verändert. Dennoch ist der Wortlaut des § 5 Abs. 1 Satz 1 EStG nach dem BilMoG in der Weise zu verstehen, dass die handelsrechtliche Maßgeblichkeit für die Steuerbilanz zunächst besteht. Sie wird nur dann und nur insoweit durchbrochen, als der Gesetzgeber steuerrechtliche Ansatz- oder Bewertungsvorbehalte festgeschrieben hat (§ 5 Abs. 6 EStG). Da durch den „höchstens insbesondere"-Verweis der Bezug zur handelsrechtlichen Bewertung weiterhin bestehen bleiben sollte, hat dies keine Verselbständigung der Steuerbilanzwerte von den Handelsbilanzwerten zur Folge gehabt, selbst wenn die Steuerbilanz durch das BilMoG gegenüber der Handelsbilanz deutlich verselbständigt wurde.

Überschussrechnung, § 4 III EStG

Wenn keine Pflicht zur Führung von Büchern besteht, ist es möglich, den Gewinn mittels Überschussrechnung (§ 4 III EStG) festzustellen. Dabei werden die Betriebseinnahmen und die Betriebsausgaben gegenübergestellt; es erfolgt also eine reine Zufluss- / Abflussrechnung.

Rechtsprechung: BFH, Urteil vom 16. 11. 2011 – X R 18/09

Dass der Gesetzgeber die Umstellung auf maschinell unterstützte Formen der Veranlagung nicht bei allen Einkunfts- und Gewinnermittlungsarten gleichzeitig durchführt, erweist sich bei einer am Gleichheitssatz orientierten Betrachtung – die auch die Vielgestaltigkeit der hinter der Einkunfts- und Gewinnermittlung stehenden Lebenssachverhalte einbeziehen muss – als sachgerecht. Bei Arbeitnehmern lassen sich die Werbungskosten einer relativ geringen Zahl von Fallgruppen (Kennziffern) zuordnen. Zudem ist die Zahl der zu veranlagenden Arbeitnehmer erheblich höher als diejenige der Steuerpflichtigen mit Gewinneinkünften, so dass das Bedürfnis nach maschineller Unterstützung im Veranlagungsverfahren hier wesentlich dringender war. Dass der Gesetzgeber als nächsten Schritt der Rationalisierung der Veranlagungsarbeiten noch nicht bei der Standardisierung der Bilanzen – der „Königsdisziplin“ der Gewinnermittlung – angesetzt hat, sondern bei der wesentlich einfacher strukturierten Einnahmen-Überschuss-Rechnung, erweist sich nicht nur als zulässig, sondern geradezu als geboten: Während die Anlage EÜR des Streitjahrs 2006 aus lediglich 56 Zeilen besteht – und damit den Umfang der Anlage N nicht wesentlich überschreitet –, enthält das für § 5b EStG vorgesehene Datenschema der Taxonomie bereits im Stammdaten-Modul 56 Felder und im Jahresabschluss-Modul zusätzlich 458 Zeilen mit maximal 550 Feldern (vgl. DATEV-Lexinform-Dokument 5228358). Die in Form einer Excel-Tabelle veröffentlichte Taxonomie (www. esteuer. de/schnittstellen) umfasst nahezu 600 Druckseiten. Vor diesem Hintergrund ist es sachgerecht, dass der Gesetzgeber zunächst die Erfahrungen abgewartet hat, die die Finanzverwaltung, die Steuerpflichtigen und ihre Berater mit dem – wesentlich einfacheren – Vordruck der Anlage EÜR sammeln, bevor er das erheblich komplexere Vorhaben einer Standardisierung und „Verkennzifferung“ der Bilanzen und Gewinn- und Verlustrechnungen in Angriff nimmt.

47 In jedem Fall ist erkennbar, dass der Gesetzgeber für alle Einkunfts- und Gewinnermittlungsarten einen stärkeren Einsatz maschineller Kontrollmöglichkeiten anstrebt. Eine zeitgleiche Umstellung für sämtliche Lebenssachverhalte wird von Verfassungs wegen nicht gefordert. Der mit einer solchen zeitgleichen Umstellung verbundene, geballt anfallende Organisationsaufwand wäre zudem – wie das FA zu Recht ausführt – weder den steuerberatenden Berufen noch der Finanzverwaltung zuzumuten.

48 Das FG hat nicht festgestellt, dass die Anlage EÜR bereits in der Übergangs- und Erprobungszeit bis zum Inkrafttreten des § 5b EStG tatsächlich zu einer derart erhöhten Kontrolldichte bei Steuerpflichtigen mit Gewinnermittlung nach § 4 Abs. 3 EStG geführt hätte, die im Vergleich mit der Kontrolldichte bei bilanzierenden Steuerpflichtigen einer Prüfung am Maßstab des Gleichheitssatzes nicht mehr standhielte. Für einen solchen Befund ist auch sonst nichts ersichtlich.

49 Ergänzend ist zu berücksichtigen, dass Gewerbetreibende, die – wie der Kläger – die Buchführungsgrenzen des § 141 AO nicht erreichen, nur in sehr großen zeitlichen Abständen einer Außenprüfung unterzogen werden und die Prüfung im Veranlagungsverfahren daher die einzige Möglichkeit ist, die Angaben in den Steuererklärungen der – verfassungsrechtlich gebotenen – Verifikation zu unterziehen. Demgegenüber unterliegen Steuerpflichtige, die die Buchführungsgrenzen des § 141 AO überschreiten und daher ihren Gewinn durch Betriebsvermögensver-

gleich ermitteln, in kürzeren Zeitabständen der Außenprüfung. Zudem sind Buchführungspflichtige bereits seit 2002 verpflichtet, den Finanzbehörden im Rahmen von Außenprüfungen den Zugriff auf ihre Datenverarbeitungssysteme zu gewähren (§ 147 Abs. 6 AO).

50 (3) Auch wenn bereits die vorstehenden Ausführungen unter (2) die Vereinbarkeit des § 60 Abs. 4 EStDV mit seiner formell-gesetzlichen Ermächtigungsgrundlage hinreichend zeigen, ist der Senat ergänzend der Auffassung, dass die zu prüfende Rechtsverordnung daneben auch auf den – ebenfalls in § 51 Abs. 1 Nr. 1 EStG genannten – Gesichtspunkt der „Vereinfachung des Besteuerungsverfahrens“ gestützt werden kann.

51 Das FG hat dies verneint. Dabei ist es – ohne weitere Begründung – davon ausgegangen, dass die Verfahrensvereinfachung ausschließlich den Steuerpflichtigen zugutekommen dürfe, eine Vereinfachung des Verfahrens auf Seiten der Finanzverwaltung hingegen nicht ausreiche.

52 Für diese Auslegung des FG spricht nichts. Der Wortlaut des § 51 Abs. 1 Nr. 1 EStG enthält keinen Anhaltspunkt dafür, dass die vom FG vorgenommene Beschränkung zutreffend sein könnte. Im Gegenteil folgt bereits aus dem Wortbestandteil „Verfahren“ der eindeutige Hinweis darauf, dass – zumindest auch – Verfahrensvereinfachungen auf Seiten der Finanzverwaltung von der Ermächtigungsgrundlage gedeckt sein sollten. Denn der Begriff des „Verfahrens“ nimmt erkennbar die Terminologie des Dritten Teils (§§ 78—133) der AO auf, der mit „Allgemeine Verfahrensvorschriften“ überschrieben ist. Die AO regelt aber unzweifelhaft allein das Verfahren der Finanzbehörden, nicht das Verfahren in Kanzleien der steuerberatenden Berufe oder bei einzelnen Steuerpflichtigen. Zum selben Ergebnis führt eine systematische Auslegung. Denn die anderen im Einleitungssatz des § 51 Abs. 1 Nr. 1 EStG genannten Verordnungszwecke (Wahrung der Gleichmäßigkeit bei der Besteuerung, Beseitigung von Unbilligkeiten in Härtefällen, Steuerfreistellung des Existenzminimums) sind entweder ausschließlich oder zumindest in erster Linie an die Finanzverwaltung gerichtet, nicht aber an die Steuerpflichtigen oder ihre Berater. Vor diesem Hintergrund spricht alles dafür, dass es sich bei dem Verordnungszweck „Vereinfachung des Besteuerungsverfahrens“ ebenso verhält.

53 Dass durch eine standardisierte und zudem maschinell verarbeitungsfähige Form der Einnahmen-Überschuss-Rechnung auf Seiten der Finanzverwaltung eine erhebliche Verfahrensvereinfachung im Vergleich zur rein personellen Prüfung von Gewinnermittlungen, die auf einer Vielzahl unterschiedlicher Gliederungsschemata basieren, eintritt, liegt auf der Hand.

54 Die – nicht näher begründete – Behauptung des Klägers, die Bedeutung der Anlage EÜR erschöpfe sich darin, den Steuerpflichtigen eine Arbeitshilfe anzubieten, wird durch die Gesetzesmaterialien widerlegt. Die Regierungsfraktionen haben die Anlage EÜR bei Einbringung des Gesetzentwurfs zum KleinUntFördG (BTDrucks 15/537, 10) zwar auch als Beitrag zur erleichterten Erfüllung der Erklärungs- und Auskunftspflichten des Steuerpflichtigen bezeichnet. Gleichrangig haben sie aber auf die Möglichkeiten der Finanzverwaltung hingewiesen, computerunterstützte Verprobungen und Abgleiche vorzunehmen, und dadurch die Veran-

lagungsarbeiten und Betriebsprüfungen ökonomischer und effizienter zu gestalten.

55 Danach sind die Voraussetzungen auch dieses Verordnungszwecks erfüllt.

56 (4) Schließlich begrenzt § 51 Abs. 1 Nr. 1 Buchst. a EStG den Inhalt der Rechtsverordnungen, die auf diese Ermächtigungsgrundlage gestützt werden, u. a. auf die Festlegung der „den Einkommensteuererklärungen beizufügenden Unterlagen". Auch diese Voraussetzung ist erfüllt, da die Anlage EÜR – ebenso wie die in § 60 Abs. 1 EStDV genannte Bilanz – zu den der Einkommensteuererklärung beizufügenden Unterlagen gehört.

57 bb) Die Grundsätze über den Parlamentsvorbehalt stehen der Wirksamkeit des § 60 Abs. 4 EStDV nicht entgegen.

58 (1) Der im Rechtsstaatsprinzip und im Demokratiegebot wurzelnde Parlamentsvorbehalt gebietet es, in grundlegenden normativen Bereichen, zumal im Bereich der Grundrechtsausübung, soweit diese staatlicher Regelung zugänglich ist, alle wesentlichen Entscheidungen dem Gesetzgeber zu überlassen. Die Normierungspflicht betrifft sowohl die Frage, ob ein bestimmter Gegenstand überhaupt gesetzlich geregelt werden muss, als auch, wie weit diese Regelungen im Einzelnen zu gehen haben (BVerfG-Urteil in BVerfGE 101, 1, unter C. II. 1. c vor aa, mit zahlreichen weiteren Nachweisen; zur „Wesentlichkeitstheorie" siehe auch KSM/Seiler, a. a. O., § 51 Rz B 4 ff., Stand November 2000, mit zahlreichen Nachweisen).

59 (2) Das FG hat zwar den rechtlichen Maßstab des Parlamentsvorbehalts nicht erwähnt, seine Einhaltung aber im Ergebnis verneint, indem es die Auffassung vertreten hat, § 60 Abs. 4 EStDV konstituiere eine besondere Form der Gewinnermittlung, deren Einführung dem Parlamentsgesetzgeber vorbehalten sei. Dem vermag der Senat nicht zu folgen.

60 Weder durch § 60 Abs. 4 EStDV noch durch die Anlage EÜR wird eine neue Form der Gewinnermittlung eingeführt. Vielmehr handelt es sich lediglich um eine Konkretisierung und Standardisierung derjenigen Angaben, die die Steuerpflichtigen in Fällen der Einnahmen-Überschuss-Rechnung bereits vor Inkrafttreten des § 60 Abs. 4 EStDV zu machen hatten.

61 Unter den Parlamentsvorbehalt fällt im Steuerrecht jedenfalls die Festlegung der grundlegenden Merkmale wie Steuerschuldner, Steuergegenstand, Bemessungsgrundlage und Steuersatz (KSM/Seiler, a. a. O., § 51 Rz B 31). Von derart grundrechtsrelevanten Regelungen ist die bloße Pflicht zur Beifügung eines bestimmten Vordrucks zur Steuererklärung weit entfernt. Dies gilt umso mehr, als die inhaltlichen Grundsätze der Einnahmen-Überschuss-Rechnung auf der for-

mell-gesetzlichen Regelung des § 4 Abs. 3 EStG beruhen und durch § 60 Abs. 4 EStDV nicht angetastet werden.

62 cc) Die in § 60 Abs. 4 EStDV enthaltene Pflicht zur Beifügung einer Gewinnermittlung nach amtlich vorgeschriebenem Vordruck erweist sich auch als verhältnismäßig.

63 (1) Sie ist zur Erreichung der verfolgten, legitimen Zwecke (Gleichmäßigkeit der Besteuerung, Vereinfachung des Besteuerungsverfahrens) geeignet.

64 Gerade bei routinemäßig durchzuführenden Plausibilitätskontrollen solcher Angaben, die jährlich sowie bei einer größeren Anzahl von Steuerpflichtigen wiederkehren, zeigt sich der Vorteil einer maschinellen Prüfung im Vergleich zu einer rein personellen Bearbeitung. Letztere benötigt erheblich mehr Zeit und verursacht damit – bei gleichbleibenden Qualitätsanforderungen – entweder einen höheren Personalbedarf und damit höhere Verwaltungskosten oder führt – auf der Grundlage eines durch den Haushaltsgesetzgeber fest vorgegebenen Personalbestands – zu Arbeitsergebnissen von geringerer Qualität als sie mittels einer durch geeignete maschinelle Vorprüfungen unterstützten Veranlagung erzielt werden könnten.

65 (2) Die in § 60 Abs. 4 EStDV getroffene Anordnung ist auch erforderlich. Ein milderes, zur Erreichung des vom Gesetzgeber verfolgten Zwecks aber gleich geeignetes Mittel ist nicht ersichtlich.

66 Insbesondere wäre die vom Kläger vorgeschlagene Verwendung der DATEV-Daten durch die Finanzverwaltung kein gleich geeignetes Mittel. Denn dies würde, weil die Verwaltung nicht einen einzigen kommerziellen Software-Anbieter bevorzugen darf, aus Gleichbehandlungsgründen die Notwendigkeit mit sich bringen, ein Verfahren zu entwickeln, das auch für alle anderen Anbieter elektronischer Einnahmen-Überschuss-Rechnungen offen wäre. Die Notwendigkeit, zahllose private Gliederungs-Systematiken in das von der Finanzverwaltung vorgesehene Format umzuschlüsseln, würde aber einen unverhältnismäßigen Programmier-Mehraufwand auf Seiten der Finanzverwaltung auslösen.

67 (3) Die gesetzliche Anordnung steht auch in angemessenem Verhältnis zu den mit ihr verfolgten Zwecken.

68 (a) Dabei ist auf der einen Seite zu berücksichtigen, dass es sich sowohl bei der Sicherstellung der Gleichmäßigkeit der Besteuerung (vgl. Art. 3 Abs. 1 GG) als auch bei der Gewährleistung einer effektiven, möglichst einfachen Verwaltung (vgl. Art. 20 Abs. 3 GG) um hochrangige Rechts- und Verfassungsgüter handelt. Die Standardisierung und maschinelle Bearbeitungsfähigkeit der Gewinnermittlung sind in besonderem Maße geeignet, die Verwirklichung der genannten Rechtsgüter zu fördern.

69 (b) Auf der anderen Seite erweisen sich die Belastungen, die für den Kläger und andere Steuerpflichtige mit der Befolgung der in § 60 Abs. 4 EStDV enthaltenen Anordnung verbunden sind, als vergleichsweise gering. Das FG hat zu Recht darauf hingewiesen, dass kommerzielle Softwareanbieter ihr System der Anlage EÜR angleichen oder zumindest automatisierte Umschlüsselungsfunktionen anbieten werden. Steuerpflichtige, die ihre Einnahmen-Überschuss-Rechnung manuell an-

fertigen, haben innerhalb der Umstellungsphase Gelegenheit, ihre Gliederung der Anlage EÜR anzupassen.

70 Dass der mit der Beachtung des § 60 Abs. 4 EStDV verbundene Aufwand eher gering ist, zeigt gerade der Streitfall, in dem sich die vom Kläger eingereichte Gewinnermittlung problemlos in das durch die Anlage EÜR vorgegebene Gliederungsschema umschlüsseln lässt. Entgegen der – nicht näher substantiierten – Behauptung des Klägers benötigt man dazu nicht etwa 60 zusätzliche Konten, sondern kein einziges zusätzliches Konto. Im Einzelnen: …

71 Dieser Befund wird durch den Verlauf der Sachverständigenanhörung zum KleinUntFördG vom 9. April 2003 (Protokoll Nr. 15 des Finanzausschusses in der 15. Wahlperiode) unterstützt. In dem immerhin 38-seitigen Protokoll ist – vom Vertreter der Deutschen Steuer-Gewerkschaft abgesehen – keine einzige Stellungnahme zur verpflichtenden Einführung der Anlage EÜR enthalten.

72 Gesetzgeber und Finanzverwaltung haben den betroffenen Steuerpflichtigen und ihren Beratern zudem einen hinreichenden Übergangszeitraum eingeräumt. So ist das KleinUntFördG, mit dem § 60 Abs. 4 EStDV eingefügt worden ist, am 8. August 2003 (BGBl I 2003, 1550) verkündet worden. Im Hinblick auf die Umstellungsschwierigkeiten auf Seiten der Steuerpflichtigen ist die erstmalige Anwendbarkeit dieser Neuregelung durch die 23. Verordnung zur Änderung der EStDV vom 29. Dezember 2004 (BGBl I 2004, 3884) vom Veranlagungszeitraum 2004 auf den Veranlagungszeitraum 2005 hinausgeschoben worden. Auch für den Veranlagungszeitraum 2005 beanstandet die Finanzverwaltung die Nichtabgabe der Anlage EÜR nicht, sofern eine im Übrigen ordnungsmäßige Gewinnermittlung eingereicht wird (Verfügung der Oberfinanzdirektion Münster, zitiert in BTDrucks 16/2184, 3). Die Steuererklärung für den Veranlagungszeitraum 2006, für den die Finanzverwaltung die gesetzliche Pflicht zur Abgabe der Anlage EÜR erstmalig durchsetzt, war aber frühestens im Jahr 2007 – und damit mindestens vier Jahre nach Inkrafttreten des § 60 Abs. 4 EStDV – abzugeben.

73 Auf die Kritik an dem ursprünglich vorgesehenen Vordruck der Anlage EÜR (eingeführt mit BMF-Schreiben vom 17. Oktober 2003, BStBl I 2003, 502) hat die Finanzverwaltung reagiert, indem sie das Formular übersichtlicher gestaltet und – insbesondere bei den Betriebseinnahmen – einige Zeilen herausgenommen hat.

Sonderregelungen

Für Forst- und Landwirte sind u. U. auch Sonderregelungen vorgesehen, wobei der Gewinn nach Durchschnittssätzen ermittelt wird. Aber auch mit der ertragsunabhängigen Tonnagesteuer bei Kauffahrteischiffen kann der Gewinn ermittelt werden.

Rechtsprechung: Bundesfinanzhof: Urteil vom 25.10.2018 – IV R 35/16

Für die Frage, mit welchen Werten die Wirtschaftsgüter des Betriebsvermögens zu Beginn des ersten Wirtschaftsjahrs nach Ende der Tonnagebesteuerung im Rahmen des Betriebsvermögensvergleichs zu berücksichtigen sind, ist zwischen den Wirtschaftsgütern, die unmittelbar dem Betrieb von Handelsschiffen im internationalen Verkehr dienen, und den übrigen Wirtschaftsgütern zu unterscheiden. Die erstgenannten Wirtschaftsgüter, zu denen insbesondere das im internationalen

Verkehr eingesetzte Schiff gehört, sind nach § 5a Abs. 6 EStG mit dem Teilwert anzusetzen, für die übrigen Wirtschaftsgüter sind die während der pauschalen Gewinnermittlung im Rahmen von Schattenbilanzen fortgeführten Werte zu übernehmen. Der Teilwert nach § 5a Abs. 6 EStG ist identisch mit dem Teilwert nach § 6 Abs. 1 Nr. 1 Satz 3 EStG (so bereits für den Teilwert nach § 5a Abs. 4 Satz 1 EStG BFH-Urteil vom 17. August 2017 IV R 3/14, BFHE 259, 111, Rz 20).

Die mit dem Teilwert anzusetzenden Wirtschaftsgüter werden wie Wirtschaftsgüter im Fall einer Betriebseröffnung behandelt, die nach § 6 Abs. 1 Nr. 6 i.V.m. Nr. 5 EStG grundsätzlich mit dem Teilwert zu bewerten sind. Der Senat versteht die Regelungen des § 5a EStG dahin, dass die Wirtschaftsgüter, die unmittelbar dem Betrieb von Handelsschiffen im internationalen Verkehr dienen, im Zeitpunkt des Übergangs von der Gewinnermittlung nach allgemeinen Grundsätzen zur Tonnagebesteuerung, wie sie bis zur Änderung des § 5a Abs. 3 EStG durch das Haushaltsbegleitgesetz 2004 vom 29. Dezember 2003 (BGBl I 2003, 3076) möglich war, steuerlich so zu behandeln sind, als wären sie Gegenstand einer Betriebseinstellung, und beim Wechsel von der pauschalen Gewinnermittlung zur allgemeinen Gewinnermittlung, als wären sie Gegenstand einer Betriebseröffnung. Deshalb werden die betreffenden Wirtschaftsgüter beim Übergang zur pauschalen Gewinnermittlung wie entnommen behandelt mit der Folge, dass die stillen Reserven in Gestalt des Unterschiedsbetrags nach § 5a Abs. 4 EStG aufgedeckt und (später) der Besteuerung unterworfen werden. Im Zeitpunkt des Wechsels zur allgemeinen Gewinnermittlung werden die Wirtschaftsgüter als eingelegt behandelt. Dass Wertveränderungen in der Zeit zwischen einer Entnahme und einer späteren Einlage stattfinden können, ändert nichts daran, dass auch bei Rückkehr zur allgemeinen Gewinnermittlung als Einlagewert der in diesem Zeitpunkt geltende Teilwert anzusetzen ist.

Der Senat geht danach davon aus, dass die Gewinnermittlung nach der Tonnage gemäß § 5a Abs. 1 EStG als eigenständige Gewinnermittlung ausgestaltet ist, die in der Zeit ihrer Anwendung die Gewinnermittlung durch Betriebsvermögensvergleich ersetzt, Letztere also nicht, wie das FA meint, nur überlagert. Der Wechsel des Besteuerungsregimes stellt eine Zäsur dar, die wie eine fiktive Entnahme der von dem Wechsel betroffenen Wirtschaftsgüter, hier u.a. des Handelsschiffs, wirkt. Die dadurch grundsätzlich bedingte sofortige Gewinnrealisierung wird durch die in § 5a Abs. 4 Satz 3 Nrn. 1 bis 3 EStG normierte Gewinnhinzurechnung vergleichbar einer Stundung auf einen späteren Zeitpunkt verschoben. Eine weitere Zäsur bildet der Rückwechsel von der Gewinnermittlung nach der Tonnage zur Gewinnermittlung durch Betriebsvermögensvergleich, wodurch das Besteuerungsregime des § 5a EStG verlassen wird. Soweit der Senat bisher dem Bild von „eingefrorenen" stillen Reserven für die Dauer der Tonnagebesteuerung gefolgt ist, hält er daran nicht mehr fest. Die stillen Reserven werden vielmehr bei Übergang zur pauschalen Gewinnermittlung endgültig aufgedeckt und lediglich zeitversetzt besteuert.

bb) Dieses Auslegungsergebnis wird durch die Gesetzgebungshistorie belegt.

Nach dem ursprünglichen Entwurf des § 5a Abs. 6 EStG sollte zu Beginn des Wirtschaftsjahrs, in dem die Gewinnermittlung nach der Tonnage nicht mehr angewendet wird, § 13 Abs. 2 des Körperschaftsteuergesetzes (KStG) entsprechend anzuwenden sein (Gesetzentwurf in der Fassung der Beschlussempfehlung des Ausschusses für Verkehr, BTDrucks 13/10271, S. 5). Danach wäre eine Anfangsbilanz zu erstellen gewesen, in der die Wirtschaftsgüter gemäß § 13 Abs. 3 KStG mit dem Teilwert hätten erfasst werden müssen. Die jetzige Gesetzesfassung beruht auf einer Empfehlung des Finanzausschusses des Bundesrats, die keine materiell-rechtliche Änderung bedeuten, sondern nur der Anpassung an die Systematik der während der Anwendung der Tonnagebesteuerung grundsätzlich nach den allgemeinen Vorschriften fortzuführenden, aber für die Gewinnermittlung nicht maßgeblichen Steuerbilanzen dienen sollte (BRDrucks 342/1/98, S. 7 und 8). Es ist mithin davon auszugehen, dass der Gesetzgeber dem Teilwertansatz in der später Gesetz gewordenen Fassung des § 5a Abs. 6 EStG dieselbe Rechtsfolge beimessen wollte, wie sie sich aus der ursprünglich vorgeschlagenen Gesetzesfassung ergeben hätte. Insoweit ist dem FA, wie bereits dargelegt, nicht darin zu folgen, dass die Gewinnermittlung nach der Tonnage die Gewinnermittlung durch Betriebsvermögensvergleich lediglich überlagern sollte. Auch daraus folgt, dass der Teilwertansatz nach § 5a Abs. 6 EStG im Zeitpunkt des Wechsels des Besteuerungsregimes als eine fiktive Einlage zu verstehen ist.

cc) Der Teilwertansatz ermöglicht zudem eine sachgerechte Ermittlung der verrechenbaren Verluste gemäß § 15a EStG. Diese sind gemäß § 5a Abs. 5 Satz 4 EStG auch während der Zeit der Gewinnermittlung nach der Tonnage unverändert auf Grund einer fiktiven Schattengewinnermittlung nach § 4 Abs. 1, § 5 Abs. 1 EStG festzustellen. Durch den Ansatz der Wirtschaftsgüter, hier des Handelsschiffs, mit dem Teilwert in der Schattenbilanz zum Schluss des Wirtschaftsjahrs, in dem die Gewinnermittlung nach § 5a Abs. 1 EStG letztmalig angewendet wird, hat die dadurch bedingte Gewinnerhöhung bzw. die Gewinnherabsetzung ungeachtet der Abgeltung durch den nach § 5a Abs. 1 EStG ermittelten Tonnagegewinn Auswirkungen auf den verrechenbaren Verlust beschränkt haftender Gesellschafter. Denn ein durch den Teilwertansatz entstehender Gewinn ist mit einem festgestellten verrechenbaren Verlust gemäß § 15a Abs. 2 EStG zu verrechnen. Insoweit unterscheidet sich der Gewinn, der aus dem Teilwertansatz gemäß § 5a Abs. 6 EStG folgt, von dem Hinzurechnungsgewinn eines Unterschiedsbetrags gemäß § 5a Abs. 4 Satz 3 EStG, der gemäß § 5a Abs. 5 Satz 4 EStG nicht mit einem verrechenbaren Verlust nach § 15a Abs. 2 EStG verrechnet werden kann (BFH-Urteil vom 31. Mai 2012 IV R 14/09, BFHE 238, 38, BStBl II 2013, 673, Rz 27 ff.). Durch den Teilwertansatz wird sichergestellt, dass verrechenbare Verluste, die auf Grund überhöhter AfA des Wirtschaftsguts in der Schattengewinnermittlung bis zum Zeitpunkt des Rückwechsels gemäß § 15a Abs. 2 EStG festzustellen waren, nicht mit späteren Gewinnen verrechnet werden können, die nach der Rückkehr zum Betriebsvermögensvergleich erzielt werden. Im Ergebnis ist demnach auch, anders als das FA meint, unerheblich, ob im Zeitpunkt des Rückwechsels ein verrechenbarer Verlust gemäß § 15a Abs. 4 EStG festgestellt worden ist. Entscheidend ist allein, dass durch die Bewertung des Wirtschaftsguts, hier das Handelsschiff, mit dem Teilwert in der letzten Bilanz, die der weiteren Gewinnermittlung gemäß § 4 Abs. 1, § 5 Abs. 1 EStG nach dem Rückwechsel zugrunde zu legen ist, die während der Schattengewinnermittlung gebildeten stillen Reserven bzw. die stillen Lasten neutralisiert worden sind.

b) Nach § 6 Abs. 1 Nr. 1 Satz 1 EStG sind Wirtschaftsgüter des abnutzbaren Anlagevermögens mit den Anschaffungs- und Herstellungskosten oder dem an deren

Stelle tretenden Wert abzüglich der AfA sowie weiterer Abschreibungen und Abzüge anzusetzen.

aa) Im Fall der Einlage tritt der Einlagewert an die Stelle der Anschaffungs- und Herstellungskosten. Ist die Einlage mit dem Teilwert zu bewerten, ergibt sich aus diesem der an die Stelle der Anschaffungs- und Herstellungskosten tretende Betrag.

bb) Von diesem Betrag ist die AfA nach § 7 Abs. 1 EStG abzuziehen. Bei Wirtschaftsgütern, deren Verwendung oder Nutzung durch den Steuerpflichtigen zur Erzielung von Einkünften sich erfahrungsgemäß auf einen Zeitraum von mehr als einem Jahr erstreckt, ist jeweils für ein Jahr der Teil der Anschaffungs- oder Herstellungskosten abzusetzen, der bei gleichmäßiger Verteilung dieser Kosten auf die Gesamtdauer der Verwendung oder Nutzung auf ein Jahr entfällt (§ 7 Abs. 1 Satz 1 EStG). Bemessungsgrundlage für die AfA sind danach grundsätzlich die An-schaffungs- oder Herstellungskosten eines Wirtschaftsguts. Im Fall der Einlage tritt deren Wert auch für die Bestimmung der AfA-Bemessungsgrundlage an die Stelle der Anschaffungs- und Herstellungskosten (BFH-Urteile vom 24. Januar 2008 IV R 37/06, BFHE 220, 374, BStBl II 2011, 617; vom 24. Januar 2008 IV R 66/05, BFH/NV 2008, 1301; vom 18. August 2009 X R 40/06, BFHE 226, 504, BStBl II 2010, 961). Das gilt selbst dann, wenn die der Einlage vorhergehende Entnahme aus einem anderen Betriebsvermögen kraft ausdrücklicher gesetzlicher Anordnung nicht der Besteuerung unterworfen wird (BFH-Urteil vom 20. April 2005 X R 53/04, BFHE 210, 100, BStBl II 2005, 698, unter II.3.b). Lediglich bei Wirtschaftsgütern, die —woran es im Streitfall fehlt— nach einer Verwendung zur Erzielung von Einkünften i.S. des § 2 Abs. 1 Satz 1 Nrn. 4 bis 7 EStG in ein Betriebsvermögen eingelegt worden sind, kommt es unter den Voraussetzungen des § 7 Abs. 1 Satz 5 EStG zu einer Verminderung der AfA-Bemessungsgrundlage.

cc) Ausgehend von diesen Grundsätzen ergibt sich auch im Fall des Übergangs von der pauschalen Gewinnermittlung zur Gewinnermittlung nach allgemeinen Grundsätzen die AfA-Bemessungsgrundlage aus dem gemäß § 5a Abs. 6 EStG anzusetzenden Teilwert für das Handelsschiff.

Bereits der Wortlaut des § 5a Abs. 6 i.V.m. § 7 Abs. 1 EStG spricht dafür, dass der in der Steuerbilanz anzusetzende Teilwert nunmehr die Bemessungsgrundlage für die AfA bildet. Dem Gesetzgeber war, wie sich insbesondere der Regelung in § 7 Abs. 1 Satz 5 EStG entnehmen lässt, bewusst, dass der auf Grund gesetzlicher Regelung in der Steuerbilanz anzusetzende Teilwert regelmäßig die Bemessungsgrundlage für die AfA bildet. Ausgehend von diesem Gesetzesverständnis bedurfte es mithin, anders als das FA meint, in § 5a Abs. 6 EStG keiner Regelung dahin, dass der Teilwert nunmehr die Bemessungsgrundlage für die AfA bildet. Im Gegenteil hätte es nahegelegen, eine dem § 7 Abs. 1 Satz 5 EStG vergleichbare Regelung zu treffen, wenn es Wille des Gesetzgebers gewesen wäre, wie das FA meint, dass die AfA abweichend von dem Teilwertansatz in der Steuerbilanz nach den ursprünglichen Anschaffungs- oder Herstellungskosten bemessen werden sollte. Im Übrigen wäre auch nach dem ursprünglichen Gesetzesvorschlag bei auf § 13 Abs. 3 KStG gestütztem Teilwertansatz davon auszugehen gewesen, dass dieser Wert zugleich die Bemessungsgrundlage der AfA ist. Denn die nach § 13 Abs. 3 KStG in der Anfangsbilanz anzusetzenden Teilwerte bilden nach einhelliger Auffassung die Bemessungsgrundlage für die AfA (u.a. Blümich/Pfirrmann, § 13 KStG, Rz 38;

Kruschke in Herrmann/Heuer/Raupach, § 13 KStG Rz 32; Lenz in Erle/Sauter, Körperschaftsteuergesetz, 3. Aufl., § 13 Rz 29).

Die Verwendung des Teilwerts als AfA-Bemessungsgrundlage führt auch entgegen der Meinung des FA nicht zu einer Doppelbegünstigung in Höhe des den Buchwert in der Schattenbilanz übersteigenden Betrags, indem dieser im Ergebnis doppelt abgeschrieben werden kann. Denn die AfA in der Schattenbilanz während der Zeit der Tonnagegewinnermittlung hat sich nicht auf den der Besteuerung unterliegenden Gewinn auswirkt. Soweit in dem Aufstockungsbetrag stille Reserven abgebildet werden, die sich auf Grund überhöhter AfA in den Jahren vor dem Übergang zur Gewinnermittlung nach der Tonnage gebildet haben, ist dieser Aufwand durch den Ansatz des Unterschiedsbetrags bereits neutralisiert worden.

Schätzung, § 162 AO

Nicht zuletzt ist die Gewinnermittlung mittels Schätzung zu betrachten. Diese wird dann vorgenommen, wenn ein Geschäftsvorgang zum Bilanzierungszeitpunkt noch nicht abgeschlossen ist oder wenn der Steuerpflichtige sein Wahlrecht hinsichtlich der Gewinnermittlung nicht ausgeübt hat.

Bei Vorlage der gesetzlichen Voraussetzungen steht jedem Steuerpflichtiger. u. U. ein Wahlrecht hinsichtlich der Bilanzierung zu. Ein Wechsel der Art der Gewinnermittlung ist jedoch nicht zu jedem Zeitpunkt, sondern lediglich zum Beginn des jeweiligen Wirtschaftsjahres möglich. Dabei ist jeder Steuerpflichtige an die Wahl seiner Bilanzierungsart für drei Jahre gebunden. Je nach Art der Gewinnermittlung ergeben sich unterschiedliche Ergebnisse hinsichtlich des Endgewinns. Bereits hier wird deutlich, dass die nunmehr begonnene einheitliche Bilanzierung nach internationalen Standards einen immer höheren Stellenwert einnimmt. Denn nur so sind ein objektiver Bilanzvergleich und eine unabhängige Gewinnermittlung möglich.

Für die Gewinnermittlung ist elementare Voraussetzung, dass alle Vorgänge der betrieblichen Veranlassung unterliegen, also nicht dem Privatkonsum dienen. Zu analysieren ist im Einzelfall immer, inwieweit außerbetriebliche Gründe für den jeweiligen Erfolg ausschlaggebend waren.

Rechtsprechung: BFH, Urteil vom 25. 3. 2015 – X R 20/13

Die höchstrichterliche Rechtsprechung hatte bisher allerdings keine Gelegenheit, sich zu dem Gewicht dieses Mangels zu äußern. Der erkennende Senat vertritt hierzu die Auffassung, dass das Fehlen einer lückenlosen Dokumentation zur Kassenprogrammierung in seinen Auswirkungen auf die Beurteilung der formellen Ordnungsmäßigkeit der Buchführung und der Eröffnung der Schätzungsbefugnis dem Fehlen von Tagesendsummenbons bei einer Registrierkasse bzw. dem Fehlen täglicher Protokolle über das Auszählen einer offenen Ladenkasse gleichsteht. In allen drei Fällen lässt der formelle Mangel zwar keinen sicheren Schluss auf die Verkürzung von Einnahmen zu. Gleichwohl gibt es systembedingt keine Gewähr mehr für die Vollständigkeit der Erfassung der Bareinnahmen, ohne dass eine nachträgliche Ergänzung der Dokumentation bzw. eine anderweitige Heilung des

Mangels möglich wäre. Elektronische Kassensysteme sind durch Umprogrammierung in nahezu beliebiger Weise manipulierbar; von derartigen Manipulationsmöglichkeiten machen Teile der betrieblichen Praxis nach dem Erkenntnisstand des Senats durchaus Gebrauch (zu einem solchen Fall z. B. Beschluss des FG Rheinland-Pfalz vom 7. Januar 2015 5 V 2068/14; vgl. zum Ganzen auch Tz. 54 der Bemerkungen des Bundesrechnungshofs 2003 zur Haushalts- und Wirtschaftsführung, BTDrucks 15/2020, 197 f.). Es ist daher von erheblicher Bedeutung, dass ein Betriebsprüfer – und ggf. auch ein FG – sich davon überzeugen kann, wie die Kasse im Zeitpunkt ihrer Auslieferung und Inbetriebnahme programmiert war, sowie ob bzw. in welchem Umfang nach der Inbetriebnahme der Kasse spätere Programmeingriffe vorgenommen worden sind. Für den Steuerpflichtigen überschreitet der mit der Dokumentation verbundene Aufwand die Grenze des Zumutbaren nicht. Beim Erwerb der Kasse kann er vom Verkäufer die Übergabe von Bedienungsanleitungen und Programmdokumentationen verlangen. Die Dokumentation späterer Umprogrammierungen verursacht jedenfalls einen geringeren Aufwand als die Umprogrammierung selbst.

28 Das Gewicht dieses Mangels tritt allerdings zurück, wenn der Steuerpflichtige für den konkreten Einzelfall darlegt, dass die von ihm verwendete elektronische Kasse trotz ihrer Programmierbarkeit ausnahmsweise keine Manipulationsmöglichkeiten eröffnet.

29 dd) Keine sichere Grundlage bietet das angefochtene Urteil hingegen für die Beurteilung der Frage, welches Gewicht dem Fehlen von Kassenberichten für die Thekenkasse zukommt. Grundsätzlich ist die nur rechnerische Führung einer offenen Ladenkasse, die keine Kassensturzfähigkeit gewährleistet, als ein gravierender Mangel zu bewerten (vgl. Urteil des Bundesfinanzhofs – BFH – vom 20. Juni 1985 IV R 41/82, BFH/NV 1985, 12), der schon für sich genommen auch ohne Nachweis einer konkreten materiellen Unrichtigkeit zu Hinzuschätzungen berechtigen würde. Allerdings hat das FG für das Jahr 2002 – in dem hinsichtlich der Thekenkasse dieselben Mängel bestanden wie für die Jahre 2001 und 2003 – auf Bl. 17 des Urteils ausdrücklich das Vorliegen von Buchführungsmängeln verneint und insoweit der Klage stattgegeben (auf Bl. 13 Abs. 2 des Urteils heißt es demgegenüber noch, die Kassenführung genüge „hinsichtlich der Streitjahre 2001 bis 2003“ nicht den Anforderungen). Damit bleibt unklar, welche Bedeutung das FG den – vom Betriebsprüfer ohnehin nicht erwähnten – Mängeln bei der Führung der Thekenkasse zugemessen hat. Revisionsrechtlich ist daher davon auszugehen, dass das FG diesem Gesichtspunkt keine entscheidende Bedeutung beigemessen hat.

30 ee) Ob die Speisekarte des Jahres 2001 im Streitfall gemäß § 147 Abs. 1 Nr. 5 AO aufbewahrungspflichtig war, kann anhand der Feststellungen des FG ebenfalls nicht beurteilt werden. Speisekarten sind nach der höchstrichterlichen Rechtsprechung nicht generell aufbewahrungspflichtig, sondern nur dann, wenn sie zum Verständnis und zur Überprüfung der gesetzlich vorgeschriebenen Aufzeichnungen im Einzelfall von Bedeutung sind (ausführlich hierzu BFH-Urteil vom 14. Dezember 2011 XI R 5/10, BFH/NV 2012, 1921, Rz 26 ff.). Ob diese Voraussetzung im Betrieb des Klägers erfüllt war, hat das FG nicht festgestellt. Letztlich kommt es auf diese Frage im Streitfall aber nicht an, da jedenfalls die übrigen festgestellten

formellen Mängel für die Bejahung einer Schätzungsbefugnis ausreichen (dazu noch unten c).

31 b) Konkrete materielle Mängel der Kassenbuchführung, insbesondere der Einnahmenerfassung, hat das FG nicht festgestellt.

32 Zwar stellt die fehlende Inventur für sich genommen einen materiellen Mangel dar, da der in der Buchführung ausgewiesene – offenbar lediglich griffweise geschätzte – Betrag des Warenendbestands nicht dem tatsächlichen Wert der vorhandenen Waren entspricht und dadurch zugleich der Jahresgewinn verfälscht wird (vgl. zum Gewicht dieses Buchführungsmangels einerseits BFH-Urteil vom 14. Dezember 1966 VI 245/65, BFHE 87, 616, BStBl III 1967, 247; andererseits BFH-Urteil vom 26. August 1975 VIII R 109/70, BFHE 117, 224, BStBl II 1976, 210). Für die im vorliegenden Verfahren allein entscheidungserhebliche Frage der Ordnungsmäßigkeit der Kassen buchführung (Vollständigkeit der Einnahmenerfassung) ist dieser materielle Mangel indes ohne Bedeutung, da die Unrichtigkeit des Warenendbestands keine Wechselwirkung mit der Vollständigkeit der Erfassung der Bareinnahmen aufweist.

33 c) Aufgrund der festgestellten formellen Mängel entspricht die Buchführung des Klägers nicht den Vorschriften der §§ 140 bis 148 AO, so dass ihr nicht die Beweiskraftwirkung des § 158 AO zukommt. Dies würde nach dem Wortlaut des § 162 Abs. 2 Satz 2 Alternative 2 AO bereits zur Schätzung berechtigen.

34 Allerdings berechtigen formelle Buchführungsmängel nach ständiger höchstrichterlicher Rechtsprechung nur insoweit zur Schätzung, als sie Anlass geben, die sachliche Richtigkeit des Buchführungsergebnisses anzuzweifeln (BFH-Entscheidungen vom 17. November 1981 VIII R 174/77, BFHE 135, 11, BStBl II 1982, 430, unter 1.; vom 25. Januar 1990 IV B 140/88, BFH/NV 1990, 484, und in BFH/NV 2012, 1921, Rz 22, mit zahlreichen weiteren Nachweisen). Jedenfalls dann, wenn vorwiegend Bargeschäfte getätigt werden, können Mängel der Kassenführung aber der gesamten Buchführung die Ordnungsmäßigkeit nehmen (BFH-Urteil in BFH/NV 2012, 1921, Rz 34). Dies ist vorliegend der Fall. Das Fehlen der Programmierprotokolle der Registrierkasse ist – wie dargestellt – als gewichtiger Mangel anzusehen, der den gesamten Streitzeitraum betrifft. Dass die Registrierkasse trotz ihrer Programmierbarkeit ausnahmsweise keine Manipulationsmöglichkeiten eröffnet, hat der Kläger nicht dargelegt. Für einen Teil des Jahres 2001 kommt noch das Fehlen eines Teils der Tagesendsummenbons als ebenfalls gewichtiger Mangel hinzu.

35 2. Zwar waren FA und FG danach im Streitfall zur Schätzung befugt. Die von ihnen gewählte Schätzungsmethode des Zeitreihenvergleichs (zur Beschreibung dieser Methode unten a) ist allerdings sowohl unter methodischen Aspekten (dazu unten b) als auch unter Rechtsschutzgesichtspunkten (unten c) nicht unproblematisch.

36 a) Der Zeitreihenvergleich stellt im Grundsatz eine mathematisch-statistische Verprobungsmethode dar; er ist dem Bereich der Strukturanalysen zuzurechnen (grundlegend zur Nutzung von Strukturanalysen in der Außenprüfung unter besonderer Berücksichtigung des Zeitreihenvergleichs Huber, Steuerliche Betriebsprüfung – StBp – 2002, 199, 233, 258, 293; Wähnert, Neue Wirtschafts-Briefe 2012, 2774; Rau, Statistisch-mathematische Methoden der steuerlichen Betriebsprüfung

und die Strukturanalyse als ergänzende Alternative, Köln 2012; speziell zum Zeitreihenvergleich Högemann, Die Information über Steuer und Wirtschaft 2000, 585; Wiggen, StBp 2008, 168; Vogelsang, BP-Handbuch, München 2008, I Rz 33 ff.; Brinkmann, Schätzungen im Steuerrecht, Berlin 2015, S. 278 ff.).

37 Prinzipiell sind zahlreiche Varianten eines Zeitreihenvergleichs denkbar. Die im vorliegenden Verfahren angewendete Methode stellt jedoch ausweislich der recht großen Zahl der hierzu ergangenen instanzgerichtlichen Entscheidungen die Standardherangehensweise der Finanzverwaltung dar (zu weiteren Varianten des Zeitreihenvergleichs vgl. Schumann/Wähnert, Steuerberatung 2012, 535). Sie ist dadurch gekennzeichnet, dass für jede Woche eines Kalenderjahres sowohl der wöchentliche Wareneinsatz als auch der Betrag der wöchentlichen Einnahmen ermittelt wird. Aus dem Vergleich dieser beiden Größen ergibt sich für jede Woche ein Rohgewinnaufschlagsatz. Die Finanzverwaltung sieht nun den höchsten Rohgewinnaufschlagsatz, der sich für einen beliebigen Zehn-Wochen-Zeitraum des Kalenderjahres ergibt, als maßgebend für das Gesamtjahr an. Da in der Buchhaltung des Steuerpflichtigen in aller Regel keine Daten vorhanden sind, aus denen sich die wöchentlichen Wareneinsätze entnehmen ließen, versucht die Finanzverwaltung, diese Größen im Wege der Schätzung aus einer Verteilung der aus den Eingangsrechnungen ersichtlichen Wareneinkäufe über den Zeitraum bis zum nächsten Einkauf gleichartiger Ware zu gewinnen. Ferner wird der Wareneinkauf um Personalbeköstigungen, Waren-Sachentnahmen und Warenbestandsveränderungen bereinigt.

38 b) Der Zeitreihenvergleich weist gegenüber anderen Verprobungs- und Schätzungsmethoden einige technisch bedingte Besonderheiten auf, die zumindest eine vorsichtige Interpretation seiner Ergebnisse gebieten.

39 aa) Auch bei einer formell und materiell ordnungsmäßigen Buchführung führt ein Zeitreihenvergleich denklogisch immer zu einem Mehrergebnis gegenüber der Buchführung, da der höchste Rohgewinnaufschlagsatz aller Zehn-Wochen-Perioden des Jahres auf den Wareneinsatz für das gesamte Jahr angewendet wird. Weil eine absolute Konstanz der wöchentlichen Rohgewinnaufschlagsätze in der Praxis auch bei Betrieben mit relativ geringer Lagerhaltung nicht vorkommt, muss der höchste Rohgewinnaufschlagsatz aller Zehn-Wochen-Perioden eines Jahres denknotwendig über dem durchschnittlichen Rohgewinnaufschlagsatz des Gesamtjahres liegen, selbst wenn dieser sich aus einer zutreffenden Buchführung ergibt (ebenso bereits FG Münster, Beschluss vom 19. August 2004 8 V 3055/04 G, EFG 2004, 1810, rechtskräftig). Andere Schätzungsmethoden (z. B. Aufschlagkalkulation, Geldverkehrsrechnung) weisen diese systembedingte Besonderheit nicht auf, da sie das Ergebnis einer zutreffenden Buchführung im Regelfall bestätigen – nicht aber widerlegen – werden.

8. Bewertungsvorschriften § 6 EStG

In dieser Norm findet der Leser elementare Vorschriften für die Bewertung von einzelnen Wirtschaftsgütern, die im Rahmen der Bilanzierung anzusetzen sind. Die Definitionen der Anschaffungs-und Herstellungskosten sind gesetzlich auch im HGB definiert sind. Ferner ist die Definition des Teilwertes (§ 6 Abs. 1 Nummer 1 3 EStG von großer Bedeutung: Teilwert ist der Betrag, den ein Erwerber des gesamten Betriebes im Rahmen des Gesamtkaufpreises für das einzelne Wirtschaftsgut ansetzen würde; dabei ist davon auszugehen, dass der Erwerber den Betrieb fortführt. In der Praxis sind die Herstellungskosten eines Gebäudes immer wieder Thema einer Betriebsprüfung. Auch die anschaffungsnahen Herstellungskosten mit der 15 %-Grenze müssen beachtet werden. (vergleiche § 6 Abs. 1 EStG). Im Übrigen definiert auch diese Norm Rückstellungen. In der Praxis und in der Theorie beachtenswert ist auch in Abs. 4 die Entnahme des Steuerpflichtigen für private Zwecke. Dies betrifft insbesondere die private Nutzung eines Pkw oder die private Nutzung eines zum Betriebsvermögen gehörenden Gebäudes zu Wohnzwecken. Das Gesetz normiert dabei einen fiktiven Wert von 1 % des inländischen Listenpreises (bei Pkw) im Zeitpunkt der Erstzulassung zuzüglich Sonderausstattung und Umsatzsteuer. Gerne vergessen wird auch Abs. 2, der für geringwertige Wirtschaftsgüter eine eigene Vorschrift bildet. Abnutzbare bewegliche geringwertige Wirtschaftsgüter können sofort abgeschrieben oder innerhalb eines Sammelpostens über fünf Jahre linear abgeschrieben werden. Hier muss der Steuerpflichtige überschlägig berechnen, welche Formen des Abzuges für sein Ziel sinnvoller sind. Der maßgebliche Sammelposten ist für ein Wirtschaftsgut im Wert zwischen 150 und 1000 € zu bilden. Nach neuester Gesetzesänderung sind für geringwertige Wirtschaftsgüter (deren Wert 410,00 Euro nicht übersteigt) Wahlmöglichkeiten gegeben. Dies bedarf einer Äußerung des Steuerpflichtigen, welche Möglichkeiten er wahrnehmen möchte.

Auch die immer wieder auftretende Frage, was bei einem Tausch von Wirtschaftsgütern anzusetzen ist, regelt diese Norm. Absatz sechs definiert den Wert, der steuerlich zu Grunde zu legen ist, nach dem gemeinen Wert des hingegebenen Wirtschaftsguts. Im Übrigen wird auf die Vorschrift der Absetzung für Abnutzung oder Substanzverringerung (§ 7 EStG) verwiesen.

9. Absetzung für Abnutzung oder Substanzverringerung, § 7 EStG

Im Rahmen der Gewinnermittlung sind die Vorschriften über die Abnutzung und Substanzverringerung zu beachten. § 7 EStG liefert hierfür Vorschriften, die strikt zu beachten sind. Lediglich abnutzbare Wirtschaftsgüter unterliegen der Abschreibung. Zu beachten ist, dass auch der Geschäftswert der Abschreibung unterliegt und mit 15 Jahren Dauer gesetzlich festgelegt ist. Wichtig bei der Anwendung der AfA ist, dass die Nutzung oder Verwendung erfahrungsgemäß mehr als ein Jahr in Anspruch nimmt. Die Finanzverwaltung gibt laufend Tabellen heraus, aus denen sich die gewöhnliche Nutzungsdauer jedes einzelnen Wirtschaftsgutes ergibt. Diese Tabellen sind in der Praxis zwar zu beachten, durch die Finanzgerichte jedoch nicht als bindend angesehen. Es empfiehlt sich jedoch, im Einzelfalle genau abzuwägen, ob eine geringere Nutzungsdauer (die zu einem höheren Abzugsbetrag führt) anzusetzen ist.

Damit dies durch die Finanzverwaltung nicht versagt wird, muss dieser höhere Wert sehr gut begründet werden.

Es wird unterschieden in lineare AfA (Absetzung in gleichen Jahresbeträgen), degressive AfA (Absetzung in fallenden Jahresbeträgen) sowie Absetzung wegen außergewöhnlicher Abnutzung, progressiver AfA u. a. Für die Praxis regelmäßig maßgeblich ist die lineare AfA, gefolgt von der degressiven AfA. Das Gesetz geht ebenfalls regelmäßig von der linearen AfA aus, wobei die Anschaffungskosten oder Herstellungskosten gleichmäßig auf die voraussichtliche Nutzungsdauer verteilt werden. Für Gebäude findet sich in § 7 EStG eine Sonderregelung.

Die degressive AfA findet Anwendung, wenn sich ein Wirtschaftsgut in den ersten Benutzungsjahren schneller abnutzt als in den folgenden Jahren. Gleiches gilt für außergewöhnliche Abnutzung, wenn ein Wirtschaftsgut erhöhter Abnutzung unterliegt.

Rechtsprechung: BFH Urteil v. 14.04.2011 – IV R 46/09 BStBl 2011 II S. 696

Die WKA mit Fundament und dem Kompakttransformator einschließlich der (Niederspannungs-)Verkabelung zwischen der Gondel und dem Steuerschrank und von dort bis zum Kompakttransformator (interne Verkabelung) einerseits und die (Mittelspannungs-)Verkabelung zwischen den Kompakttransformatoren bis zum Stromnetz des Energieversorgers (externe Verkabelung) zusammen mit der Übergabestation andererseits stellen jeweils (zusammengesetzte) eigenständige Wirtschaftsgüter dar. Daneben ist die Zuwegung als weiteres eigenständiges Wirtschaftsgut zu sehen.

18 a) Nach dem Grundsatz der Einzelbewertung in § 252 Abs. 1 Nr. 3 des Handelsgesetzbuchs, der nach § 5 Abs. 1 Satz 1 des Einkommensteuergesetzes (EStG) auch in der Steuerbilanz zu beachten ist, sind die Wirtschaftsgüter (Vermögensgegenstände) einzeln anzusetzen und zu bewerten (Urteil des Bundesfinanzhofs —BFH — vom 22. November 1988 VIII R 62/85, BFHE 155, 322, BStBl II 1989, 359). Wirtschaftsgut ist nach ständiger Rechtsprechung jeder greifbare betriebliche Vorteil, für den der Erwerber eines Betriebs etwas aufwenden würde (Beschluss des Großen Senats des BFH vom 7. August 2000 GrS 2/99, BFHE 192, 339, BStBl II 2000, 632, unter C.II. der Gründe, m.w.N.). Es muss sich um einen Gegenstand handeln, der nach der Verkehrsanschauung einer besonderen Bewertung zugänglich ist. Des Weiteren muss das Wirtschaftsgut in einem eigenen, selbständigen Nutzungs- und Funktionszusammenhang stehen und entsprechend in Erscheinung treten (vgl. u.a. BFH-Urteil vom 5. Juni 2008 IV R 67/05, BFHE 222, 265, BStBl 2008, 960, unter II.1.c der Gründe, zum Baumbestand als Wirtschaftsgut).

19 Wird eine bewegliche Sache mit einer oder mehreren anderen beweglichen Sachen verbunden oder —wie im Streitfall— zu einer Anlage zusammengestellt, so ist zu entscheiden, ob es sich bei den einzelnen Gegenständen jeweils noch um selbständige Wirtschaftsgüter handelt oder nur um unselbständige Teile des anderen (verbundenen) Wirtschaftsguts. Ausschlaggebend dabei ist, ob die eingefügten oder die zusammengestellten Gegenstände weiterhin ihre selbständige Bewertbarkeit behalten. Entscheidend für dieses Kriterium wiederum sind neben dem ge-

meinsamen Zweck insbesondere der Grad der Festigkeit einer vorgenommenen Verbindung, der Zeitraum, auf den eine Verbindung oder die gemeinsame Nutzung mehrerer beweglicher Sachen angelegt ist, sowie das äußere Erscheinungsbild. Ist Letzteres dadurch bestimmt, dass die Gegenstände für sich allein betrachtet unvollständig erscheinen oder gar ein Gegenstand ohne den/die anderen ein negatives Gepräge hat, ist regelmäßig von einem einheitlichen Wirtschaftsgut auszugehen (BFH-Urteil vom 9. August 2001 III R 30/00, BFHE 196, 442, BStBl II 2001, 842, m.w.N.).

20 Eine Verbindung, die eine fortbestehende selbständige Bewertbarkeit ausschließt, ist im Allgemeinen anzunehmen, wenn Wirtschaftsgüter über die einheitliche Zweckbestimmung durch den Steuerpflichtigen in seinem Betrieb hinaus durch eine technische Verbindung oder „Verzahnung" in der Weise verflochten sind, dass durch die Abtrennung eines der Teile entweder für den zu beurteilenden einzelnen Gegenstand oder für das Wirtschaftsgut, aus dem er herausgetrennt wurde, die Nutzbarkeit für den Betrieb verloren geht (BFH-Urteil vom 21. Juli 1998 III R 110/95, BFHE 186, 572, BStBl II 1998, 789, m.w.N.). In einen betrieblichen Nutzungszusammenhang eingefügte Wirtschaftsgüter sind demnach als technisch aufeinander abgestimmt anzusehen, wenn zusätzlich zu einem wirtschaftlichen (betrieblichen) Zusammenhang ihre naturwissenschaftlichen oder technischen Eigenschaften auf einen gemeinsamen Einsatz angelegt sind. Hiervon ist in der Regel auszugehen, wenn einem Gegenstand ohne einen anderen bzw. ohne andere Gegenstände schon aus rein technischen Gründen allein keine Nutzbarkeit zukommt (BFH-Urteil vom 25. Mai 2000 III R 20/97, BFHE 192, 191, BStBl II 2001, 365). Eine bloße Abgestimmtheit aufgrund bestimmter, branchentypischer Fertigungsnormen genügt für eine technische Abgestimmtheit nicht (BFH-Urteil vom 7. September 2000 III R 71/97, BFHE 193, 192, BStBl II 2001, 41). Ebenso wenig genügt für die Annahme eines einheitlichen Wirtschaftsguts, dass mehrere Gegenstände einem einheitlichen Zweck dienen. Diese „Zweckeinheit" ist lediglich ein Indiz dafür, dass eine Zusammenfassung der betreffenden Gegenstände in Betracht kommen kann.

21 b) Bei Anwendung dieser Grundsätze handelt es sich bei dem Windpark nicht um ein Wirtschaftsgut im Sinne einer nicht teilbaren Einheit, sondern um mehrere selbständige Wirtschaftsgüter (ebenso Blümich/Buciek, § 5 EStG Rz 310; Schmidt/ Kulosa, EStG, 30. Aufl., § 7 Rz 107; Abele, Betriebs-Berater —BB— 2009, 2420, Wischott/Krohn/Nogens, Deutsches Steuerrecht 2009, 1737; Urbahns, Steuern und Bilanzen —StuB— 2009, 869). Als selbständige Wirtschaftsgüter sind die vier WKA mit Fundament sowie interner Verkabelung einschließlich des jeweiligen Kompakttransformators, die externe Verkabelung einschließlich der Übergabestation und die Zuwegung anzusehen (ebenso Urteil des FG Rheinland-Pfalz vom 6. Mai 2010 1 K 2037/07, BB 2011, 946, unter Bezugnahme auf die Rechtsansicht der Finanzverwaltung).

22 aa) Die einzelnen WKA mit Fundament einschließlich des Kompakttransformators sowie interner Verkabelung sind zwar aus verschiedenen Gegenständen zusammengesetzt. Diese sind aber technisch aufeinander abgestimmt und können nach der Montage nur zusammen genutzt werden, so dass es an einer selbständigen Nutzungsfähigkeit der einzelnen Teile fehlt. Die einzelnen Bauteile sind auch hinreichend fest und auf Dauer verbunden. Sie können nur in ihrer technischen Verbundenheit ihren bestimmungsgemäßen betrieblichen Einsatz, die Einspei-

sung des mit Hilfe der Windenergie erzeugten Stroms in das öffentliche Stromnetz, erfüllen und stehen daher in einem einheitlichen selbständigen Nutzungs- und Funktionszusammenhang. Der von den Rotorblättern angetriebene Generator erzeugt Niederspannungsstrom, der mittels Niederspannungsverkabelung über den entsprechenden Steuerschrank (Niederspannungsverteiler) zu den jeweiligen Kompakttransformatoren geleitet wird. Um den Niederspannungsstrom in das Stromnetz eines Energieversorgers (Stromnetz) einspeisen zu können, bedarf es der Transformation des Niederspannungsstroms in Hochspannungsstrom. Diese technisch notwendige Transformation erfüllt der den einzelnen WKA jeweils zugeordnete Kompakttransformator. Darüber hinaus dient der Transformator der betriebsnotwendigen Stromversorgung der elektronischen Bauteile der WKA (z.B. Ausrichtung der Rotorblätter per Fernsteuerung, u.a.). Mit dem Anschluss (der Verkabelung) des Kompakttransformators an die WKA verliert dieser daher nach der Verkehrsanschauung als technisch notwendiger Bestandteil der Stromerzeugungsanlage seine Selbständigkeit und wird unselbständiger Teil des erweiterten einheitlichen Wirtschaftsguts WKA. Daraus folgt zugleich, dass auch das Niederspannungskabel, das den Kompakttransformator mit der WKA verbindet, dem Wirtschaftsgut WKA zuzuordnen ist. Auch nach dem äußeren Erscheinungsbild erscheinen die verbundenen Teile unvollständig und erhalten ohne die anderen Teile eine negative Eigenart. Insoweit sind die einzelnen WKA einschließlich des Kompakttransformators sowie interner Verkabelung vergleichbar mit einer Satellitenempfangsanlage, deren einzelne Komponenten (Satelliten-Empfänger [Antennen], Verstärker- und Verteileranlagen sowie Verbindungskabel und einzelne Abnahmedosen je Wohnung) der BFH nach deren Zusammenfügung ebenfalls als einheitliches Wirtschaftsgut beurteilt hat (BFH-Urteil in BFHE 192, 191, BStBl II 2001, 365).

23 Der vorliegenden Beurteilung steht nicht entgegen, dass die Erstellung der Verkabelung zwischen dem Steuerschrank am Fußturm und den Kompakttransformatoren sowie die Errichtung der einzelnen Kompakttransformatoren und des Fundaments nicht zusammen mit der Herstellung der WKA in Auftrag gegeben worden sind. Aus den verschiedenen Anschaffungs-/Herstellungsvorgängen folgt lediglich, dass die einzelnen Bauteile zunächst im Rahmen der jeweiligen Aufträge selbständige Wirtschaftsgüter waren. Dieser Umstand hat für die hier zu beurteilende Frage, ob die Selbständigkeit der Wirtschaftsgüter auch nach der Zusammenfügung mit anderen Wirtschaftsgütern erhalten bleibt, keinerlei Relevanz.

24 Eine darüber hinausgehende Aufteilung der WKA in weitere Komponenten, wie dies wohl nach dem Komponentenansatz nach den International Accounting Standards bzw. International Financial Reporting Standards möglich wäre (Verlautbarung des Instituts der Wirtschaftsprüfer vom 29. Mai 2009 IDW RH HFA 1.016, IDW-Fachnachrichten 2009, 362, dazu Willeke, StuB 2009, 679), ist nicht geboten. Diese Standards haben für die steuerliche Gewinnermittlung keine Bedeutung (vgl. Blümich/Buciek, § 5 EStG Rz 105, m.w.N) und sind deshalb nicht geeignet, den für den steuerlichen Wirtschaftsgutbegriff maßgeblichen Nutzungs- und Funktionszusammenhang durch einen Komponentenansatz zu ersetzen.

25 bb) Daneben stellt die externe Verkabelung in Verbindung mit der Übergabestation ein weiteres selbständiges Wirtschaftsgut dar. Die externe Verkabelung unterscheidet sich deutlich von der internen Verkabelung. Bei Letzterer handelt es

sich, wie dargelegt, um eine Niederspannungsleitung, während die externe Verkabelung aus einer Mittelspannungsleitung besteht. Die externe Verkabelung verbindet im Wege einer Ringschaltung die einzelnen Kompakttransformatoren nebst angeschlossener WKA und leitet den umgewandelten Starkstrom über die Übergabestation an das Stromnetz weiter. Die externe Verkabelung steht damit im Nutzungs- und Funktionszusammenhang mit allen vier WKA, die —wie ebenfalls dargelegt— jeweils selbständige Wirtschaftsgüter sind. Sie stellt zwar eine technische Verbindung zwischen den einzelnen Wirtschaftsgütern WKA dar, ohne diese aber nach dem äußeren Erscheinungsbild zu einem einheitlichen Wirtschaftsgut Windpark zu verbinden. Ebenso wenig lässt sich die externe Verkabelung nebst Übergabestation nur einer der vier WKA zuordnen. Die externe Verkabelung nebst Übergabestation tritt damit auch äußerlich erkennbar als selbständiges Wirtschaftsgut in Erscheinung; externe Verkabelung und Übergabestation bilden ein einheitliches selbständiges Wirtschaftsgut. Nur über die Übergabestation ist es möglich, den transformierten Starkstrom in das Stromnetz einzuspeisen. Angesichts dieser engen technischen Verknüpfung gelten für die Beurteilung als einheitliches Wirtschaftsgut dieselben Grundsätze wie für das einheitliche Wirtschaftsgut WKA und Kompakttransformator.

26 cc) Schließlich ist auch die Zuwegung als selbständiges Wirtschaftsgut zu beurteilen. Die Zuwegung ist nach der Verkehrsanschauung einer besonderen Bewertung zugänglich. Zudem steht sie in einem eigenen, selbständigen Nutzungs- und Funktionszusammenhang und tritt auch entsprechend in Erscheinung.

27 2. Abnutzbare Wirtschaftsgüter des Anlagevermögens sind mit den Anschaffungs- oder Herstellungskosten, vermindert um die AfA nach § 7 EStG, anzusetzen (§ 6 Abs. 1 Nr. 1 EStG). Die AfA bemisst sich nach der betriebsgewöhnlichen Nutzungsdauer (§ 7 Abs. 1 Satz 2 EStG).

28 a) Aus dem Grundsatz der Einzelbewertung für das selbständige Wirtschaftsgut folgt, dass es nur eine einheitliche Nutzungsdauer haben kann (BFH-Urteil vom 25. März 1988 III R 96/85, BFHE 153, 119, BStBl II 1988, 655, unter 1.c; Beschluss des Großen Senats des BFH vom 26. November 1973 GrS 5/71, BFHE 111, 242, BStBl II 1974, 132, unter II.2.c). Dies gilt unabhängig davon, ob einzelne unselbständige Teile des Wirtschaftsguts eine kürzere oder längere Nutzungsdauer haben. Maßgebend ist die Nutzungsdauer des Teils, welches dem Wirtschaftsgut das Gepräge gibt (ebenso Schmidt/Kulosa, a.a.O., § 7 Rz 103, „Hauptteil").

29 b) Unter Nutzungsdauer ist der Zeitraum zu verstehen, in dem das Wirtschaftsgut erfahrungsgemäß verwendet oder genutzt werden kann. „Betriebsgewöhnliche" Nutzungsdauer bedeutet, dass die besonderen betrieblichen Verhältnisse zu beachten sind, unter denen das Wirtschaftsgut eingesetzt wird. Maßgebend für die Bestimmung der Nutzungsdauer ist nicht die Dauer der betrieblichen Nutzung durch den einzelnen Steuerpflichtigen, sondern die objektive Nutzbarkeit eines Wirtschaftsguts unter Berücksichtigung der besonderen betriebstypischen Beanspruchung (BFH-Urteile vom 26. Juli 1991 VI R 82/89, BFHE 165, 378, BStBl II 1992, 1000, und vom 19. November 1997 X R 78/94, BFHE 184, 522, BStBl II 1998, 59, jeweils m.w.N.).

30 c) Die Nutzungsdauer wird bestimmt durch den technischen Verschleiß, die wirtschaftliche Entwertung sowie rechtliche Gegebenheiten, welche die Nutzungsdauer eines Gegenstands begrenzen können. Die technische Nutzungsdauer um-

fasst den Zeitraum, in dem sich das Wirtschaftsgut technisch verbraucht. Die wirtschaftliche Nutzungsdauer umfasst den Zeitraum, in dem das Wirtschaftsgut rentabel genutzt werden kann. Ist ein Wirtschaftsgut zwar nicht mehr entsprechend der ursprünglichen Zweckbestimmung nutzbar, hat es aber wegen seiner Nutzbarkeit für andere noch einen erheblichen Verkaufswert, ist es auch für den Unternehmer wirtschaftlich noch nicht verbraucht (BFH-Urteil in BFHE 184, 522, BStBl II 1998, 59). Entsprechen sich die wirtschaftliche und technische Nutzungsdauer nicht, können sich die Steuerpflichtigen auf die für sie günstigere Alternative berufen (BFH-Urteile vom 2. Dezember 1977 III R 58/75, BFHE 124, 172, BStBl II 1978, 164, und in BFHE 165, 378, BStBl II 1992, 1000, jeweils m.w.N.).

31 d) Die betriebsgewöhnliche Nutzungsdauer bzw. die Gesamtnutzungsdauer des Wirtschaftsguts ist nach den Gegebenheiten des konkreten Betriebs bzw. nach den tatsächlichen Verhältnissen beim einzelnen Steuerpflichtigen unter Abwägung aller Umstände des Einzelfalls zu schätzen (BFH-Urteile in BFHE 165, 378, BStBl II 1992, 1000, und in BFHE 184, 522, BStBl II 1998, 59).

32 e) Als Hilfsmittel für die Schätzung der Nutzungsdauer hat das Bundesministerium der Finanzen (BMF) unter Beteiligung der Fachverbände der Wirtschaft AfA-Tabellen für allgemein verwendbare Anlagegüter und für verschiedene Wirtschaftszweige herausgegeben. Sie berücksichtigen sowohl die technische als auch die wirtschaftliche Nutzungsdauer. Sie haben zunächst die Vermutung der Richtigkeit für sich, sind aber für die Gerichte nicht bindend (BFH-Beschluss vom 4. Juli 2002 IV B 44/02, BFH/NV 2002, 1559, und BFH-Urteil in BFHE 165, 378, BStBl II 1992, 1000). Gleichwohl sind die AfA-Tabellen von den Steuergerichten unter dem Gesichtspunkt der Selbstbindung der Verwaltung und im Hinblick auf das Prinzip der Gleichmäßigkeit der Besteuerung zu beachten. Dies gilt allerdings dann nicht, wenn die Anwendung der AfA-Tabelle im Regelfall zu einer offensichtlich unzutreffenden Besteuerung führen würde (BFH-Urteil in BFHE 165, 378, BStBl II 1992, 1000).

33 f) Nach der im ersten Streitjahr 2001 geltenden AfA-Tabelle beträgt die betriebsgewöhnliche Nutzungsdauer für WKA 16 Jahre (AfA-Tabelle für die allgemein verwendbaren Anlagegüter, BMF-Schreiben vom 15. Dezember 2000, BStBl I 2000, 1532, Ziffer 3.1.5) und für die Hofbefestigungen mit Packlage 19 Jahre (Ziffer 2.1.1). Nach der vorrangig anzuwendenden branchengebundenen AfA-Tabelle für den Wirtschaftszweig „Energie- und Wasserversorgung“ (BMF-Schreiben vom 24. Januar 1995, BStBl I 1995, 144) beträgt die betriebsgewöhnliche Nutzungsdauer für Transformatoren, Transformatorenhäuser, Umformeranlagen jeweils 20 Jahre (Ziffern 1.2.16 bis 1.2.18) und für die Hochspannungskabel bis 20 kV (Ziffer 1.2.8.3) sowie Niederspannungskabel (Ziffer 1.2.9.2) jeweils 25 Jahre.

10. Einnahmen und Ausgaben, § 8 EStG

In dieser Norm hat der Gesetzgeber legal definiert, was als Einnahme und was als Ausgabe gilt. Einnahmen sind alle Güter, die in Geld oder Geldeswert bestehen und dem Steuerpflichtigen immer in einer der Einkunftsarten zufließen. Sachbezüge sind mit den um den üblichen Preisnachlass geminderten üblichen Endpreis am Abgabeort anzusetzen.

Ein besonderes Augenmerk sollte auf die Nutzung eines betrieblichen Kfz gelegt werden, welches auch für Fahrten zwischen Wohnung und Arbeitsstädte genutzt wird. Hierbei erhöht sich der Listenpreis (ein-Prozent-Regelung wie bereits ausgeführt) um 0,03 % für jeden Kilometer der Entfernung zwischen Wohnung und Arbeitsstätte! Auch die Nutzung des PKW zu einer Familienheimfahrt im Rahmen der doppelten Haushaltsführung führt zu einer Erhöhung des Listenpreises um 0,002 % für jeden Kilometer der Entfernung zwischen Hausstand und Beschäftigungsort.

Im Übrigen enthält die Norm Vorschriften für Überlassung von Waren oder Dienstleistungen eines Arbeitgebers an seinen Arbeitnehmer. Abgestellt wird auf eine pauschale Versteuerung oder die Ansetzung mit dem gemeinen Wert des Endpreises.

Rechtsprechung: BFH Urteil v. 15.06.2010 – VIII R 33/07 BStBl 2011 II S. 503

Nach § 20 Abs. 1 Nr. 7 EStG gehören zu den Einkünften aus Kapitalvermögen Erträge aus sonstigen Kapitalforderungen jeder Art, wenn die Rückzahlung des Kapitalvermögens oder ein Entgelt für die Überlassung des Kapitalvermögens zur Nutzung zugesagt oder gewährt worden ist, auch wenn die Höhe des Entgelts von einem ungewissen Ereignis abhängt. Dies gilt unabhängig von der Bezeichnung und der zivilrechtlichen Ausgestaltung der Kapitalanlage. Einkünfte aus Kapitalvermögen erzielt, wer Kapitalvermögen gegen Entgelt zur Nutzung überlässt (ständige Rechtsprechung, vgl. nur BFH-Urteil vom 16. Dezember 2008 VIII R 83/05, BFH/NV 2009, 1118, m.w.N.).

16 aa) Nach bisheriger Rechtsprechung, an der der Senat im Grundsatz festhält, ist der öffentlich-rechtliche Erstattungsanspruch eine „sonstige Kapitalforderung jeder Art" i.S. von § 20 Abs. 1 Nr. 7 EStG und werden Erstattungszinsen i.S. von § 233a AO auch als Gegenleistung dafür gezahlt, dass der Steuerpflichtige dem Fiskus —wenn auch gezwungenermaßen— Kapital zur Nutzung überlassen hat, zu dessen Leistung er letztlich nicht verpflichtet war (vgl. BFH-Urteile vom 18. Februar 1975 VIII R 104/70, BFHE 115, 216, BStBl II 1975, 568; vom 8. April 1986 VIII R 260/82, BFHE 146, 408, BStBl II 1986, 557; vom 8. November 2005 VIII R 105/03, BFH/NV 2006, 527). Damit können grundsätzlich auch Erstattungszinsen beim Empfänger der Besteuerung gemäß § 20 Abs. 1 Nr. 7 EStG unterliegen.

17 bb) Dem kann auch nicht entgegengehalten werden, dass ein auf die Erzielung von Einkünften gerichteter Wille des Steuerpflichtigen in Fällen erzwungener Kapitalüberlassung häufig nicht positiv festgestellt werden kann. Wie der Senat an anderer Stelle ausgeführt hat, kommt es auf die Feststellung der Einkünfteerzielungsabsicht nicht an, wenn eine Steigerung der finanziellen Leistungsfähigkeit durch den feststehenden Sachverhalt bewirkt worden ist (vgl. BFH-Urteil in BFH/NV 2006, 527; BFH-Beschluss vom 30. Juni 2009 VIII B 8/09, BFH/NV 2009, 1977).

18 b) Einer Korrektur bedarf die bisherige Rechtsprechung des Senats jedoch insoweit, als sie eine Bedeutung der Regelung in § 12 Nr. 3 EStG für die Steuerpflicht der Erstattungszinsen schlechthin verneint hat (vgl. BFH-Urteil in BFHE 115, 216,

BStBl II 1975, 568; BFH-Beschluss vom 14. April 1992 VIII B 114/91, BFH/NV 1993, 165).

19 aa) § 12 Nr. 3 EStG entfaltet unmittelbare Wirkung zwar nur für die Nichtabziehbarkeit von Ausgaben; die Steuerbarkeit von Einnahmen ist dort nicht ausdrücklich geregelt. Unstreitig werden indes vom Finanzamt erstattete nicht abziehbare Steuern nicht als Einnahmen i.S. von § 8 Abs. 1 EStG erfasst. Einen allgemeinen Grundsatz, wonach die Erstattung nicht abziehbarer Werbungskosten oder Betriebsausgaben nicht zu Einnahmen oder Betriebseinnahmen führen kann, hat die Rechtsprechung dabei bislang nicht angenommen (vgl. BFH-Urteil vom 30. November 2004 VIII R 98/02, BFH/NV 2005, 1768). Einer Entscheidung bedarf es insofern auch vorliegend nicht. Die Rechtfertigung dafür, dass jedenfalls nach § 12 Nr. 3 EStG nicht abziehbare Steuern im Fall ihrer Erstattung beim Empfänger nicht zu Einnahmen führen, liegt vielmehr darin, dass für bestimmte Steuern in § 12 Nr. 3 EStG nicht lediglich ein gesetzliches Abzugsverbot geregelt ist, sondern dass die Norm diese Steuern schlechthin dem nichtsteuerbaren Bereich zuweist. Diese gesetzgeberische Grundentscheidung strahlt auf den umgekehrten Vorgang der Erstattung solcher Steuern in der Weise aus, dass sie dem Steuerpflichtigen nicht „im Rahmen einer der Einkunftsarten des § 2 Abs. 1 Nr. 4 bis 7" zufließen (vgl. § 8 Abs. 1 EStG).

20 bb) Dasselbe gilt für die Erstattungszinsen gemäß § 233a AO. Sie teilen als steuerliche Nebenleistungen i.S. von § 3 Abs. 4 AO insofern das „Schicksal" der Hauptforderung, als sie von § 12 Nr. 3 EStG ebenfalls dem nichtsteuerbaren Bereich zugewiesen sind (so schon Oswald, Deutsches Steuerrecht 1976, 412). Demgegenüber hat der Senat in seinem Urteil in BFHE 115, 216, BStBl II 1975, 568 angenommen, auf die Akzessorietät der Zinsen könne nicht abgestellt werden, weil ihre Heranziehung zur Einkommensteuer dann „ganz allgemein ausgeschlossen" wäre, da die Erstattung überzahlter Steuern „in aller Regel" einkommensteuerlich neutral bleibe. Daran hält der Senat nicht mehr fest. Eine vom Gesetzgeber nicht gewollte allgemeine oder doch sehr weitreichende einkommensteuerliche Nichterfassung von Erstattungszinsen ist nicht zu befürchten, da sich der Ausschluss aus der steuerbaren Sphäre nur auf Zinsen zu den in § 12 Nr. 3 EStG bezeichneten Steuern bezieht.

21 cc) Dieser Auslegung steht die Entstehungsgeschichte des § 233a AO nicht entgegen. Allerdings ist im Gesetzgebungsverfahren zum Steuerreformgesetz 1990 (StRG 1990) vom 25. Juli 1988 (BStBl I 1988, 224), mit dem § 233a AO eingeführt worden ist, die Einführung einer Steuerbefreiung für Erstattungszinsen verworfen worden. Erstattungszinsen sollten entsprechend den allgemeinen Grundsätzen bei den Einkünften aus Kapitalvermögen (§ 20 EStG) erfasst werden (vgl. die Nachweise im BFH-Urteil in BFH/NV 2006, 527). Indes wurde damals durch Art. 1 Nr. 13 StRG 1990 (BStBl I 1988, 224, 227) in § 10 Abs. 1 Nr. 5 EStG zugleich geregelt, dass Nachzahlungszinsen i.S. von § 233a AO als Sonderausgaben abziehbar waren. Der Gesetzgeber hat mithin ursprünglich im Ergebnis ein symmetrisches Normgefüge für Nachzahlungszinsen einerseits und Erstattungszinsen andererseits geschaffen. Dieses ist jedoch durch die Aufhebung von § 10 Abs. 1 Nr. 5 EStG mit Wirkung ab 1999 entfallen. Die ursprünglichen gesetzgeberischen Erwägungen haben damit für die Auslegung an Bedeutung verloren.

22 dd) Nach allem bedarf es nicht mehr der Auseinandersetzung mit der von dem Kläger aufgeworfenen Frage, ob die unterschiedliche einkommensteuerliche Behandlung von Nachzahlungs- und Erstattungszinsen verfassungsrechtliche Grundsätze verletzt und deshalb im Wege verfassungskonformer Auslegung der einschlägigen Rechtsvorschriften beseitigt werden müsste. Zumindest im Anwendungsbereich des § 12 Nr. 3 EStG ist nunmehr ein sachlicher Gleichlauf insoweit gewährleistet, als Nachzahlungszinsen und Erstattungszinsen einheitlich dem nicht steuerbaren Bereich zugeordnet sind. Damit ist zugleich den Bedenken des Klägers Rechnung getragen.

11. Werbungskosten, § 9 EStG

Elementar wichtig für die Überschusseinkünfte sind die Werbungskosten. In § 9 EStG findet sich eine Legaldefinition der Werbungskosten. Werbungskosten sind Aufwendungen zur Erwerbung, Sicherung und Erhaltung der Einnahmen. Sie sind bei der Einkunftsart abzuziehen, bei der sie erwachsen sind. Alsdann finden sich summarische Aufzählungen zu Werbungskosten, die allerdings nur beispielhaft gesetzlich normiert sind. Besonderes Augenmerk eines Arbeitnehmers sollte auf Nummer vier liegen; darin sind Aufwendungen des Arbeitnehmers für die Wege zwischen Wohnung und Arbeit mit 0,30 EUR pro Kilometer geregelt. Dies gilt auch für Radfahrer und Fahrgemeinschaften! Damit verbunden ist auch die Abgeltung sämtlicher Aufwendungen. Durch die Entfernungspauschale werden also sämtliche mit dem PKW in Zusammenhang stehenden Aufwendungen abgegolten. Ein weiterer Abzug ist nicht möglich! Auch die doppelte Haushaltsführung, typische Berufskleidung, geringwertige Wirtschaftsgüter (Nummer sieben) etc. sind aufgeführt.

Sind keine Werbungskosten oder nur Werbungskosten unter 1.000,00 Euro zu ermitteln, ist der Pauschbetrag für Werbungskosten gemäß § 9a EStG anzuwenden. Dieser sieht vor, dass von Amts wegen ein Pauschbetrag in Höhe von 1.000,00 EUR von den Einnahmen aus nichtselbstständiger Tätigkeit abgezogen wird. Es ist also überschlägig zu berechnen, wie hoch die Werbungskosten sein werden. Mit der Ansetzung von Werbungskosten ist auch die Aufbewahrungspflicht von Belegen etc. verbunden. Es ist vom Steuerpflichtigen also ein gewisser Aufwand zu erwarten. Daher muss in der Praxis unter ökonomischen Gründen überlegt werden, ob Werbungskosten (auch wenn sie geringfügig die 1.000-EUR-Grenze übersteigen sollten) angesetzt werden, da eine umfangreiche Arbeit damit verbunden sein dürfte. Die steuerliche Auswirkung ist dem gegenüber sehr gering, so dass regelmäßig empfohlen werden dürfte, auf den Pauschbetrag zurückzugreifen. Für Abgeordnete gilt dieser Pauschbetrag nicht; für diese gilt das Abgeordnetengesetz, speziell § 12 AbgG, womit ca. ein Drittel der Bezüge steuerfrei gewährt wird. Darin ist normiert, dass Abgeordnete eine Kostenpauschale erhalten, die nicht der Besteuerung unterliegen soll. Eine steuerliche Gleichstellung von Arbeitnehmern mit Abgeordneten kann nicht stattfinden, da die tatsächlichen Voraussetzungen nicht miteinander vergleichbar sind.

Rechtsprechung: BVerfG, Beschluss vom 19. November 2019–2 BvL 22/14

Der einfache Gesetzgeber bemisst die wirtschaftliche Leistungsfähigkeit nach dem objektiven und dem subjektiven Nettoprinzip (a). Bei der Bewertung und Gewichtung von Lebenssachverhalten im Schnittbereich zwischen beruflicher und privater Sphäre verfügt er verfassungsrechtlich – unter Beachtung sonstiger grundrechtlicher Bindungen – über erhebliche Gestaltungs- und Typisierungsspielräume (b).

109 a) Nach dem vom Gesetzgeber der Einkommensbesteuerung zugrunde gelegten objektiven und subjektiven Nettoprinzip unterliegt der Einkommensteuer grundsätzlich nur das Nettoeinkommen, nämlich der Saldo aus den Erwerbseinnahmen einerseits und den (betrieblichen/beruflichen) Erwerbsaufwendungen sowie den (privaten) existenzsichernden Aufwendungen andererseits. Deshalb sind Aufwendungen für die Erwerbstätigkeit gemäß §§ 4, 9 EStG und existenzsichernde Aufwendungen im Rahmen von Sonderausgaben, Familienleistungsausgleich und außergewöhnlichen Belastungen gemäß §§ 10 ff., 31 f., 33 ff. EStG grundsätzlich steuerlich abziehbar.

110 Im Rahmen des objektiven Nettoprinzips hat der Gesetzgeber des Einkommensteuergesetzes die Zuordnung von Aufwendungen zum betrieblichen beziehungsweise beruflichen Bereich, derentwegen diese Aufwendungen von den Einnahmen grundsätzlich abzuziehen sind, danach vorgenommen, ob eine betriebliche beziehungsweise berufliche Veranlassung besteht (vgl. § 4 Abs. 4, § 9 Abs. 1 Satz 1 EStG). Dagegen mindern einfachrechtlich Aufwendungen für die Lebensführung – außerhalb des Rahmens von Sonderausgaben und außergewöhnlichen Belastungen – gemäß § 12 Nr. 1 EStG nicht die einkommensteuerliche Bemessungsgrundlage; dies gilt gemäß § 12 Nr. 1 Satz 2 EStG auch für solche Lebensführungskosten, „die die wirtschaftliche oder gesellschaftliche Stellung des Steuerpflichtigen mit sich bringt, auch wenn sie zur Förderung des Berufs oder der Tätigkeit des Steuerpflichtigen erfolgen".

111 b) Für Lebenssachverhalte im Schnittbereich zwischen beruflicher und privater Sphäre ist eine gesetzgeberische Bewertung und Gewichtung der dafür kennzeichnenden multikausalen und multifinalen Wirkungszusammenhänge verfassungsrechtlich zulässig. Die tatbestandliche Qualifikation von Aufwendungen nach Maßgabe der einfachgesetzlichen Grundregeln ist zu unterscheiden von der verfassungsrechtlich zulässigen gesetzgeberischen Bewertung und Gewichtung der unterschiedlichen jeweils betroffenen Sphären (vgl. BVerfGE 122, 210 ‹238 f.›) (aa). Die insoweit bestehende Gestaltungsbefugnis des Gesetzgebers entlastet ihn allerdings nicht von einer differenzierenden Würdigung und Berücksichtigung von Aufwendungen innerhalb einer grundrechtlich besonders geschützten Sphäre privater Lebensführung (bb).

112 aa) Die Abgrenzung, ob Aufwendungen den Bereich der Einkommenserzielung, die berufliche Sphäre oder den einkommensteuerlich (jedenfalls im Grundsatz) unbeachtlichen Bereich des Privaten und der Einkommensverwendung betreffen, ist nicht immer leicht durchzuführen, weil beide Bereiche im Leben eines Menschen häufig gleichzeitig eine Rolle spielen, so dass Aufwendungen für den

privaten Bereich in mehr oder minder großem Umfang in den beruflichen Bereich hinüberwirken und umgekehrt (BVerfGE 47, 1 ‹23›). Die Zuordnung derartiger gemischt veranlasster Aufwendungen zu Werbungskosten (Betriebsausgaben) oder zu Kosten der Lebensführung, die gegebenenfalls als Sonderausgaben abzugsfähig sind, ist in erster Linie ein vom Steuergesetzgeber zu lösendes Problem (vgl. BVerfGE 47, 1 ‹23›). Es steht ihm grundsätzlich frei, ob er sie wegen ihrer Veranlassung durch die Erwerbstätigkeit als Werbungskosten und Betriebsausgaben behandelt oder ob er sie wegen der privaten Mitveranlassung durch eine spezielle Norm als Sonderausgaben oder außergewöhnliche Belastungen qualifiziert (vgl. BVerfGE 112, 268 ‹281 f.›). Das Bundesverfassungsgericht kann nur eingreifen und eine vom Gesetzgeber getroffene Lösung beanstanden, wenn sich dieser bei der Abgrenzung evident nicht mehr vom Gerechtigkeitsdenken leiten lässt, sondern willkürlich verfährt (BVerfGE 47, 1 ‹23›; vgl. ferner Hey, FR 2008, S. 1033 ‹1038›; Thiemann, JZ 2015, S. 866 ‹870›).

113 Auf der Grundlage einer verfassungsrechtlich zulässigen Bewertung von Aufwendungen als beruflich und privat (mit-)veranlasst eröffnen sich dem Gesetzgeber zudem erhebliche Typisierungsspielräume bei deren einkommensteuerrechtlicher Behandlung. Er darf im Interesse eines praktikablen Gesetzesvollzugs die typische private Mitveranlassung bei der Bestimmung des abzugsfähigen Aufwands mit generalisierenden, typisierenden und pauschalierenden Regelungen berücksichtigen (vgl. BVerfGE 122, 210 ‹240›).

114 bb) Soweit er Aufwendungen zulässigerweise der privaten Lebensführung zuordnet, stehen diese damit allerdings nicht ohne weiteres zur Disposition des Gesetzgebers. Für die verfassungsrechtlich gebotene Besteuerung nach finanzieller Leistungsfähigkeit kommt es nicht nur auf die Unterscheidung zwischen beruflichem oder privatem Veranlassungsgrund für Aufwendungen an, sondern jedenfalls auch auf die Unterscheidung zwischen freier oder beliebiger Einkommensverwendung einerseits und zwangsläufigem, pflichtbestimmtem Aufwand andererseits. Der Gesetzgeber hat die unterschiedlichen Gründe, die den Aufwand veranlassen, auch dann im Lichte betroffener Grundrechte differenzierend zu würdigen, wenn solche Gründe ganz oder teilweise der Sphäre der allgemeinen (privaten) Lebensführung zuzuordnen sind (BVerfGE 107, 27 ‹48 f.›; 112, 268 ‹280›; 122, 210 ‹234 f.›). Das Bundesverfassungsgericht hat insbesondere aus Art. 6 Abs. 1 GG – unabhängig von der steuerrechtlichen Systematik – eine verfassungsrechtliche Pflicht zur einkommensteuerlichen Berücksichtigung privat (mit-)veranlasster Kosten abgeleitet, wie der (nicht als existenzsichernd im engeren Sinne qualifizierten) Kosten einer auswärtigen Unterbringung von Kindern im Zusammenhang mit einer beruflichen Ausbildung (vgl. BVerfGE 89, 346 ‹354 f.›), der Kosten einer doppelten Haushaltsführung bei beiderseits berufstätigen Ehegatten (vgl. BVerfGE 107, 27 ‹53 ff.›) und erwerbsbedingter Kinderbetreuungskosten (vgl. BVerfGE 112, 268 ‹281 f.›).

II.

115 Nach diesen Maßstäben ist § 9 Abs. 6 EStG in der Fassung des Beitreibungsrichtlinie-Umsetzungsgesetzes mit Art. 3 Abs. 1 GG vereinbar. § 9 Abs. 6 EStG bewirkt zwar eine steuerliche Ungleichbehandlung von Aufwendungen des Steuerpflichtigen für seine erstmalige Berufsausbildung oder für ein Erststudium, das zugleich eine Erstausbildung vermittelt (Erstausbildungskosten), mit Aufwendungen

zur Erwerbung, Sicherung und Erhaltung von Einnahmen, zu denen auch Aufwendungen für zweite oder weitere Ausbildungen sowie Aufwendungen für eine erste Berufsausbildung oder ein Erststudium gehören können, die im Rahmen eines Dienstverhältnisses stattfinden (1.). Für die Differenzierung besteht jedoch ein sachlich einleuchtender Grund (2.). Die Begrenzung des Sonderausgabenabzugs für Erstausbildungskosten auf einen Höchstbetrag von 4.000 Euro in den Streitjahren verstößt auch weder gegen das Gebot der Steuerfreiheit des Existenzminimums noch ist sie bei einer Würdigung im Lichte betroffener Grundrechte zu beanstanden (3.).

116 1. § 9 Abs. 6 EStG nimmt Aufwendungen des Steuerpflichtigen für seine erstmalige Berufsausbildung oder für ein Erststudium, das zugleich eine Erstausbildung vermittelt, generell von dem Begriff der Werbungskosten im Sinne von § 9 Abs. 1 Satz 1 EStG aus. Die Vorschrift konkretisiert den allgemeinen Werbungskostenabzugstatbestand des § 9 Abs. 1 Sätze 1 und 2 EStG dahingehend, dass diese Aufwendungen in keinem Fall beruflich veranlasst und damit weder unbeschränkt abzugsfähig sind (§ 2 Abs. 2 Nr. 2, § 9 Abs. 1 Satz 2 EStG) noch als negative Einkünfte in andere Veranlagungszeiträume zurück- oder vorgetragen werden können (§ 10d EStG). Stattdessen mindern sie lediglich gemäß § 10 Abs. 1 Nr. 7 in Verbindung mit § 2 Abs. 4 EStG als Sonderausgaben – in den Streitjahren bis zur Höhe von 4.000 Euro, heute bis zur Höhe von 6.000 Euro – das zu versteuernde Einkommen in dem Jahr, in dem sie anfallen.

117 Dagegen können Aufwendungen für weitere Ausbildungen und für Erstausbildungen beziehungsweise Erststudien, die im Rahmen eines Dienstverhältnisses stattfinden, wie andere Aufwendungen zur Erwerbung, Sicherung und Erhaltung der Einnahmen als Werbungskosten im Sinne von § 9 Abs. 1 Satz 1 EStG abzugsfähig sein und negative Einkünfte im Sinne von § 10d EStG begründen, soweit sie beruflich veranlasst sind. Eine berufliche Veranlassung ist nach der Rechtsprechung des Bundesfinanzhofs gegeben, wenn ein objektiver Zusammenhang mit dem Beruf besteht und die Aufwendungen subjektiv zur Förderung des Berufs getätigt werden (vgl. den Vorlagebeschluss vom 17. Juli 2014 im Verfahren VI R 2/12, BFHE 247, 25 ‹41 Rn. 69›). Ein Werbungskostenabzug setzt nicht voraus, dass der Steuerpflichtige gegenwärtig bereits Einnahmen erzielt. Solche Aufwendungen sind als vorab entstandene (vorweggenommene) Werbungskosten abziehbar, wenn sie in einem hinreichend konkreten, objektiv feststellbaren Veranlassungszusammenhang mit späteren Einnahmen stehen (vgl. den Vorlagebeschluss vom 17. Juli 2014 im Verfahren VI R 2/12, BFHE 247, 25 ‹42 f. Rn. 73›).

118 2. Diese Ungleichbehandlung von Aufwendungen für eine Erstausbildung beziehungsweise ein Erststudium, das eine Erstausbildung vermittelt, einerseits und Aufwendungen für eine bereits ausgeübte Erwerbstätigkeit sowie für weitere Ausbildungen und für Erstausbildungen (Erststudiengänge) im Rahmen eines Dienstverhältnisses andererseits ist nicht willkürlich. Erhöhte Anforderungen an den Differenzierungsgrund mit Rücksicht darauf, dass sich die Ungleichbehandlung auf die Ausübung grundrechtlich geschützter Freiheiten (Art. 12 Abs. 1 Satz 1 GG) auswirken kann, sind nicht geboten (a). Der Gesetzgeber kann sich für die Zuord-

nung der Aufwendungen für eine Erstausbildung zu den Sonderausgaben auf sachlich einleuchtende Gründe berufen (b).

119 a) Die Differenzierung zwischen Aufwendungen für eine Erstausbildung beziehungsweise ein Erststudium, das eine Erstausbildung vermittelt, einerseits und Aufwendungen für eine bereits ausgeübte Erwerbstätigkeit sowie für weitere Ausbildungen und für Erstausbildungen (Erststudiengänge) im Rahmen eines Dienstverhältnisses andererseits ist am Gleichheitssatz in seiner Eigenschaft als Willkürverbot zu messen. Einer Verschärfung des Maßstabs, weil sich die Ungleichbehandlung auf die Ausübung der Berufswahlfreiheit (Art. 12 Abs. 1 GG) auswirken kann, bedarf es nicht.

120 Zwar ist das Absolvieren einer berufsbezogenen (Erst-)Ausbildung durch Art. 12 Abs. 1 GG geschützt (vgl. Manssen, in: v. Mangoldt/Klein/Starck, GG, 7. Aufl. 2018, Art. 12 Rn. 61; Jarass, in: Jarass/Pieroth, GG, 15. Aufl. 2018, Art. 12 Rn. 93 ff.). Art. 12 Abs. 1 Satz 1 GG gewährleistet das Recht der freien Berufswahl und das damit in engem Zusammenhang stehende Recht, die Ausbildungsstätte frei zu wählen (vgl. BVerfGE 33, 303 ‹329 f.›; 134, 1 ‹13 f. Rn. 37›; 147, 253 ‹306 Rn. 104›).

121 Die Zuordnung von Erstausbildungskosten zu den Sonderausgaben und der damit verbundene Ausschluss eines Verlustabzugs nach § 10d EStG hat jedoch keine objektiv berufsregelnde Tendenz. Entscheidend für den Zugang zu einer bestimmten Ausbildung oder Ausbildungsstelle ist deren Finanzierbarkeit durch die Auszubildenden und Studierenden. Die Finanzierbarkeit hängt maßgeblich davon ab, ob und in welcher Höhe der Auszubildende/Studierende während der Ausbildung über eigene Einkünfte oder eigenes Vermögen verfügt beziehungsweise ihm Unterhaltsansprüche oder Ansprüche nach dem Bundesausbildungsförderungsgesetz zustehen. Diese Finanzierungsmöglichkeiten sind unabhängig davon, ob Aufwendungen für die Ausbildung in spätere Veranlagungszeiträume vorgetragen werden können. Dies gilt auch für eine Kreditfinanzierung der Ausbildung, weil es für deren Inanspruchnahme darauf ankommt, wie potentielle Kreditgeber die Kreditwürdigkeit des Auszubildenden/Studierenden im Ausbildungszeitraum beurteilen. Die Möglichkeit eines Verlustabzugs in späteren Veranlagungszeiträumen dürfte dafür allenfalls von untergeordneter Bedeutung sein.

122 b) Für die Zuordnung der Aufwendungen für eine Erstausbildung zu den Sonderausgaben gibt es sachlich einleuchtende Gründe. Der Gesetzgeber durfte diese Aufwendungen als wesentlich privat (mit-)veranlasst qualifizieren (aa) und den objektiven Zusammenhang mit einem konkreten späteren Beruf als typischerweise gering ausgeprägt bewerten (bb). Es ist deshalb nicht zu beanstanden, dass er sie als jedenfalls untrennbar gemischt veranlasste Aufwendungen systematisch den Sonderausgaben zugeordnet hat (cc). Die Gründe für Zweit- und weitere Ausbildungen (Studiengänge) sind demgegenüber so heterogen, dass sie sich einer typisierenden Erfassung als maßgeblich privat (mit-)veranlasst entziehen (dd). Erstausbildungen und Erststudiengänge im Rahmen eines Dienstverhältnisses unterscheiden sich von anderen Erstausbildungen und -studiengängen durch die bereits während der Ausbildung ausgeübte Erwerbstätigkeit (ee).

123 aa) Nach Auffassung des Gesetzgebers gehört die erste Berufsausbildung typischerweise zu den Grundvoraussetzungen für die Lebensführung, weil sie Vorsorge für die persönliche Existenz bedeutet und dem Erwerb einer selbstständigen

und gesicherten Position im Leben dient. Er ordnet deshalb Aufwendungen für die erste Berufsausbildung ebenso wie Aufwendungen für Erziehung und andere Grundbedürfnisse schwerpunktmäßig den Kosten der Lebensführung zu (vgl. BTDrucks 15/3339, S. 10; 17/7524, S. 10).

124 Die Wertung des Gesetzgebers, dass Aufwendungen für eine Erstausbildung im Anschluss an die allgemeine Schulbildung für die Lebensführung, die wirtschaftliche und die gesellschaftliche Stellung des Steuerpflichtigen jedenfalls nicht nur von völlig untergeordneter Bedeutung sind, ist nicht zu beanstanden (vgl. BVerfG, Beschluss der 3. Kammer des Zweiten Senats vom 8. Juli 1993–2 BvR 773/93 –, Rn. 2; Beschluss des Dreierausschusses des Ersten Senats vom 10. Dezember 1973–1 BvR 348/73 -; ebenso Schild, Sonderausgaben als Kategorie des Einkommensteuerrechts, 2017, S. 96 f.; Förster, DStR 2012, S. 486 ‹490 f.›; G. Kirchhof, DStR 2013, S. 1867 ‹1870›; Thiemann, JZ 2015, S. 866 ‹872›; Thürmer, in: Blümich, EStG, § 9 Rn. 685 ‹Juni 2018›; a.A. Bergkemper, in: Hermann/Heuer/Raupach, EStG/KStG, § 9 EStG Rn. 608 ‹August 2018›; Fuhrmann, in: Korn, EStG, § 9 Rn. 616 ‹Januar 2016›; Pfab, Die Behandlung von Bildungsaufwendungen im deutschen Einkommensteuerrecht, 2008, S. 283 f.; Söhn, in: Festschrift für Hermann Otto Solms, 2005, S. 97 ‹101 f.›; Drenseck, DStR 2004, S. 1766 ‹1771›). Die Erstausbildung oder das Erststudium unmittelbar nach dem Schulabschluss vermittelt nicht nur Berufswissen, sondern prägt die Person in einem umfassenderen Sinne, indem sie die Möglichkeit bietet, sich seinen Begabungen und Fähigkeiten entsprechend zu entwickeln und allgemeine Kompetenzen zu erwerben, die nicht zwangsläufig für einen künftigen Beruf notwendig sind. Sie weist damit eine besondere Nähe zur Persönlichkeitsentwicklung auf (vgl. Manssen, in: v. Mangoldt/Klein/Starck, GG, 7. Aufl. 2018, Art. 12 Rn. 13 f.).

125 Die Qualifikation der dafür erforderlichen Aufwendungen als durch die allgemeine Lebensführung (privat) veranlasst korrespondiert damit, dass eine Erstausbildung nach § 1610 Abs. 2 BGB noch von der Unterhaltspflicht der Eltern umfasst ist. Diese schulden – in den Grenzen ihrer wirtschaftlichen Leistungsfähigkeit – eine Berufsausbildung, die der Begabung und den Fähigkeiten, dem Leistungswillen und den beachtenswerten Neigungen des Kindes am besten entspricht (vgl. BGH, Beschluss vom 3. Mai 2017 – XII ZB 415/16 –, juris, Rn. 12). Das Einkommensteuerrecht berücksichtigt die Unterhaltsverpflichtung, indem es die zur Erfüllung dieser Pflicht aufzuwendenden Beträge typisierend im Rahmen des Familienleistungsausgleichs und als außergewöhnliche Belastung in besonderen Fällen (§§ 31 f., 33a EStG) bei den Eltern zum Steuerabzug zulässt. Die bei mangelnder Leistungsfähigkeit der Eltern an die Stelle tretenden sozialrechtlichen Leistungen werden dementsprechend der Bildungsförderung und nicht der Arbeitsförderung zugerechnet (vgl. BTDrucks 17/7524, S. 10).

126 bb) Der objektive Zusammenhang von Aufwendungen für eine Erstausbildung oder ein Erststudium, das eine Erstausbildung vermittelt, mit einem konkreten späteren Beruf ist dagegen typischerweise gering ausgeprägt (vgl. Thürmer, in: Blümich, EStG, § 9 Rn. 685 ‹Juni 2018›; Thiemann, JZ 2015, S. 866 ‹872›; Trossen, FR 2012, S. 501 ‹506›; a.A. Bergkemper, in: Hermann/Heuer/Raupach, EStG/KStG, § 9 EStG Rn. 608 ‹August 2018›; Pfab, Die Behandlung von Bildungsaufwendungen im deutschen Einkommensteuerrecht, 2008, S. 283 f.; Cropp, FR 2016,

S. 58 ‹63 f.›; Drenseck, DStR 2004, S. 1766 ‹1768›; Meindl-Ringler, DStZ 2016, S. 308 ‹312›).

127 (1) Das duale Ausbildungssystem, das schulische und betriebliche Ausbildung kombiniert und deshalb eine vergleichsweise konkrete Verbindung zu einem später ausgeübten Beruf aufweist, ist regelmäßig von § 9 Abs. 6 EStG nicht betroffen, weil diese Art der Ausbildung im Rahmen eines Dienstverhältnisses stattfindet. Die Regelung erfasst dagegen insbesondere rein schulische Ausbildungen und das Hochschulstudium unmittelbar im Anschluss an den zum Studium berechtigenden Schulabschluss. In diesen Fällen ist der Veranlassungszusammenhang mit Einnahmen aus einer später konkret ausgeübten Erwerbstätigkeit deutlich geringer. Die schulische Ausbildung und das Studium eröffnen regelmäßig eine Vielzahl von unterschiedlichen Berufsmöglichkeiten. Sie sind häufig breit angelegt, so dass erst zu Beginn oder während der Berufstätigkeit eine Spezialisierung stattfindet. Zudem gibt es zahlreiche Studiengänge, die nicht ohne weiteres in konkrete Berufsfelder münden, und umgekehrt Berufsfelder, für die es nicht maßgeblich auf ein bestimmtes Studium ankommt, sondern darauf, dass überhaupt ein Studium absolviert worden ist.

128 An diesem eher lockeren Zusammenhang ändert der Umstand nichts, dass die Erstausbildung oder das Erststudium regelmäßig Voraussetzung für die später ausgeübte Tätigkeit sein werden. Diese Argumentation ließe sich – jenseits der Schulpflicht – auch auf die allgemeine Schulbildung übertragen, die ebenfalls, wenn auch entfernt, kausal für die Ausübung der späteren Tätigkeit ist.

129 (2) Die in den betroffenen Ausbildungs- und Studiengängen im allgemeinen bestehende Unsicherheit, ob die Erstausbildung überhaupt kausal für eine Erwerbstätigkeit wird und gegebenenfalls für welche, unterscheidet sie auch von den in den Vorlagebeschlüssen als Vergleichsmaßstab angeführten Aufwendungen für Wege zwischen Wohnung und Arbeitsstätte. Zwar weisen letztere ebenfalls eine mehr oder weniger ausgeprägte private Mitveranlassung auf, zugleich ist aber der Veranlassungszusammenhang mit der ausgeübten Erwerbstätigkeit sehr konkret.

130 Dies gilt allerdings vergleichbar für die Ausbildung zum Berufspiloten, die in vier der sechs Ausgangsverfahren zu beurteilen ist. Schon die vertragliche Ausgestaltung der Pilotenausbildung zielt in vielen, wenn auch nicht in allen Fällen darauf oder legt es zumindest nahe, dass sich an die Ausbildung unmittelbar ein Beschäftigungsverhältnis bei einer bestimmten Fluggesellschaft anschließt. Die Bundesregierung legt jedoch in ihrer Stellungnahme dar, dass es sich dabei um eine zahlenmäßig unbedeutende Sonderkonstellation handele. Sie verweist darauf, dass laut Luftfahrtbundesamt im Jahr 2014 lediglich 1.008 Neuanmeldungen zur Ausbildung fliegerischen Personals erfolgt seien und dies einem Anteil von 0,1 % aller Teilnehmer von vollqualifizierenden Berufsausbildungen entspreche (vgl. auch Neugebauer, FR 2015, S. 307 ‹313›). In diesen Zahlen enthalten sind zudem diejenigen Auszubildenden, die bereits eine erste Berufsausbildung abgeschlossen haben oder in einem Dienstverhältnis, insbesondere beim Militär, stehen. Die geringe Zahl spricht dafür, dass der Gesetzgeber diese Fälle in Ausübung seiner Typisierungskompetenz vernachlässigen durfte, weil er sich grundsätzlich am Regelfall orientieren darf und nicht gehalten ist, allen Besonderheiten jeweils durch Sonder-

regelungen Rechnung zu tragen (vgl. BVerfGE 82, 159 ‹185 f.›; 122, 210 ‹232›; 126, 268 ‹279›; 133, 377 ‹412 Rn. 87›).

131 cc) Letztlich kommt es darauf jedoch nicht an. Denn auch bei einer stark auf einen bestimmten späteren Beruf ausgerichteten Erstausbildung liegt die oben dargestellte private Mitveranlassung vor. Dass eine berufliche Veranlassung überwiegt und den Schwerpunkt bildet, indiziert noch nicht zwangsläufig eine unbedeutende private Mitveranlassung und umgekehrt (vgl. Söhn, in: Festschrift für Wolfgang Spindler, 2011, S. 795 ‹799›). Der Gesetzgeber durfte deshalb jedenfalls von gemischt veranlasstem Aufwand ausgehen, bei dem private und berufliche Veranlassungselemente untrennbar sind (vgl. BTDrucks 15/3339, S. 10) und den er daher systematisch den Sonderausgaben zuordnen durfte.

132 (1) Auch Erstausbildungen, die wie die Pilotenausbildung einen konkreten Veranlassungszusammenhang mit einer später ausgeübten Erwerbstätigkeit aufweisen, schaffen erstmalig die Voraussetzungen für eine selbstbestimmte Lebensführung und vermitteln Kompetenzen, die allgemein die Lebensführung der Auszubildenden beeinflussen. Diese private Mitveranlassung des Ausbildungsaufwands wird nicht deshalb völlig unbedeutend, weil zugleich eine wesentliche berufliche Veranlassung besteht.

133 Die Lebensführung betreffende private und berufliche Veranlassungsbeiträge sind in diesen Fällen untrennbar miteinander vermischt. Die vom Gesetzgeber angenommene umfassende Prägung der Person durch eine erste Ausbildung, die ihr nicht nur beruflich, sondern auch privat zugutekommt, indem sie die Voraussetzungen für eine selbstbestimmte Lebensführung schafft, und die für eine Berufsausübung nötige Aneignung von Wissen und Fähigkeiten greifen so ineinander, dass es für eine quantitative Aufteilung der beruflichen und der privaten Mitveranlassung an objektivierbaren Kriterien fehlt.

134 (2) Nach der Rechtsprechung des Bundesfinanzhofs (Beschluss vom 21. September 2009 – GrS 1/06 –, BFHE 227, 1 ‹29 Rn. 125›) scheidet im Falle gemischter Veranlassungsbeiträge, die mangels objektivierbarer Kriterien tatsächlich unteilbar sind und bei denen nicht der private Beitrag für sich gesehen völlig unbedeutend ist, aufgrund der Systematik des Einkommensteuerrechts ein Abzug der Aufwendungen als Werbungskosten insgesamt aus. Unabhängig von der Frage, ob der Gesetzgeber dennoch die uneingeschränkte Abzugsfähigkeit von Erstausbildungsaufwand als Werbungskosten anordnen dürfte, ist er folglich durch den Gleichheitssatz jedenfalls nicht gehindert, ihn als untrennbar gemischt veranlasst vom Werbungskostenabzug auszunehmen und insgesamt den Sonderausgaben zuzuordnen (vgl. Klein, DStR 2014, S. 776 ‹778›; G. Kirchhof, DStR 2013, S. 1867 ‹1870›; ferner Schild, Sonderausgaben als Kategorie des Einkommensteuerrechts, 2017, S. 98 f.; a.A. Pfab, Die Behandlung von Bildungsaufwendungen im deutschen Einkommensteuerrecht, 2008, S. 283 ff.; Söhn, in: Festschrift für Hermann Otto Solms, 2005, S. 97 ‹101 ff.›).

12. Vorsteuerabzug (§ 9b EStG)

Häufig übersehen, ist die kleine Norm des § 9b EStG elementar wichtig. Sie sagt aus, dass der Vorsteuerbetrag nicht zu den Anschaffungs- oder Herstellungskosten des Wirtschaftsgutes zählt, soweit dieser Betrag bei der Umsatzsteuer abgezogen werden kann. Anderenfalls wäre dies ein doppelter Abzug im steuerlichen Sinne und würde zu fehlerhaften Ergebnissen führen.

Rechtsprechung: BFH Urteil v. 12.04.2016 – VIII R 60/14

Nach § 9b Abs. 1 Satz 1 EStG gehört der Vorsteuerbetrag nach § 15 des Umsatzsteuergesetzes (UStG), soweit er bei der Umsatzsteuer abgezogen werden kann, nicht zu den Anschaffungs- oder Herstellungskosten des Wirtschaftsguts, auf dessen Anschaffung oder Herstellung er entfällt. Nach § 9b Abs. 1 Satz 2 EStG braucht der Teil des Vorsteuerbetrags, der nicht abgezogen werden kann, den Anschaffungs- oder Herstellungskosten des Wirtschaftsguts, auf dessen Anschaffung oder Herstellung der Vorsteuerbetrag entfällt, nicht zugerechnet zu werden, wenn er 25 v.H. des Vorsteuerbetrags und 500 DM nicht übersteigt (Nr. 1 der Vorschrift) oder wenn die zum Ausschluss vom Vorsteuerabzug führenden Umsätze nicht mehr als 3 v.H. des Gesamtumsatzes betragen (Nr. 2 der Vorschrift).

14 Wird ein Mietobjekt errichtet, das zur Erzielung von Vermietungseinkünften genutzt werden soll, so ist die dem Bauherren in Rechnung gestellte Umsatzsteuer im Jahr ihrer Zahlung nach § 9b Abs. 1 Satz 1 EStG als Werbungskosten bei den Einkünften aus Vermietung und Verpachtung abziehbar, sofern auf die Steuerfreiheit für Vermietungsumsätze verzichtet wird (BFH-Urteile vom 4. Juni 1991 IX R 12/89, BFHE 164, 361, BStBl II 1991, 759; vom 25. Januar 1994 IX R 97–98/90, BFHE 174, 386, BStBl II 1994, 738). Die Abziehbarkeit von Vorsteuerbeträgen hängt mithin von der nach Umsatzsteuerrecht zu beurteilenden Berechtigung des Steuerpflichtigen zum Vorsteuerabzug nach § 15 UStG ab (BFH-Urteile in BFHE 164, 361, BStBl II 1991, 759; in BFHE 174, 386, BStBl II 1994, 738). Mit der Abziehbarkeit der Vorsteuerbeträge soll erreicht werden, dass sich diese ähnlich wie durchlaufende Posten erfolgsneutral auswirken (BFH-Urteil vom 17. März 1992 IX R 55/90, BFHE 167, 405, BStBl II 1993, 17).

15 Die Regelung des § 9b Abs. 1 Satz 2 Nr. 2 EStG zielt als Ausnahmevorschrift darauf, Komplikationen insbesondere für solche Unternehmen zu vermeiden, die nahezu ausschließlich zum Vorsteuerabzug berechtigende Umsätze tätigen und ohne die Regelung der Nr. 2 wegen geringfügiger „schädlicher“ Umsätze die Einbeziehung der nicht als Vorsteuer abziehbaren Umsatzsteuer in die Anschaffungskosten umsetzen müssten (BTDrucks V/2185, S. 7; BFH-Urteil vom 3. März 2005 III R 72/03, BFHE 209, 315, BStBl II 2005, 567).

16b) Ausgehend von diesen Grundsätzen hat das FG zutreffend die Vorsteuer für den Erwerb der Gewerbeeinheiten in den Objekten J und C den Anschaffungs- und Herstellungskosten zugeordnet.

17aa) Ein Vorsteuerbetrag, der bei der Umsatzsteuer abgezogen werden kann (§ 9b Abs. 1 Satz 1 EStG), liegt nicht vor, wenn die Inanspruchnahme der Vorsteuer nach § 42 AO rechtsmissbräuchlich ist.

18 Bereits nach dem Wortlaut der Vorschrift (abgezogen werden „kann“) ist die Frage der Berechtigung des Steuerpflichtigen zum Vorsteuerabzug nach materiellem Umsatzsteuerrecht (§ 15 UStG) zu beantworten (BFH-Urteile in BFHE 164, 361, BStBl II 1991, 759, und in BFHE 174, 386, BStBl II 1994, 738). Wie der BFH in den Fällen der Zwischenvermietung bereits entschieden hat, kommt ein Werbungskostenabzug der Vorsteuerbeträge gemäß § 9b Abs. 1 Satz 1 EStG nicht in

Betracht, wenn die Abziehbarkeit der Vorsteuer wegen eines Missbrauchs von Gestaltungsmöglichkeiten (§ 42 AO) zu versagen ist (BFH-Urteil in BFHE 174, 386, BStBl II 1994, 738; BFH-Beschlüsse vom 5. Oktober 1990 IX B 294/89, BFH/NV 1991, 301; vom 27. September 1990 IX B 268/89, BFH/NV 1991, 297; vom 20. März 1990 V B 121/89, BFH/NV 1991, 273).

19 Ein solches Verständnis des § 9b Abs. 1 Satz 1 EStG, nach dem die Abziehbarkeit von Vorsteuerbeträgen i.S. der Vorschrift fehlt, wenn der Vorsteuerabzug nach § 42 AO entfällt, entspricht auch dem Zweck der Vorschrift. Denn ein Bedürfnis dafür, die Vorsteuerbeträge —dem Ziel des § 9b Abs. 1 Satz 1 EStG entsprechend— im Ertragsteuerrecht ähnlich einem durchlaufenden Posten erfolgsneutral zu behandeln, ist nur gegeben, wenn umsatzsteuerrechtlich überhaupt die Möglichkeit besteht, die Vorsteuer abzuziehen (vgl. BTDrucks V/2185, S. 6 f.). Fehlt es hieran, weil die Inanspruchnahme wegen eines Missbrauchs der Gestaltungsmöglichkeiten (§ 42 AO) zu versagen ist, und trägt der Steuerpflichtige damit die Kostenlast für die Vorsteuer, besteht kein Anlass, diesen Aufwand ausnahmsweise nicht den Anschaffungs- und Herstellungskosten des jeweiligen Wirtschaftsguts zuzuordnen.

20 Auch wenn die für § 9b Abs. 1 Satz 1 EStG erhebliche Berechtigung zum Vorsteuerabzug allein nach Umsatzsteuerrecht zu beurteilen ist, ist es nicht entscheidend, ob sich der Vorsteuerabzug in einem Umsatzsteuerbescheid ausgewirkt hat (BFH-Urteil in BFHE 174, 386, BStBl II 1994, 738; BFH-Beschlüsse vom 6. Juli 1999 IX B 21/99, BFH/NV 2000, 4; vom 19. September 2007 XI B 52/06, BFH/NV 2008, 63).

21 Umgekehrt gilt aber, dass die Qualifikation eines Betrags als Vorsteuerbetrag, der bei der Umsatzsteuer wegen eines Rechtsmissbrauchs nicht abgezogen werden kann (§ 9b Abs. 1 Satz 1 EStG), der Behandlung im Rahmen der umsatzsteuerrechtlichen Steuerfestsetzung jedenfalls dann folgt, wenn hierüber rechtskräftig entschieden ist. Das über die Anwendung von § 9b Abs. 1 Satz 1 EStG entscheidende Gericht ist insoweit nach § 110 FGO an eine rechtskräftige Entscheidung über die nicht bestehende Berechtigung zum Vorsteuerabzug gebunden. Gemäß § 110 Abs. 1 FGO binden rechtskräftige Urteile, soweit über den Streitgegenstand entschieden worden ist, u.a. die Beteiligten. Durch die Rechtskraftwirkung ist hinsichtlich des tenorierten Inhalts des Urteils —vorbehaltlich der Möglichkeiten eines Restitutions- oder Wiederaufnahmeverfahrens— über den Streitgegenstand abschließend entschieden. Dies gilt unabhängig davon, wie die Frage richtigerweise zu entscheiden gewesen wäre (BFH-Urteil vom 20. August 2014 X R 15/10, BFHE 247, 8, BStBl II 2015, 109). Nach diesen Maßstäben ist der Senat hinsichtlich der gemäß § 42 AO nicht gegebenen Berechtigung zum Vorsteuerabzug an das zwischenzeitlich rechtskräftige Urteil des FG Münster in EFG 2007, 1562 gebunden.

13. Kinderbetreuungskosten, § 9c EStG

Vielfach übersehen, führen Kinderbetreuungskosten gemäß § 9c EStG ebenfalls zu Abzügen, die wie Betriebsausgaben angesehen werden. Die Kinderbetreuungskosten sind in dieser Norm explizit aufgeführt. Nach diesseitiger Auffassung, sind diese gesetzlichen Beträge nicht im Ansatz ausreichend, um die entstehenden Kosten der Kinderbetreuung abzufedern. Insbesondere im Wege der intensiven Familienpolitik ist es Aufgabe des Gesetzgebers, für einen besseren Abzug der Höhe nach zu sorgen. Auf die Diskussion, die Kosten für Kinderbetreuung würden ebenfalls durch das Kindergeld beziehungsweise den Kinderfreibetrag abgegolten, soll hier nicht weiter eingegangen werden.

Rechtsprechung: BFH, 18.12.2014 – III R 63/13

Gemäß § 9c Abs. 1 Satz 1 EStG können Aufwendungen für Dienstleistungen zur Betreuung eines zum Haushalt des Steuerpflichtigen gehörenden Kindes i.S. des § 32 Abs. 1 EStG, die wegen einer Erwerbstätigkeit des Steuerpflichtigen anfallen, u.a. bei Kindern, die das 14. Lebensjahr noch nicht vollendet haben, in Höhe von zwei Dritteln der Aufwendungen, höchstens 4.000 € je Kind, bei der Ermittlung der Einkünfte aus Land- und Forstwirtschaft, Gewerbebetrieb oder selbständiger Arbeit wie Betriebsausgaben abgezogen werden. Im Fall des Zusammenlebens der Elternteile gilt § 9c Abs. 1 Satz 1 EStG nur, wenn beide Elternteile erwerbstätig sind (§ 9c Abs. 1 Satz 2 EStG). Voraussetzung für den Abzug der Aufwendungen nach § 9c Abs. 1 EStG ist, dass der Steuerpflichtige für die Aufwendungen eine Rechnung erhalten hat und die Zahlung auf das Konto des Erbringers der Leistung erfolgt ist (§ 9c Abs. 3 Satz 3 EStG). Für den Bereich der Einkünfte aus nichtselbständiger Arbeit gelten die Regelungen des § 9c Abs. 1 und Abs. 3 EStG über § 2 Abs. 2 Satz 1 Nr. 2, § 9 Abs. 5 Satz 1 EStG sinngemäß.

2. Im Streitfall hat das FG in für den erkennenden Senat bindender Weise (§ 118 Abs. 2 FGO) festgestellt, dass die Kläger die Abzugsvoraussetzungen des § 9c Abs. 1 EStG erfüllten.

3. Zu Unrecht ist das FG jedoch davon ausgegangen, dass die Kläger auch die Nachweisanforderungen des § 9c Abs. 3 Satz 3 EStG erfüllt haben.

Entgegen der Auffassung des FG sprechen der Wortlaut, die Entstehungsgeschichte sowie der Sinn und Zweck des § 9c Abs. 3 Satz 3 EStG dafür, dass auch bei einer im Rahmen eines geringfügigen Beschäftigungsverhältnisses angestellten Betreuungskraft ein Abzug der Betreuungskosten davon abhängig ist, dass die Zahlung des Entgelts nicht bar, sondern über das Konto der Betreuungsperson abgewickelt wurde.

a) Wie das FA zutreffend ausführt, enthält der Wortlaut des § 9c Abs. 3 Satz 3 EStG keine Beschränkung der Nachweiserfordernisse auf Aufwendungen für bestimmte Arten von Dienstleistungen. Vielmehr macht die Vorschrift den Abzug sämtlicher von § 9c Abs. 1 und Abs. 2 EStG erfassten Aufwendungen von der Erfüllung der Nachweisvoraussetzungen abhängig.

Das vom FG zur Begründung der Unanwendbarkeit des § 9c Abs. 3 Satz 3 EStG angeführte Argument, wonach ein Arbeitnehmer und erst recht ein geringfügig beschäftigter Arbeitnehmer nicht verpflichtet sei, Rechnungen auszustellen, ist zum einen nur stichhaltig, wenn man aus dem Tatbestandsmerkmal „… für die Aufwendungen eine Rechnung erhalten hat …“ folgert, dass die Betreuungsperson als Unternehmer zur Ausstellung von Rechnungen in einem dem § 14 des Umsatzsteuergesetzes vergleichbaren Sinne befugt sein muss. Da sich jedoch weder aus § 9c Abs. 1 noch aus § 9c Abs. 3 Satz 3 EStG Anhaltspunkte dafür ergeben, dass der Anwendungsbereich der Regelungen auf von Unternehmern erbrachte Dienstleistungen beschränkt werden soll, spricht nichts für eine entsprechende Schlussfolgerung aus dem Rechnungserfordernis. Zum anderen würde selbst eine der Auffassung des FG entsprechende Auslegung des Rechnungsbegriffs keine Rückschlüsse auf das Erfordernis der Zahlungsabwicklung über das Empfängerkonto erlauben. Die Lohnzahlung auf das Konto des —ggf. auch nur geringfügig beschäftigten— Arbeitnehmers ist ohne weiteres möglich und üblich.

b) Entgegen der Auffassung des FG kann aus der Entstehungsgeschichte des § 9c EStG nicht abgeleitet werden, dass das Erfordernis einer unbaren Zahlung für die steuerrechtliche Berücksichtigung von Aufwendungen, die im Zusammenhang mit der geringfügigen Beschäftigung einer Betreuungsperson entstanden sind, nicht gilt.

aa) Erwerbsbedingte Kinderbetreuungskosten waren zunächst bis zum Veranlagungszeitraum 2005 nach § 33c EStG und in den Veranlagungszeiträumen 2006 bis 2008 nach § 4f EStG i.V.m. § 9 Abs. 5 Satz 1 EStG steuerrechtlich berücksichtigungsfähig. Beide Vorschriften erfassten „Aufwendungen für Dienstleistungen zur Betreuung eines zum Haushalt des Steuerpflichtigen gehörenden Kindes" ohne danach zu differenzieren, ob diese Dienstleistungen im Rahmen eines Arbeits-, eines Dienst- oder eines Geschäftsbesorgungsverhältnisses erbracht wurden (s. hierzu bereits Senatsurteil vom 10. April 1992 III R 184/90, BFHE 167, 436, BStBl II 1992, 814 zu § 33c EStG). Bereits in dem durch das Gesetz zur steuerlichen Förderung von Wachstum und Beschäftigung v. 26. April 2006 (BGBl I 2006, 1091, BStBl I 2006, 350) eingeführten § 4f EStG sah der Gesetzgeber in Satz 5 vor, dass der Steuerpflichtige die Aufwendungen durch Vorlage einer Rechnung und die Zahlung auf das Konto des Erbringers der Leistung nachweisen muss. Aus verwaltungsökonomischen Gründen verzichtete der Gesetzgeber in der ab dem Veranlagungszeitraum 2008 geltenden Fassung des § 4f Satz 5 EStG zwar darauf, dass der Steuerpflichtige diese Belege vorlegt, nicht jedoch darauf, dass er diese erhalten hat (Jahressteuergesetz 2008 vom 20. Dezember 2007, BGBl I 2007, 3150, BStBl I 2008, 218).

bb) Die Begründung zum Entwurf des Gesetzes zur steuerlichen Förderung von Wachstum und Beschäftigung (BTDrucks 16/643, S. 9 zu Nr. 2 aE), mit dem die besonderen Nachweiserfordernisse für erwerbsbedingte Kinderbetreuungskosten in § 4f EStG eingeführt wurden, enthält keinen Hinweis darauf, dass das Erfordernis einer Zahlungsabwicklung über das Konto der Betreuungsperson nur für bestimmte Arten der Dienstleistungserbringung gelten sollte. Vielmehr wird hierin nur allgemein festgestellt, dass die Ausweitung der steuerrechtlichen Berücksichtigung von Kinderbetreuungskosten die unterschiedlichen Formen der Betreuungsangebote gleichstellen und darüber hinaus Anreize geben soll, um legale Beschäftigungsverhältnisse in Privathaushalten zu schaffen. Um Missbrauch vorzubeugen und zur Bekämpfung von Schwarzarbeit in diesem Bereich werde eine Rechnung und als zusätzlicher Nachweis der Zahlung ein Kontobeleg gefordert. Dies spricht dafür, dass die Zahlungsabwicklung über das Konto der Betreuungsperson zum Zwecke der Missbrauchsverhinderung für alle Arten von Dienstleistungen gelten sollte.

cc) Im Gesetzgebungsverfahren des mit Wirkung ab dem Veranlagungszeitraum 2009 eingeführten § 9c EStG (§ 52 Abs. 23f EStG i.d.F. des Gesetzes zur Förderung von Familien und haushaltsnahen Dienstleistungen —Familienleistungsgesetz—

vom 22. Dezember 2008, BGBl I 2008, 2955) wurde u.a. ausgeführt, dass die Regelung der Zusammenfassung der seit 2006 an mehreren Stellen des EStG geregelten steuerrechtlichen Berücksichtigung von erwerbsbedingten und nicht erwerbsbedingten Kinderbetreuungskosten diene, ohne dass damit eine materiell-rechtliche Änderung verbunden sein solle (Entwurf eines Gesetzes zur Förderung von Familien und haushaltsnahen Dienstleistungen —Familienleistungsgesetz—, BTDrucks 16/10809, S. 11 und S. 14 [zu Nr. 5]). Hinsichtlich § 9c Abs. 3 EStG weist die Begründung des Gesetzentwurfs darauf hin, dass dieser die bisher in den §§ 4f, 10 Abs. 1 Nr. 5 und 8 EStG enthaltenen Verfahrensregelungen und Abzugsbedingungen zusammenführen solle (BTDrucks 16/10809, S. 11 und S. 14 [zu Nr. 5]).

Auch hieraus ergibt sich kein Hinweis darauf, dass der Gesetzgeber hinsichtlich der Abzugsbedingungen zwischen verschiedenen Formen von Dienstleistungen differenzieren wollte.

dd) Der Senat kann sich der vom FG auf § 35a EStG gestützten Auslegung nicht anschließen.

Zum einen fand diese Vorschrift für den Abzug von Kinderbetreuungskosten jeweils nur dann Anwendung, wenn die Aufwendungen nicht unter die § 33c EStG, § 4f i.V.m. § 9 Abs. 5 Satz 1 EStG oder § 9c EStG fielen. § 35a EStG kann daher weder als Vorgängernorm des hier auszulegenden § 9c EStG noch als Grundnorm für den Abzug von Kinderbetreuungskosten angesehen werden. Zum anderen unterscheidet sich auch der systematische Aufbau des § 35a EStG deutlich von dem des § 9c EStG und dessen Vorgängervorschriften (§§ 33c, 4f, 9 Abs. 5 Satz 1 EStG). Anders als in § 35a EStG in der in den Streitjahren geltenden Fassung findet sich in § 9c EStG und dessen Vorgängervorschriften weder eine Differenzierung zwischen haushaltsnahen geringfügigen Beschäftigungsverhältnissen, haushaltsnahen nicht geringfügigen Beschäftigungsverhältnissen und haushaltsnahen Dienstleistungen noch eine hierauf aufbauende Differenzierung der Nachweisanforderungen. Es ist daher auch kein Grund ersichtlich, weshalb die in § 35a EStG geschaffene Differenzierung der Abzugsvoraussetzungen auf § 9c EStG übertragen werden sollte.

c) Die vom FG vertretene Auslegung lässt sich auch nicht auf den Sinn und Zweck des § 9c EStG stützen.

Wie ausgeführt wurde, bestand der Sinn und Zweck des —ohne materiell-rechtliche Änderung— in den § 9c EStG überführten § 4f EStG u.a. darin, die unterschiedlichen Formen der Betreuungsangebote gleichzustellen und darüber hinaus Anreize für legale Beschäftigungsverhältnisse in Privathaushalten zu schaffen. Die Nachweiserfordernisse (Rechnung und Zahlung über das Konto der Betreuungsperson) sollten Missbrauch und Schwarzarbeit vorbeugen. Insofern entspricht es der vom Gesetz bezweckten Gleichbehandlung, wenn an alle Formen der von § 9c EStG erfassten Betreuungsleistungen gleiche Nachweisanforderungen gestellt werden. Nicht ersichtlich ist hingegen, dass das Gesetz eine Gleichbehandlung der von § 9c EStG erfassten (geringfügigen) Beschäftigungsverhältnisse mit den unter § 35a Abs. 1 EStG fallenden (geringfügigen) Beschäftigungsverhältnissen bezweckt. Ebenso ist es mit dem Gesetzeszweck, Gestaltungsmissbrauch und Schwarzarbeit vorzubeugen, vereinbar, wenn (geringfügige) Beschäftigungsverhältnisse nicht von den Nachweisanforderungen ausgenommen werden. Auch in diesem Bereich bestehen Manipulationsgefahren, weil Beschäftigungsverhältnisse nachträglich zu Unrecht behauptet oder erst rückwirkend legalisiert werden können. Solche Manipulationen können mit einer nur durch Kontobelege nachweisbaren Zahlung wesentlich besser verhindert werden als mit einem z.B. nur durch Barzahlungsquittung oder Zeugenaussage belegten Zahlungsfluss. Nicht entscheidend ist demgegenüber, welche Zwecke das Gesetz mit den in § 35a EStG aufgestellten Nachweisanforderungen verfolgt.

Da die vom Wortlaut des § 9c Abs. 3 Satz 3 EStG aufgestellte Regel durch den Sinn und Zweck des Gesetzes gedeckt ist, scheidet die vom FG befürwortete teleologische Reduktion der Norm aus.

d) Schließlich tritt auch die herrschende Meinung im Schrifttum nicht für die vom FG befürwortete differenzierte Handhabung der Nachweisanforderungen ein (vgl. etwa HHR/Krömker, § 9c EStG Rz 34, 37, abgelegt im elektronischen HHR-Archiv, www.ertragsteuerrecht.de; Schmidt/Loschelder, EStG, 29. Aufl., § 9c Rz 33; Blümich/Heger, § 9c EStG Rz 68 f.; Pust in Littmann/Bitz/Pust, Das Einkommensteuerrecht, Kommentar, § 9c Rz 156; ausdrücklich gegen eine Ausnahme für geringfügig Beschäftigte Mellinghoff in Kirchhof, EStG, 9. Aufl., § 9c Rz 37; ebenso Steiner in Lademann, EStG, § 9c Rz 111; zweifelnd dagegen Hillmoth, Die Information für Steuerberater und Wirtschaftsprüfer 2006, 377 (378).

14. Sonderausgaben, § 10 EStG

Sonderausgaben sind in § 10 dieses Gesetzes geregelt. Sonderausgaben sind alle Aufwendungen, die nicht Werbungskosten oder Betriebsausgaben sind. Dies bedeutet, dass alle Kosten, die nicht im unmittelbaren Zusammenhang mit einer der Einkunftsarten aus § 2 in Zusammenhang stehen, dennoch den Steuerpflichtigen im Rahmen seiner Einkunftserzielung erwachsen, abzugsfähig sind. Die Sonderausgaben sind der Höhe nach beschränkt, wie z.B. die Berufsausbildung eines Steuerpflichtigen, die bis 4000,00 EUR pro Kalenderjahr abzugsfähig sein soll. Auch hier waren die Literatur und die Gesetzgebung früher heftig umstritten; heute soll die Berufsausbildung grundsätzlich zu den Werbungskosten zählen. Dies gilt auch für Promotion und Habilitation. Im Einzelfall ist eine intensive Betrachtung notwendig, um eine Zuordnung zu den Sonderausgaben oder zu den Werbungskosten festzustellen. Im Übrigen behandelt § 10 EStG die Abzugsfähigkeit von Versicherungen gegen Arbeitslosigkeit, Berufsunfähigkeit, Krankenversicherung, Pflegeversicherung sowie Unfallversicherung und für Lebensversicherungen, welche eine Leistung für den Todesfall vorsehen. Die Grenze der Abzugsfähigkeit von Krankenversicherungen wurde mittlerweile der Höhe nach auf 2.400,00 EUR heraufgesetzt. Auch lässt § 10 den Sonderausgabenabzug von gezahlter Kirchensteuer zu. Voraussetzung ist jedoch auch hier wieder, dass die Ausgaben nicht mit steuerfreien Einnahmen in unmittelbarem Zusammenhang stehen.

Unter den Sonderausgabenabzug fallen auch Riester- und Rürup-Renten (Riester-Renten für Arbeitnehmer/Rürup-Renten für Selbstständige, so die Grundformel). Für Finanzdienstleister ist diese Norm ein elementarer Bestandteil des eigenen Kundenkonzepts, wobei häufig mit der steuerlichen Abzugsfähigkeit argumentiert wird. Hier ist jedoch Vorsicht angebracht! Sollte auch eine steuerliche Abzugsmöglichkeit gegeben sein, so führt dies nicht zu einem direkten Ansatz und damit nicht zu einer vollständigen direkten steuerlichen Berücksichtigung. Vielmehr ist die Anrechnung differenzierter ausgestaltet, so dass nur mittelbar ein Steuervorteil entsteht.

Vorsorgeaufwendungen können bis zu einer Höhe von 2.800,00 EUR abgezogen werden.

Rechtsprechung: BFH Urteil v. 10.10.2017 – X R 32/15

Sonderausgaben sind nach § 10 Abs. 1 Nr. 9 Satz 1 EStG 30 % des Entgelts, höchstens 5.000 €, das der Steuerpflichtige für ein Kind, für das er Anspruch auf einen Freibetrag nach § 32 Abs. 6 EStG oder auf Kindergeld hat, für dessen Besuch einer Schule in freier Trägerschaft oder einer überwiegend privat finanzierten Schule entrichtet, mit Ausnahme des Entgelts für Beherbergung, Betreuung und Verpflegung. Voraussetzung ist, dass die Schule in einem Mitgliedstaat der Europäischen Union (EU) oder in einem Staat belegen ist, auf den das Abkommen über den Europäischen Wirtschaftsraum (EWR) Anwendung findet, und die Schule zu einem von dem zuständigen inländischen Ministerium eines Landes, von der Kultusministerkonferenz der Länder oder von einer inländischen Zeugnisanerkennungsstelle anerkannten oder einem inländischen Abschluss an einer öffentlichen Schule als gleichwertig anerkannten allgemein bildenden oder berufsbildenden Schul-, Jahrgangs- oder Berufsabschluss führt (§ 10 Abs. 1 Nr. 9 Satz 2 EStG).

11a) Die steuerliche Berücksichtigung von Schulgeldzahlungen als Sonderausgaben nach § 10 Abs. 1 Nr. 9 EStG a.F. wurde durch das Kultur- und Stiftungsförderungsgesetz vom 13. Dezember 1990 (BGBl I 1990, 2775) mit Wirkung ab dem Veranlagungszeitraum 1991 eingeführt. Nach der Rechtsprechung des BFH knüpfte der Gesetzgeber mit den in § 10 Abs. 1 Nr. 9 EStG a.F. genannten Schulen erkennbar an (landes-)schulrechtliche Begriffe an, die durch Art. 7 Abs. 4 GG vorgeprägt und in den Gesetzen der Bundesländer, welche die staatliche Schulaufsicht über Schulen in freier Trägerschaft regeln, konkretisiert sind (vgl. Senatsurteil in BFH/NV 2009, 1623, unter II.1.). Privatschulen i.S. von Art. 7 Abs. 4 GG sind alle Schulen, die privatrechtlich und in privater Initiative errichtet und betrieben werden. Private Hochschulen einschließlich der Fachhochschulen werden vom Schutzbereich des Art. 7 Abs. 4 GG nicht erfasst (Jarass/Pieroth, Grundgesetz für die Bundesrepublik Deutschland, Kommentar, 14. Aufl., Art. 7 Rz 25). Dementsprechend ging die BFH-Rechtsprechung davon aus, private Hochschulen seien grundsätzlich nicht als Schulen i.S. von § 10 Abs. 1 Nr. 9 EStG a.F. einzustufen, es sei denn, die Hochschule wurde ausnahmsweise als staatlich genehmigte oder nach Landesrecht erlaubte Ersatzschule anerkannt (vgl. Senatsurteil vom 9. November 2011 X R 24/09, BFHE 236, 21, BStBl II 2012, 321, Rz 14).

12b) Der Sonderausgabenabzug für Schulgeld wurde im Rahmen des JStG 2009 vom 19. Dezember 2008 (BGBl I 2008, 2794) geändert, um die Regelung unionsrechtskonform auszugestalten. Der Gerichtshof der Europäischen Union (EuGH) hat die grundsätzliche Beschränkung des Sonderausgabenabzugs auf Inlandsschulen als europarechtswidrig angesehen (vgl. EuGH-Urteile Kommission/ Deutschland vom 11. September 2007 C-318/05, EU:C:2007:495, Slg. 2007, I-6957,

Rz 139, und Schwarz und Gootjes-Schwarz vom 11. September 2007 C-76/05, EU:C:2007:492, Slg. 2007, I-6849, Rz 99). Die Vorschrift des § 10 Abs. 1 Nr. 9 EStG in der Fassung des JStG 2009 sieht deshalb vor, dass das Entgelt für eine private Schule abziehbar ist, die in einem Mitgliedstaat der EU oder in einem Staat belegen ist, auf den das Abkommen über den EWR Anwendung findet. Mit der Neuregelung der steuerlichen Berücksichtigung des Schulgelds für Privatschulen durch das JStG 2009 ist außerdem nicht mehr die landesrechtliche Anerkennung einer bestimmten Privatschule, sondern der durch die Schule vermittelte Abschluss für die Frage der Abziehbarkeit des Schuldgelds entscheidend, da nach Einschätzung des Gesetzgebers eine Übertragung der bisherigen schulrechtlichen Kriterien auf ausländische Schulen nicht möglich war (Senatsurteil in BFHE 236, 21, BStBl II 2012, 321, Rz 22; BTDrucks 16/10189, 49). Folglich ist die Frage, ob einer inländischen Schule eine staatliche Genehmigung als Ersatzschule oder die Anerkennung als allgemein bildende Ergänzungsschule erteilt worden ist, für Veranlagungszeiträume ab 2008 ohne Bedeutung (Schaffhausen/Plenker, Deutsches Steuerrecht —DStR— 2009, 1123, 1124).

13c) Nach dem Bericht des Finanzausschusses des Deutschen Bundestags zum Entwurf eines JStG 2009 fallen Hochschulen einschließlich der Fachhochschulen und die ihnen im EU-/EWR-Ausland gleichstehenden Einrichtungen nicht unter den Begriff der Schule (vgl. BTDrucks 16/11108, 12). Der Senat ist diesem Verständnis des Begriffs „Schule“ gefolgt und hat bereits entschieden, dass (Fach-)Hochschulgebühren nach der Neuregelung des Schulgeldabzugs durch das JStG 2009 nicht abziehbar sind (Senatsurteil in BFHE 236, 21, BStBl II 2012, 321, Rz 24; BTDrucks 16/11108, 12; ebenso Kulosa in Herrmann/Heuer/Raupach —HHR—, § 10 EStG Rz 270; Schmidt/Heinicke, EStG, 36. Aufl., § 10 Rz 120; Nacke, Der Betrieb 2008, 2792, 2794; Förster, DStR 2012, 486, 488; Schreiben des Bundesministeriums der Finanzen vom 9. März 2009 IV C 4-S 2221/07/0007, BStBl I 2009, 487, Rz 4).

14d) Die Begrenzung des Sonderausgabentatbestands des § 10 Abs. 1 Nr. 9 EStG auf bestimmte Privatschulen ist verfassungsrechtlich nicht zu beanstanden. Es handelt sich um eine Lenkungsnorm (Subventionsnorm), die der Förderung der von ihr erfassten Privatschulen dient, was verfassungsrechtlich zulässig ist (Kulosa in HHR, § 10 EStG Rz 270). So hat das Bundesverfassungsgericht (BVerfG) hinsichtlich § 10 Abs. 1 Nr. 9 EStG a.F. einen Gleichheitsverstoß durch Beschränkung der Förderung auf die in Art. 7 Abs. 4 GG genannten Privatschulen verneint (BVerfG-Beschluss vom 16. April 2004 2 BvR 88/03, Höchstrichterliche Finanzrechtsprechung 2004, 690, Rz 7 ff.). Eine andere Beurteilung ist bei § 10 Abs. 1 Nr. 9 EStG in der Fassung des JStG 2009 nicht angezeigt. Auch wenn in dem aktuellen Gesetzestext die ausdrückliche Bezugnahme auf die Privatschulgarantie des Art. 7 Abs. 4 GG fehlt, so knüpft § 10 Abs. 1 Nr. 9 EStG erkennbar an die Vorgängervorschrift an und dient weiterhin dem Zweck, private Schuleinrichtungen zu fördern (Förster, DStR 2012, 486, 488). Dies ist in der gewählten Form zulässig. Der Senat verkennt nicht, dass die aktuelle Fassung des § 10 Abs. 1 Nr. 9 EStG mit der Anknüpfung an einen anerkannten Schulabschluss ein anderes Differenzierungsmerkmal zwischen begünstigten und nicht begünstigten Schulen verwendet als Art. 7 Abs. 4 GG mit seiner Anknüpfung an die Genehmigung der jeweiligen Schule. Daraus ist jedoch nicht zu folgern, dass die in § 10 Abs. 1 Nr. 9 EStG gewählte Differenzierung unzulässig wäre. Sie ist (s.o. unter II.1.b) der Anpassung des einfachen Rechts an das Unionsrecht geschuldet und unter diesem Aspekt gerechtfertigt. Der Gesetzgeber ist wegen seines weiten Gestaltungsspielraums bei nichtfiskalischen Förderungsnormen nicht verpflichtet, den Besuch von Schulen und Universitäten jeder Art überhaupt und ggf. in gleicher Weise zu fördern (Förster, DStR 2012, 486, 488).

152. Bei Anwendung dieser Grundsätze liegen die Voraussetzungen für den Schulgeldabzug im Streitfall nicht vor. Bei der XXX handelt es sich nach den im Urteil getroffenen tatsächlichen Feststellungen des FG, an die der Senat nach § 118 Abs. 2 FGO gebunden ist, um eine Hochschule. Der Sonderausgabenabzug nach § 10 Abs. 1 Nr. 9 EStG ist folglich ausgeschlossen, da eine Hochschule keine Schule i.S. von § 10 Abs. 1 Nr. 9 Satz 1 EStG darstellt.

163. Das FG hat ferner zutreffend entschieden, dass der von den Klägern begehrte Abzug des Studienentgelts auch nach anderen Tatbeständen nicht möglich ist. Ein Sonderausgabenabzug nach § 10 Abs. 1 Nr. 7 EStG kommt nicht in Betracht, da der Kläger nicht Aufwendungen für seine eigene Berufsausbildung erbrachte. Eltern können Aufwendungen für die Berufsausbildung ihrer Kinder grundsätzlich auch nicht nach § 33 EStG in Abzug bringen. Von § 33 EStG werden nur solche Unterhaltskosten erfasst, die einem über den üblichen Lebensunterhalt hinausgehenden besonderen und damit außergewöhnlichen Bedarf, beispielsweise einem krankheitsbedingten Ausbildungsmehrbedarf dienen (BFH-Urteil vom 17. Dezember 2009 VI R 63/08, BFHE 227, 487, BStBl II 2010, 341, unter II.1.d). Ausbildungsunterhalt i.S. von § 1610 des Bürgerlichen Gesetzbuchs —zu dem wie im Streitfall auch Studiengebühren gehören können— ist hingegen kein atypischer Unterhaltsaufwand.

15. Spezialvorschriften der Einkunftsarten

In den §§ 13 bis 23 EStG sind die einzelnen Einkunftsarten dezidiert aufgeführt. Hier sind die exakten Voraussetzungen einzelner Einkünfte aufgeführt. Schwierigkeiten in der Praxis bereitet regelmäßig die Abgrenzung zwischen Gewerbe (§ 15) und selbstständiger Tätigkeit (§ 18). Die selbstständige Tätigkeit ist in § 18 durch beispielhafte Aufzählung nicht abschließend aufgeführt. Der Gewerbebetrieb in § 15 ist geprägt vom Nachteil der Gewerbesteuerpflicht.

Auch bei der selbständigen Tätigkeit ist zu differenzieren zwischen selbstständig und unselbstständig. Es ist mithin abzugrenzen zwischen Arbeitnehmer und Selbstständiger. Anhaltspunkte für eine Arbeitnehmertätigkeit ist die Weisungsgebundenheit hinsichtlich Ort, Zeit und Inhalt der Arbeit. Ein Arbeitnehmer bekommt ein festes Gehalt mit Lohnfortzahlung im Krankheitsfall und für den Urlaub. Der selbstständige Unternehmer trägt ein eigenes Kapitalrisiko, erlangt kein festes Gehalt, betreibt eigene Werbung am Markt und fakturiert Rechnungen an die Auftraggeber. In der Praxis ist die Feststellung, ob eine selbstständige oder unselbstständige Tätigkeit vorliegt, häufig von Unsicherheit und großem Risiko geprägt und führt nur allzu oft zu Gerichtsverfahren.

16. Sonstige Einkünfte, § 22 EStG

Die sonstigen Einkünfte gemäß § 22 EStG sind geprägt durch wiederkehrende Bezüge; Hauptpunkt dieser Norm sind Leibrenten. In früheren Legislaturperioden wurde die Rentenbesteuerung mit dem Ertragsanteil vorgenommen, so dass nur ein Teil der Rente der Besteuerung unterlag. Die heutige Gesetzeslage sieht eine nachgelagerte Besteuerung vor, die eine Rentenzahlung zu 100 % voll versteuert. Der Besteuerungssatz verläuft aufsteigend mit den Jahren des Rentenbeginns, beginnend von 50 % auf 100 % bis zum Jahre 2040. Ab diesem Zeitpunkt werden alle Renten zu 100 % nachgelagert versteuert.

Rechtsprechung: BFH, 14.04.2015 - IX R 35/13

Gemäß § 22 Nr. 1 Satz 1, 1. Halbsatz EStG sind sonstige Einkünfte Einkünfte aus wiederkehrenden Bezügen, soweit sie nicht zu den in § 2 Abs. 1 Nr. 1 bis 6 EStG bezeichneten Einkunftsarten gehören. Entscheidend ist, dass sich die Bezüge auf Grund eines einheitlichen Entschlusses oder eines einheitlichen Rechtsgrunds mit einer gewissen Regelmäßigkeit, wenn auch nicht immer in gleicher Höhe, wiederholen (Urteil des Bundesfinanzhofs —BFH— vom 25. August 1987 IX R 98/82, BFHE 151, 506, BStBl II 1988, 344 [BFH 25.08.1987 - IX R 98/82]).

Eine Mindestdauer ist nicht erforderlich (BFH-Urteil vom 27. November 1959 VI 172/59 U, BFHE 70, 174, BStBl III 1960, 65; Schmidt/Weber-Grellet, EStG, 33. Aufl., § 22 Rz 13). Einmalige Leistungen begründen keine wiederkehrenden Bezüge (BFH-Urteil in BFHE 70, 174, [BFH 27.11.1959 - VI 172/59 U] BStBl III 1960, 65). Allein die Tatsache, dass eine Leistung nicht in einem Betrag, sondern in Form wiederkehrender Zahlungen zu erbringen ist, kann jedoch ihre Steuerbarkeit nach § 22 Nr. 1 Satz 1, 1. Halbsatz EStG nicht begründen (BFH-Urteil vom 9. Februar 2010 VIII R 43/06, BFHE 229, 104, BStBl II 2010, 818). § 22 Nr. 1 EStG ist regelmäßig nur dann erfüllt, wenn die Leistungen andere steuerbare Einnahmen ersetzen (BFH-Urteil vom 26. November 2008 X R 31/07, BFHE 223, 471, BStBl II 2009, 651 [BFH 26.11.2008 - X R 31/07]).

Eine bloße Umschichtung von Privatvermögen ist nicht vom Begriff der sonstigen Einkünfte erfasst (BFH-Urteil vom 25. Oktober 1994 VIII R 79/91, BFHE 175, 439, BStBl II 1995, 121 [BFH 25.10.1994 - VIII R 79/91]). Die Bezüge dürfen sich daher bei wirtschaftlicher Betrachtung nicht als Kapitalrückzahlungen (z.B. Kaufpreisraten) darstellen (BFH-Urteil vom 12. Oktober 1982 VIII R 72/79, BFHE 137, 157, BStBl II 1983, 128 [BFH 12.10.1982 - VIII R 72/79]).

b) Gemäß § 22 Nr. 3 EStG sind sonstige Einkünfte Einkünfte aus Leistungen, soweit sie weder zu anderen Einkunftsarten (§ 2 Abs. 1 Satz 1 Nr. 1 bis 6 EStG) noch zu den Einkünften i.S. der Nrn. 1, 1a, 2 oder 4 der Vorschrift gehören. Eine Leistung i.S. des § 22 Nr. 3 EStG ist jedes Tun, Dulden oder Unterlassen, das weder eine Veräußerung noch einen veräußerungsähnlichen Vorgang im Privatbereich betrifft (BFH-Urteil vom 26. Oktober 2004 IX R 53/02, BFHE 207, 305, BStBl II 2005, 167, [BFH 26.10.2004 - IX R 53/02] m.w.N.), Gegenstand eines entgeltlichen Vertrags sein kann und eine Gegenleistung auslöst (BFH-Urteil vom 19. Februar 2013 IX R 35/12, BFHE 240, 559, BStBl II 2013, 578 [BFH 19.02.2013 - IX R 35/12]).

Veräußerung ist die entgeltliche Übertragung des (zivilrechtlichen oder wirtschaftlichen) Eigentums (ständige Rechtsprechung, vgl. z.B. zu § 23 Abs. 1 EStG: BFH-Urteil vom 30. November 2010 VIII R 58/07, BFHE 232, 337, BStBl II 2011, 491 [BFH 30.11.2010 – VIII R 58/07]; zu § 17 Abs. 1 Satz 1 EStG: BFH-Urteil vom 24. Januar 2012 IX R 69/10, BFH/NV 2012, 1099). Ein veräußerungsähnlicher Vorgang liegt vor, wenn ein Vermögenswert endgültig in seiner Substanz aufgegeben wird (BFH-Urteil vom 21. November 1997 X R 124/94, BFHE 184, 540, BStBl II 1998, 133, [BFH 21.11.1997 – X R 124/94] m.w.N.).

Dauer und Häufigkeit der Leistungen sind im Rahmen von § 22 Nr. 3 EStG ohne Bedeutung. Erfasst wird nicht nur gelegentliches oder auch nur einmaliges, sondern auch sich wiederholendes, regelmäßig erbrachtes oder auf (eine gewisse) Dauer oder Wiederholung angelegtes Verhalten (BFH-Urteil vom 24. April 2012 IX R 6/10, BFHE 237, 197, BStBl II 2012, 581 [BFH 24.04.2012 – IX R 6/10]).

Ein synallagmatisches Verhältnis von Leistung und Gegenleistung im Sinne eines Austauschvertrags ist nicht erforderlich. Entscheidend ist vielmehr, ob die Gegenleistung durch das Verhalten des Steuerpflichtigen veranlasst ist; dafür genügt es, dass die Gegenleistung durch das Verhalten des Steuerpflichtigen „ausgelöst" wird (BFH-Urteil vom 25. Februar 2009 IX R 33/07, BFH/NV 2009, 1253).

c) Der BFH hat mehrfach entschieden, dass laufende Bürgschaftsprovisionen, die mit einer gewissen Regelmäßigkeit zufließen, beim Nichtgewerbetreibenden wiederkehrende Bezüge i.S. des § 22 Nr. 1 Satz 1, 1. Halbsatz EStG (BFH-Urteile vom 11. Januar 1966 I 53/63, BFHE 85, 13 B, BStBl III 1966, 218; vom 22. Januar 1965 VI 243/62 U, BFHE 82, 184, BStBl III 1965, 313; vom 18. Januar 1963 VI 242/61 U, BFHE 76, 382, BStBl III 1963, 141), einmalige Leistungen hingegen i.S. des § 22 Nr. 3 EStG sind (BFH-Urteile vom 9. Dezember 1982 IV R 122/80, nicht amtlich veröffentlicht, juris; in BFHE 85, 13 B, BStBl III 1966, 218; in BFHE 82, 184, [BFH 22.01.1965 – VI 243/62 U] BStBl III 1965, 313). Es besteht kein Anlass, von dieser Unterscheidung Abstand zu nehmen.

2. Nach diesen Grundsätzen kommen im Streitfall sowohl Einkünfte i.S. des § 22 Nr. 1 Satz 1, 1. Halbsatz EStG als auch solche i.S. des § 22 Nr. 3 EStG in Betracht. Es liegt eine steuerbare Dreieckskonstellation vor, bei der die Bestellung der Sicherheit —anders als in einem Zwei-Personen-Verhältnis— nicht in den Darlehenszins eingepreist wird. Der Kläger ist als Sicherungsgeber nicht Darlehensnehmer, sondern ein Dritter, der dem Darlehensnehmer eine Sicherheit gegen Entgelt zur Verfügung stellt.

Indes tragen die tatsächlichen Feststellungen des FG nicht seine Entscheidung, dass es sich um Einkünfte gemäß § 22 Nr. 3 EStG handelt. Das FG hat die Abgrenzung zwischen Einkünften gemäß § 22 Nr. 1 Satz 1, 1. Halbsatz EStG und solchen gemäß § 22 Nr. 3 EStG nicht hinreichend geprüft und nicht nachvollziehbar begründet, weshalb es im Streitfall von Einkünften i.S. von § 22 Nr. 3 EStG ausgegangen ist. Sein Urteil ist deswegen aufzuheben.

17. Altersentlastungsbetrag, § 24 a EStG.

Steuerpflichtige haben mit Vollendung des vierundsechzigsten Lebensjahres (also erst mit 65 Lebensjahren) einen Anspruch auf einen Altersentlastungsbetrag, welcher steuermindernd angesetzt werden kann. Der Altersentlastungsbetrag richtet sich nach dem Lebensalter und der dazugehörigen Jahreszahl und wird bis 2040 abgeschmolzen. Für 2005 sind noch 40 % der Einkünfte abziehbar, während in 2039 nur noch 0,8 % der Einkünfte als Altersentlastungsbetrag angesetzt werden können.

Rechtsprechung: BVerfG, Urteil vom 06. März 2002–2 BvL 17/99

Die aktuelle Rechtslage beruht in ihren wesentlichen Konturen auf dem Einkommensteuergesetz 1955 (Gesetz zur Neuordnung von Steuern vom 16. Dezember 1954, BGBl I S. 373). In der Zeit davor wurden zwar auch die jeweiligen Altersbezüge unterschiedlichen Einkünften zugerechnet, im praktischen Ergebnis jedoch grundsätzlich gleichbehandelt. So hatten bis 1954 die Regelungen des Einkommensteuergesetzes vom 16. Oktober 1934 (RGBl I S. 1005) unverändert Gültigkeit, nach denen Versorgungsbezüge der Beamten als Einkünfte aus nichtselbständiger Arbeit (§ 19 Abs. 1 Satz 1 Nr. 2 EStG 1934) und Leibrenten im Sinne des § 22 Nr. 1 Buchstabe b EStG 1934 als sonstige Einkünfte jeweils in voller Höhe der Einkommensteuer unterlagen. Mit Blick auf die volle Besteuerung auch entgeltlich erworbener Renten (insbesondere privater Veräußerungsrenten) regte der Bundesfinanzhof in seinem Urteil vom 18. September 1952 – IV 70/49 U – (BStBl III S. 290 ‹292›) an, die Rentenbesteuerung durch den Gesetzgeber neu zu regeln. Durch Art. 1 Nr. 25 des Gesetzes zur Neuordnung von Steuern vom 16. Dezember 1954 (BGBl I S. 373) wurde dann ab 1955 die auf den Ertragsanteil beschränkte Besteuerung der Leibrenten (§ 22 Nr. 1 Buchstabe a EStG 1955) eingeführt. Dabei bezog die Neuregelung neben den privat entgeltlich erworbenen Leibrenten auch die Sozialversicherungsrenten mit ein, deren Erwerb nach damaliger Ansicht als teilentgeltlich bewertet wurde (vgl. Begründung des Regierungsentwurfs, BTDrucks II/481, S. 87). Die Änderung des § 22 EStG hatte eine unterschiedliche Besteuerung der Bezüge von Altersrenten gegenüber den nach § 19 EStG zu erfassenden Altersei nkünften zur Folge (vgl. ergänzend die Darstellung in BVerfGE 54, 11 ‹15 f.›).

78 Wesentliche Gesetzesänderungen waren in der Folgezeit die Einführung eines Versorgungs-Freibetrages zur steuerlichen Entlastung der Bezieher von Pensionen durch das Steueränderungsgesetz 1965 vom 14. Mai 1965 (BGBl I S. 377), die Erhöhung dieses Versorgungs-Freibetrages sowie die Einführung eines Altersentlastungsbetrages durch das Einkommensteuerreformgesetz vom 5. August 1974 (BGBl I S. 1769), die Anhebung des Altersentlastungsbetrages durch das Steuerreformgesetz 1990 vom 25. Juli 1988 (BGBl I S. 1093), die Anhebung des Versorgungs-Freibetrages durch das Zinsabschlaggesetz vom 9. November 1992 (BGBl I S. 1853) und die Neufassung der Ertragsanteilstabelle in § 22 Nr. 1 Satz 3 Buchstabe a EStG durch Art. 19 Nr. 2 des Gesetzes zur Umsetzung des Föderalen Konsolidierungsprogramms vom 23. Juni 1993 (BGBl I S. 944).

79 3. § 19 Abs. 1 Satz 1 Nr. 2 EStG war bereits zweimal Gegenstand von Beschlüssen des Ersten Senats des Bundesverfassungsgerichts über Verfassungsbeschwerden.

80 a) In dem Beschluss vom 26. März 1980 (BVerfGE 54, 11 ‹31, 37 f., 39›) führte das Bundesverfassungsgericht aus, dass für eine unterschiedliche Besteuerung von Pensionen und Renten sachliche Gründe sprächen. Insbesondere könne der Um-

stand, dass die Rentenbezieher aus ihrem Verdienst Beiträge für die Altersvorsorge entrichteten, Differenzierungen rechtfertigen. Die Gesamtregelung für den Veranlagungszeitraum 1969/70 und in der Folgezeit genüge noch den Anforderungen des Art. 3 Abs. 1 GG. Indes habe die steuerliche Begünstigung der Rentner im Verhältnis zu den Ruhestandsbeamten durch veränderte Verhältnisse, insbesondere durch die Dynamisierung der Renten, inzwischen ein Ausmaß erreicht, das eine Korrektur erforderlich mache. Der Gesetzgeber sei deshalb verpflichtet, eine Neuregelung in Angriff zu nehmen, wobei es seine Sache sei, in welcher Weise und mit welchen gesetzgeberischen Mitteln er die inzwischen eingetretenen Verzerrungen nunmehr beseitigen wolle.

81 b) Mit Beschluss vom 24. Juni 1992 (BVerfGE 86, 369 ‹379–381›) wurde näher begründet, dass dem Gesetzgeber nach der Entscheidung des Bundesverfassungsgerichts vom 26. März 1980 zur Beseitigung des Gleichheitsverstoßes eine erhebliche Zeitspanne zur Verfügung stehe. Die festgestellte Ungleichheit sei weder als verfassungswidrig noch als nur für eine bestimmte Zeit hinnehmbar bezeichnet worden. Die Bundesregierung habe die notwendige Neuregelung in Angriff genommen; deshalb seien die sich auf die Veranlagungszeiträume 1983 und 1984 beziehenden Verfassungsbeschwerden unbegründet. Im Übrigen sei auch das spätere Zögern des Gesetzgebers „bislang“ noch keine Verletzung von Verfassungsrecht, da einerseits das Jahr 1986, in dem u.a. der vom Bundesministerium der Finanzen eingeschaltete Wissenschaftliche Beirat seine Stellungnahme überreicht habe, am Ende einer Legislaturperiode gelegen habe, die Lösung der Probleme aber eine mehrjährige parlamentarische Arbeit beanspruche und andererseits noch während der folgenden Legislaturperiode auf Gesetzgeber und Regierung die mit der deutschen Wiedervereinigung zusammenhängenden Probleme zugekommen seien.

82 4. In der Zeit vor und nach diesen Entscheidungen war die Art der Besteuerung der Altersbezüge nachhaltig Gegenstand von Reformdebatten, bei denen eine Fülle unterschiedlicher Lösungsmodelle entwickelt und diskutiert wurde (vgl. bereits die Hinweise in BVerfGE 54, 11 ‹16 ff.›). Als Beiräte, Kommissionen sowie ähnliche Institutionen, die zu der Reformdiskussion – zumeist mit konkreten Regelungsvorschlägen und Reformentwürfen – beigetragen haben, sind zu nennen:

83 die vom Bundesminister der Finanzen 1958 gebildete Einkommensteuerkommission (Untersuchungen zum Einkommensteuerrecht – Bericht der Einkommensteuerkommission, Schriftenreihe des Bundesministeriums der Finanzen, Heft 7, 1964),

84 der Wissenschaftliche Beirat beim Bundesministerium der Finanzen (Gutachten zur Reform der direkten Steuern ‹Einkommensteuer, Körperschaftsteuer, Vermögensteuer und Erbschaftsteuer› in der Bundesrepublik Deutschland vom 11. Februar 1967, Schriftenreihe des Bundesministeriums der Finanzen, Heft 9, 1967),

85 die Steuerreformkommission (Gutachten der Steuerreformkommission 1971, Schriftenreihe des Bundesministeriums der Finanzen, Heft 17, 1971),

86 der Finanzwissenschaftliche Beirat beim Bundesministerium für Wirtschaft und Finanzen (Gutachten zur Neugestaltung und Finanzierung von Alterssicherung

und Familienlastenausgleich, Schriftenreihe des Bundesministeriums für Wirtschaft und Finanzen, Heft 18, 1971),

87 der Sozialbeirat (Gutachten des Sozialbeirats zu den Vorausberechnungen der Bundesregierung über die Entwicklung der Finanzlage der gesetzlichen Rentenversicherungen von 1976 bis 1990 sowie Empfehlung des Sozialbeirats zur Anpassung der Geldleistungen der gesetzlichen Unfallversicherung, 1977, BTDrucks 8/132, und Gutachten des Sozialbeirats über langfristige Probleme der Alterssicherung in der Bundesrepublik Deutschland, 1981, BTDrucks 9/632, zugleich in: Sozialbeirat, Langfristige Probleme der Alterssicherung in der Bundesrepublik Deutschland, Band 1, 1984),

88 die Sachverständigenkommission zur Ermittlung des Einflusses staatlicher Transfereinkommen auf das verfügbare Einkommen der privaten Haushalte (Transfer-Enquete-Kommission: Das Transfersystem in der Bundesrepublik Deutschland, Bericht der Kommission, Juni 1981),

89 die von der Bundesregierung im Juni 1981 einberufene Sachverständigenkommission Alterssicherungssysteme (Gutachten der Sachverständigenkommission vom 19. November 1983, veröffentlicht durch die Bundesregierung, Der Bundesminister für Arbeit und Sozialordnung, Berichtsband 1 – Vergleich der Alterssicherungssysteme und Empfehlungen der Kommission, Berichtsband 2 – Darstellung der Alterssicherungssysteme und der Besteuerung von Alterseinkommen, 1983),

90 erneut der Wissenschaftliche Beirat beim Bundesministerium der Finanzen (Gutachten zur einkommensteuerlichen Behandlung von Alterseinkünften, Schriftenreihe des Bundesministeriums der Finanzen, Heft 38, 1986) und

91 der Sozialbeirat (Gutachten des Sozialbeirats über eine Strukturreform zur längerfristigen finanziellen Konsolidierung und systematischen Fortentwicklung der gesetzlichen Rentenversicherung im Rahmen der gesamten Alterssicherung, 1986, BTDrucks 10/5332),

92 das Ifo-Institut für Wirtschaftsforschung (Der Beitrag des Steuersystems zur Reform der Alterssicherung, Gutachten im Auftrag des Bayerischen Staatsministeriums der Finanzen, Ifo-Studien zur Finanzpolitik, Band 48, 1990),

93 die vom Bundesminister der Finanzen 1993 eingesetzte Einkommensteuer-Kommission („Bareis-Kommission": Thesen der Einkommensteuer-Kommission zur Steuerfreistellung des Existenzminimums ab 1996 und zur Reform der Einkommensteuer, vorgelegt am 8. November 1994, BB, Beilage 24 zu Heft 34/1994),

94 das Institut „Finanzen und Steuern" e.V. (Ökonomische Probleme der Besteuerung von Alterseinkünften, IFSt-Schrift Nr. 340, 1995),

95 die Arbeitsgruppe für Steuerreform der Deutschen Steuerjuristischen Gesellschaft (Beschlüsse zur Reform des Steuerrechts, StuW 1996, S. 203 ff.),

96 die Steuerreform-Kommission (Reform der Einkommensbesteuerung, Vorschläge der Steuerreform-Kommission vom 22. Januar 1997 – „Petersberger Steuervor-

schläge", Schriftenreihe des Bundesministeriums der Finanzen, Heft 61, 1997, zugleich in: NJW, Beilage zu Heft 13/1997, S. 5 ff.) und

97 die Regierungskommission „Fortentwicklung der Rentenversicherung" (NJW, Beilage zu Heft 13/1997, S. 13 ff.).

98 Der Sachverständigenrat zur Begutachtung der gesamtwirtschaftlichen Entwicklung hat in seinen Jahresgutachten 1993/94, 1999/2000 und 2000/2001 ebenfalls zu der Reformdiskussion beigetragen (Zeit zum Handeln – Antriebskräfte stärken, Jahresgutachten 1993/94, Ziff. 312; Wirtschaftspolitik unter Reformdruck, Jahresgutachten 1999/2000, Ziff. 379; Chancen auf einen höheren Wachstumspfad, Jahresgutachten 2000/2001, Ziff. 364 ff.).

99 Die Modelle für eine Reform der Besteuerung von Alterseinkommen entsprechen im Wesentlichen den Reformalternativen, die in dem Gutachten der Sachverständigenkommission Alterssicherungssysteme vom 19. November 1983 zusammengestellt sind (Berichtsband 2 – Darstellung der Alterssicherungssysteme und der Besteuerung von Alterseinkommen, S. 469 ff.). Vor allem die vom Bundesministerium der Finanzen beauftragten oder dort gebildeten Kommissionen und Beiräte haben im Ergebnis einer nachgelagerten Besteuerung von Altersbezügen den Vorzug gegeben. Danach bleiben die Beiträge zur Altersvorsorge grundsätzlich steuerfrei und die Altersbezüge unterliegen dann vollständig der Einkommensteuer (so zuletzt der Wissenschaftliche Beirat beim Bundesministerium der Finanzen in seinem Gutachten von 1986, die Einkommensteuer-Kommission in ihren Thesen von 1994 und die Steuerreform-Kommission in ihren Vorschlägen von 1997). Auch der Sachverständigenrat zur Begutachtung der gesamtwirtschaftlichen Entwicklung hat sich in seinen Jahresgutachten kontinuierlich und nachdrücklich für eine nachgelagerte Besteuerung ausgesprochen. Die Vielfalt der Reformvorschläge und die zum Teil sichtbaren Probleme einer Konsensbildung innerhalb der jeweiligen Kommissionen deuten jedoch auch auf die Schwierigkeiten hin, politisch konsensfähige Lösungen zu präsentieren und durchzusetzen. In besonderem Maße veranschaulichen dies die Empfehlungen der Sachverständigenkommission Alterssicherungssysteme zur Neuregelung der Besteuerung der Alterseinkommen in ihrem Gutachten vom 19. November 1983 (Berichtsband 1, S. 161 ff.); die Gesamtwürdigung der von der Kommission erörterten Modelle zeigt ganz unterschiedliche Präferenzen der Kommissionsmitglieder auf (a.a.O., S. 176).

[100] 5. Die unterschiedliche steuerliche Belastung von Renten aus der gesetzlichen Rentenversicherung und von Versorgungsbezügen der Ruhestandsbeamten ist nach Art und Ausmaß beträchtlich. Dies erweist sich in der Zusammenschau der folgenden drei Aspekte: der unterschiedlichen einkommensteuerlichen Belastung beider Vergleichsgruppen in der Nacherwerbsphase (a), der Realitätsferne des bei der Ertragsanteilsbesteuerung gesetzlich unterstellten Anteils eines Kapitalrückflusses (b) sowie schließlich der unterschiedlichen steuerlichen Belastung in der Erwerbsphase (c).

18. Entlastungsbetrag für Alleinerziehende, § 24 b EStG

Ein weiterer Entlastungsbetrag ist für Alleinerziehende in Höhe von 1.308,00 EUR pro Kalenderjahr von der Summe der Einkünfte abziehbar. Voraussetzung ist, dass zum Haushalt des Steuerpflichtigen mindestens ein Kind gehört und für dieses Kind der Kinderfreibetrag oder Kindergeld zusteht. Verglichen mit anderen Subventionen, ist der Entlastungsbetrag für Alleinerziehende unzureichend und muss vom Gesetzgeber dringend nachgebessert werden. Auf die politische Diskussion sollte jedoch nicht weiter eingegangen werden.

Rechtsprechung: BVerfG, Beschluss vom 22. Mai 2009–2 BvR 310/07

Art. 6 Abs. 1 GG enthält einen besonderen Gleichheitssatz. Er verbietet, Ehe und Familie gegenüber anderen Lebens- und Erziehungsgemeinschaften schlechter zu stellen (Diskriminierungsverbot, vgl. BVerfGE 76, 1 ‹72›; 114, 316 ‹333›). Art. 6 Abs. 1 GG untersagt eine Benachteiligung von Ehegatten gegenüber Ledigen (vgl. BVerfGE 28, 324 ‹347›; 69, 188 ‹205 f.›) und von ehelichen gegenüber anderen Erziehungsgemeinschaften (vgl. BVerfGE 61, 319 ‹355›). Dieses Benachteiligungsverbot steht jeder belastenden Differenzierung entgegen, die an die Existenz einer Ehe (Art. 6 Abs. 1 GG) oder die Wahrnehmung des Elternrechts in ehelicher Erziehungsgemeinschaft (Art. 6 Abs. 1 und Abs. 2 GG) anknüpft (vgl. BVerfGE 99, 216 ‹232›). Generell unzulässig ist daher eine Benachteiligung allein wegen des Bestandes der Ehe oder des Vorliegens einer Erziehungsgemeinschaft. Im Übrigen kann die eheliche Lebens- und Wirtschaftsgemeinschaft zum Anknüpfungspunkt wirtschaftlicher Rechtsfolgen genommen werden (vgl. BVerfGE 28, 324 ‹347›). Insbesondere darf der Gesetzgeber Verheiratete steuerlich anders behandeln als Ledige (vgl. BVerfGE 32, 260 ‹268›). Jedoch müssen sich für eine Differenzierung zu Lasten Verheirateter aus der Natur des geregelten Lebensverhältnisses oder aus den finanzverfassungsrechtlichen Vorgaben für eine bestimmte Steuerart (vgl. BVerfGE 93, 121 ‹133 f.›) einleuchtende Sachgründe ergeben (vgl. BVerfGE 114, 316 ‹333›). Wenn eine Belastung Familienmitglieder nur so trifft wie andere Personen, liegt eine gegen Art. 6 Abs. 1 GG verstoßende Benachteiligung nicht vor (vgl. Schmitt-Kammler/von Coelln, in: Sachs, GG, 5. Aufl. 2009, Art. 6 Rn. 33). Dies ist hingegen der Fall, wenn Ehepartner oder Eltern wegen ihrer Ehe oder Familie und deren Gestaltung von Steuerentlastungen ausgeschlossen werden (vgl. BVerfGE 12, 151 ‹167›; 99, 216 ‹232›).

27 Art. 6 Abs. 1 GG garantiert zugleich eine Sphäre privater Lebensgestaltung, die staatlicher Einwirkung entzogen ist (stRspr, z.B. BVerfGE 21, 329 ‹353›; vgl. auch BVerfGE 61, 319 ‹346 f.› m.w.N.; 99, 216 ‹231›). Der Gesetzgeber muss, wenn er dem Gebot des Art. 6 Abs. 1 GG gerecht werden will, Regelungen vermeiden, die geeignet sind, in die freie Entscheidung der Ehegatten über ihre Aufgabenverteilung in der Ehe einzugreifen (vgl. BVerfGE 66, 84 ‹94›; 87, 234 ‹258 f.›).

28 b) Eine den Beschwerdeführer betreffende Benachteiligung von Ehe und Familie liegt nicht vor.

29 Verheiratete werden nicht wegen ihrer Ehe von der Steuerentlastung ausgeschlossen. Allerdings sind Steuerpflichtige nicht allein stehend im Sinne des § 24b EStG, wenn sie die Voraussetzungen für die Anwendung des Splitting-Verfahrens erfüllen. Allein stehend ist aber grundsätzlich auch nicht, wer eine Haushaltsgemeinschaft mit einer anderen volljährigen Person bildet. Ausgeschlossen sind daher nicht nur Verheiratete, sondern alle Erziehungsgemeinschaften mit zwei Erwachsenen in einem gemeinsamen Haushalt. Insbesondere scheidet § 24b Abs. 2 Satz 3 EStG bei Beachtung der melderechtlichen Vorschriften nichteheliche Le-

bensgemeinschaften und eingetragene Lebenspartnerschaften im Ergebnis ebenso von der Steuerentlastung aus wie Verheiratete.

30 Verheiratete Eltern werden damit grundsätzlich nicht anders betroffen als sonstige Steuerpflichtige. Die steuerliche Entlastung wird „echten“ Alleinerziehenden vorbehalten, die den Haushalt ohne Unterstützung eines anderen Erwachsenen zu betreuen haben. Diese Beschränkung begegnet auch nicht deshalb Bedenken, weil die Entscheidung der Eltern, das Kind in häuslicher Gemeinschaft zu erziehen, zum Entfallen der Steuerentlastung führt. Anknüpfungspunkt der gesetzlichen Regelung ist nicht diese Entscheidung an sich, sondern die besondere Belastung, die bei Erziehungsgemeinschaften mit nur einem Erwachsenen vorliegt. Wegen der Bestimmung der Alleinstehendeneigenschaft, die insbesondere nichteheliche Lebensgemeinschaften ausschließt, unterscheidet sich § 24b EStG grundlegend von § 32 Abs. 7 EStG, so dass die Ausführungen in dem Beschluss des Bundesverfassungsgerichts vom 10. November 1998 auf § 24b EStG nicht entsprechend anzuwenden sind.

31 Soweit der Beschwerdeführer eine mittelbare Diskriminierung rügt (vgl. zum Verbot mittelbarer Diskriminierung gemäß Art. 3 GG, BVerfG, Urteil des Zweiten Senats vom 18. Juni 2008–2 BvL 6/07 –, NVwZ 2008, S. 987 ‹988› m.w.N.), führt dies zu keinem anderen Ergebnis. Dabei kann unterstellt werden, dass das aus Art. 6 Abs. 1 GG folgende Benachteiligungsverbot ein Art. 3 GG vergleichbares Verbot mittelbarer Diskriminierung enthält. Dass die meisten Verheirateten tatsächlich zusammenleben und daher von dem Entlastungsbetrag ausgeschlossen sind, ändert nichts daran, dass die verheirateten Eltern nur eine Teilmenge der Erziehungsgemeinschaften mit zwei Erwachsenen bilden. Es sind aber grundsätzlich alle solchen Lebensgemeinschaften von der Entlastung ausgeschlossen. Weder trifft der vom Gesetzgeber gewählte Anknüpfungspunkt in der gesellschaftlichen Wirklichkeit weitgehend nur für Verheiratete zu, noch wirkt sich § 24b EStG weitgehend nur auf die Gruppe der Verheirateten aus.

32 2. Eine den Beschwerdeführer betreffende Verletzung des Grundrechts aus Art. 3 Abs. 1 GG liegt nicht vor.

33 a) Das Prinzip der Besteuerung nach der Leistungsfähigkeit und das Gebot der Folgerichtigkeit sind nicht verletzt.

34 aa) Im Bereich des Steuerrechts hat der Gesetzgeber bei der Auswahl des Steuergegenstandes und bei der Bestimmung des Steuersatzes einen weitreichenden Entscheidungsspielraum (vgl. BVerfGE 93, 121 ‹136›; 107, 27 ‹47›; 117, 1 ‹30›). Die grundsätzliche Freiheit des Gesetzgebers, diejenigen Sachverhalte zu bestimmen, an die das Gesetz dieselben Rechtsfolgen knüpft und die es so als rechtlich gleich qualifiziert, wird hier, insbesondere im Bereich des Einkommensteuerrechts, vor allem durch zwei eng miteinander verbundene Leitlinien begrenzt. Durch das Gebot der Ausrichtung der Steuerlast am Prinzip der finanziellen Leistungsfähigkeit und durch das Gebot der Folgerichtigkeit (vgl. BVerfGE 105, 73 ‹125›; 107, 27 ‹46 f.›; 116, 164 ‹180›; 117, 1 ‹30›). Danach muss im Interesse verfassungsrechtlich gebotener steuerlicher Lastengleichheit (vgl. BVerfGE 84, 239 ‹268 ff.›) darauf abgezielt werden, Steuerpflichtige bei gleicher Leistungsfähigkeit auch gleich hoch zu besteuern (horizontale Steuergerechtigkeit), während (in vertikaler Richtung) die Besteuerung höherer Einkommen im Vergleich mit der Steuerbelastung niedriger Einkommen angemessen sein muss (vgl. BVerfGE 82, 60 ‹89›; 99, 246 ‹260›;

107, 27 ‹46 f.›; 116, 164 ‹180›). Bei der Ausgestaltung des steuerrechtlichen Ausgangstatbestands muss die einmal getroffene Belastungsentscheidung folgerichtig im Sinne der Belastungsgleichheit umgesetzt werden. Ausnahmen von einer solchen folgerichtigen Umsetzung bedürfen eines besonderen sachlichen Grundes (vgl. BVerfGE 99, 88 ‹95›; 99, 280 ‹290›; 105, 73 ‹126›; 107, 27 ‹47›; 116, 164 ‹180 f.›; 117, 1 ‹31›).

35 Als besondere sachliche Gründe für Ausnahmen von einer folgerichtigen Umsetzung und Konkretisierung steuergesetzlicher Belastungsentscheidungen hat das Bundesverfassungsgericht unter anderem Typisierungs- und Vereinfachungserfordernisse anerkannt. Für Entlastungsentscheidungen gilt nichts anderes. Unabhängig davon, ob mit einer Steuernorm allein Fiskalzwecke oder auch Förderungs- und Lenkungsziele verfolgt werden, ist die Befugnis des Gesetzgebers zur Vereinfachung und Typisierung zu beachten. Jede gesetzliche Regelung muss verallgemeinern. Bei der Ordnung von Massenerscheinungen ist der Gesetzgeber berechtigt, die Vielzahl der Einzelfälle in dem Gesamtbild zu erfassen, das nach den ihm vorliegenden Erfahrungen die regelungsbedürftigen Sachverhalte zutreffend wiedergibt (vgl. BVerfGE 11, 245 ‹254›; 78, 214 ‹227›; 84, 348 ‹359›). Auf dieser Grundlage darf er grundsätzlich generalisierende, typisierende und pauschalierende Regelungen treffen, ohne allein schon wegen der damit unvermeidlich verbundenen Härten gegen den allgemeinen Gleichheitssatz zu verstoßen (vgl. BVerfGE 84, 348 ‹359›; 113, 167 ‹236›; stRspr).

36 bb) Die § 24b EStG zugrundeliegende Entlastungsentscheidung des Gesetzgebers ist verfassungsrechtlich gerechtfertigt. Soweit die Vorschrift typisierend gefasst ist, verstößt auch das nicht gegen den allgemeinen Gleichheitssatz.

37 Es kann offen bleiben, ob § 24b EStG einer tatsächlichen Mehrbelastung Rechnung trägt oder allein der sozialen Förderung dient. Im ersten Fall liegt keine Abweichung von der Besteuerung nach der Leistungsfähigkeit vor, im zweiten Fall rechtfertigt der Förderzweck die dann bestehende Abweichung von der Belastungsgleichheit. Ausweislich der Gesetzesmaterialien soll der Entlastungsbetrag für Alleinerziehende die höheren Kosten für die eigene Lebens- beziehungsweise Haushaltsführung der „echten" Alleinerziehenden abgelten. Die alleinige Verantwortung für die alleinerziehende Person und die Kinder enge die Gestaltungsspielräume bei der Alltagsbewältigung ein und führe insbesondere bei gleichzeitiger Erwerbstätigkeit zu einer besonderen wirtschaftlichen Belastung. Es könnten keine Synergieeffekte aufgrund einer gemeinsamen Haushaltsführung mit einer anderen erwachsenen Person zur Haushaltsersparnis genutzt werden. Zum Beispiel könnten wegen mangelnder Mobilität höhere Kosten für den alltäglichen Einkauf oder erhöhte Kosten zur Deckung von Informations- und Kontaktbedürfnissen sowie für gelegentliche Dienstleistungen Dritter entstehen (vgl. BTDrucks 15/1751, S. 6; 15/3339, S. 11).

38 Geht man entgegen der Ansicht des Beschwerdeführers davon aus, dass eine solche die wirtschaftliche Leistungsfähigkeit mindernde Mehrbelastung bei „echten" Alleinerziehenden in der Regel besteht, dann war der Gesetzgeber berechtigt, einen diesbezüglichen Entlastungsbetrag zu gewähren. Dessen Höhe fällt in den dem Gesetzgeber hier zukommenden Einschätzungsspielraum. Gleiches gilt für die Annahme, die Mehrbelastung entfalle nicht, wenn zwar eine volljährige Person im Haushalt lebt, dem Steuerpflichtigen aber für diese ein Freibetrag nach

§ 32 Abs. 6 EStG oder Kindergeld zusteht oder es sich um ein Kind im Sinne des § 63 Abs. 1 Satz 1 EStG handelt, das einen Dienst nach § 32 Abs. 5 Satz 1 Nr. 1 und 2 EStG leistet oder eine Tätigkeit nach § 32 Abs. 5 Satz 1 Nr. 3 EStG ausübt. In den gesetzgeberischen Einschätzungsspielraum fällt es ebenso, auch bei beiderseits berufstätigen zusammenlebenden Eltern von Synergieeffekten, die eine Mehrbelastung nicht eintreten lassen, auszugehen, und bei kinderlosen Ein-Personen-Haushalten eine erhebliche Mehrbelastung zu verneinen.

39 Betrachtet man dagegen § 24b EStG als eine reine Fördermaßnahme, weil die die Leistungsfähigkeit mindernden Faktoren bereits durch andere einkommensteuerliche Vorschriften vollständig erfasst seien, so handelt es sich um eine hinreichend sachlich begründete Ungleichbehandlung. Die bei „echten" Alleinerziehenden jedenfalls regelmäßig vorliegende besondere zeitliche und psychosoziale Belastung sowie das erhöhte Armutsrisiko dieser Bevölkerungsgruppe (vgl. BTDrucks 16/9915, S. 40; Bundesagentur für Arbeit, Arbeitsmarktberichterstattung: Alleinerziehende im SGB II, 2008, S. 5 ff.; Loschelder, in: Schmidt, EStG, 27. Aufl. 2008, § 24b Rn. 3) sind Gründe von solcher Art und solchem Gewicht, dass sie die ungleichen Rechtsfolgen rechtfertigen können.

40 Soweit der Beschwerdeführer Fallgruppen anführt, auf die der Gesetzeszweck nicht zutreffe, führt das zu keinem anderen Ergebnis. Dass in § 24b EStG hierfür keine Sonderregelungen vorgesehen sind, liegt innerhalb der Typisierungsbefugnis des Gesetzgebers. Alleinerziehende, die ausschließlich Einkünfte aus Kapitalvermögen oder Vermietung und Verpachtung in einer zur Erhebung von Einkommensteuer führenden Höhe haben, sind ebenso ein vernachlässigbarer Sonderfall wie auswärts untergebrachte Kinder, bei denen die Haushaltszugehörigkeit fortbesteht.

41 Der Gesetzgeber war auch nicht verpflichtet, die Unterhaltszahlungen, die nach Ansicht des Beschwerdeführers der Mehrbelastung von Alleinerziehenden gegenüberzustellen seien, durch eine besondere Regelung zu erfassen. Dabei kann offen bleiben, ob eine solche Verrechnung im Rahmen des Leistungsfähigkeitsprinzips überhaupt geboten sein kann. Es ist jedenfalls nicht ersichtlich, dass die von § 24b EStG erfassten Alleinerziehenden im Regelfall Unterhaltsleistungen erhalten, die in der gesetzlichen Regelung abgebildet werden müssten. Vielmehr gibt es eine große Zahl denkbarer Fallgestaltungen, bei denen ein etwaiger zur Kompensation der Mehrbelastung verfügbarer Teil des Unterhaltsbetrages individuell bestimmt werden müsste. Es gibt mehrere denkbare Rechtsgrundlagen für einen Unterhaltsanspruch (vgl. §§ 1361, 1569 ff., 1615l BGB). Dauer und Höhe etwaiger Unterhaltsansprüche differieren stark, zudem kann nicht ohne weiteres von ihrer vollständigen und pünktlichen Erfüllung ausgegangen werden. Der Gesetzgeber durfte daher von seiner Typisierungs- und Pauschalierungsbefugnis dahingehend Gebrauch machen, dass er den Entlastungsbetrag für Alleinerzeihende ohne Rücksicht auf erhaltene Unterhaltszahlungen gewährt.

42 b) Ein strukturelles Vollzugsdefizit (vgl. BVerfGE 84, 239 ‹271 ff.›; 110, 94 ‹112 ff.›) liegt, entgegen der Ansicht des Beschwerdeführers, nicht vor. Der Gesetzgeber hat das Erhebungsverfahren nicht strukturell gegenläufig zu dem materiellen Entlastungstatbestand ausgestaltet. Soweit § 24b EStG auf die tatsächlichen Verhältnisse abstellt, ist die Finanzbehörde nicht durch das Gesetz gehindert, diese Verhältnisse aufzuklären. Sie ist insoweit nicht an den Inhalt des Melderegisters

gebunden. Nimmt sie gleichwohl keine weiteren Ermittlungen vor, so handelt es sich allenfalls um einen nicht zur Verfassungswidrigkeit der gesetzlichen Regelung führenden Vollzugsmangel (vgl. BVerfGE 84, 239 ‹272›).

19. Veranlagungszeitraum, § 25 EStG

Gemäß § 25 Abs. 1 EStG wird die Einkommensteuer für einen Veranlagungszeitraum erhoben. Dieser Veranlagungszeitraum ist regelmäßig das Kalenderjahr. Hier ist noch einmal klarzustellen, dass der Steuerpflichtige für den abgelaufenen Veranlagungszeitraum eine Einkommensteuererklärung abzugeben hat! Im Falle der Zusammenveranlagung haben Ehegatten eine gemeinsame Einkommensteuererklärung abzugeben.

Rechtsprechung: BVerfG, Beschluss vom 14. Juni 2016–2 BvR 323/10

Art. 3 Abs. 1 GG gebietet, alle Menschen vor dem Gesetz gleich zu behandeln. Das hieraus folgende Gebot, wesentlich Gleiches gleich und wesentlich Ungleiches ungleich zu behandeln, gilt für ungleiche Belastungen und ungleiche Begünstigungen (vgl. BVerfGE 121, 108 ‹119›; 121, 317 ‹370›; 126, 400 ‹416›). Dabei verwehrt Art. 3 Abs. 1 GG dem Gesetzgeber nicht jede Differenzierung. Differenzierungen bedürfen jedoch stets der Rechtfertigung durch Sachgründe, die dem Ziel und dem Ausmaß der Ungleichbehandlung angemessen sind. Dabei gilt ein stufenloser am Grundsatz der Verhältnismäßigkeit orientierter verfassungsrechtlicher Prüfungsmaßstab, dessen Inhalt und Grenzen sich nicht abstrakt, sondern nur nach den jeweils betroffenen unterschiedlichen Sach- und Regelungsbereichen bestimmen lassen (vgl. BVerfGE 75, 108 ‹157›; 93, 319 ‹348 f.›; 107, 27 ‹46›; 126, 400 ‹416›; 129, 49 ‹69›; 132, 179 ‹188›). Hinsichtlich der verfassungsrechtlichen Anforderungen an den die Ungleichbehandlung tragenden Sachgrund ergeben sich aus dem allgemeinen Gleichheitssatz je nach Regelungsgegenstand und Differenzierungsmerkmalen unterschiedliche Grenzen für den Gesetzgeber, die von gelockerten auf das Willkürverbot beschränkten Bindungen bis hin zu strengen Verhältnismäßigkeitserfordernissen reichen können (stRspr; vgl. BVerfGE 117, 1 ‹30›; 122, 1 ‹23›; 126, 400 ‹416›; 129, 49 ‹68›).

44 b) aa) Im Bereich des Steuerrechts hat der Gesetzgeber bei der Auswahl des Steuergegenstandes und bei der Bestimmung des Steuersatzes einen weitreichenden Entscheidungsspielraum (vgl. BVerfGE 93, 121 ‹136›; 107, 27 ‹47›; 117, 1 ‹30›; 122, 210 ‹230›; 123, 1 ‹19›). Die grundsätzliche Freiheit des Gesetzgebers, diejenigen Sachverhalte zu bestimmen, an die das Gesetz dieselben Rechtsfolgen knüpft und die es so als rechtlich gleich qualifiziert, wird hier, insbesondere im Bereich des Einkommensteuerrechts, vor allem durch zwei eng miteinander verbundene Leitlinien begrenzt: durch das Gebot der Ausrichtung der Steuerlast am Prinzip der finanziellen Leistungsfähigkeit und durch das Gebot der Folgerichtigkeit (BVerfGE 105, 73 ‹125›; 107, 27 ‹46 f.›; 116, 164 ‹180›; 117, 1 ‹30›; 122, 210 ‹231›; 126, 400 ‹417›; 137, 350 ‹366 Rn. 41›; 138, 136 ‹181 Rn. 123›). Danach muss im Interesse verfassungsrechtlich gebotener steuerlicher Lastengleichheit (vgl. BVerfGE 84, 239 ‹268 ff.›) darauf abgezielt werden, Steuerpflichtige bei gleicher Leistungsfähigkeit auch gleich hoch zu besteuern (horizontale Steuergerechtigkeit), während (in vertikaler Richtung) die Besteuerung höherer Einkommen im Vergleich mit

der Steuerbelastung niedrigerer Einkommen angemessen sein muss (vgl. BVerfGE 82, 60 ‹89›; 99, 246 ‹260›; 107, 27 ‹46 f.›; 116, 164 ‹180›; 122, 210 ‹231›). Bei der Ausgestaltung des steuerrechtlichen Ausgangstatbestands muss die einmal getroffene Belastungsentscheidung folgerichtig im Sinne der Belastungsgleichheit umgesetzt werden. Ausnahmen von einer solchen folgerichtigen Umsetzung bedürfen eines besonderen sachlichen Grundes (vgl. BVerfGE 99, 88 ‹95›; 99, 280 ‹290›; 105, 73 ‹126›; 107, 27 ‹47›; 116, 164 ‹180 f.›; 117, 1 ‹31›; 122, 210 ‹231›).

45 bb) Als besondere sachliche Gründe für Ausnahmen von einer folgerichtigen Umsetzung und Konkretisierung steuergesetzlicher Belastungsentscheidungen hat das Bundesverfassungsgericht in seiner bisherigen Rechtsprechung (vgl. BVerfGE 122, 210 ‹231 ff.› m.w.N.) neben außerfiskalischen Förderungs- und Lenkungszwecken Typisierungs- und Vereinfachungserfordernisse anerkannt, nicht jedoch den rein fiskalischen Zweck staatlicher Einnahmenerhöhung.

46 (1) Die Befugnis des Gesetzgebers zur Vereinfachung und Typisierung beruht darauf, dass jede gesetzliche Regelung verallgemeinern muss. Bei der Ordnung von Massenerscheinungen ist der Gesetzgeber berechtigt, die Vielzahl der Einzelfälle in dem Gesamtbild zu erfassen, das nach den ihm vorliegenden Erfahrungen die regelungsbedürftigen Sachverhalte zutreffend wiedergibt (vgl. BVerfGE 11, 245 ‹254›; 78, 214 ‹227›; 84, 348 ‹359›; 122, 210 ‹232›; 133, 377 ‹412 Rn. 87›). Steuergesetze betreffen in der Regel Massenvorgänge des Wirtschaftslebens. Sie müssen, um praktikabel zu sein, Sachverhalte, an die sie dieselben steuerrechtlichen Folgen knüpfen, typisieren und dabei in weitem Umfang die Besonderheiten des einzelnen Falles vernachlässigen (BVerfGE 127, 224 ‹246›). Auf dieser Grundlage darf der Gesetzgeber grundsätzlich generalisierende, typisierende und pauschalierende Regelungen treffen, ohne allein schon wegen der damit unvermeidlich verbundenen Härten gegen den allgemeinen Gleichheitssatz zu verstoßen (vgl. BVerfGE 84, 348 ‹359›; 113, 167 ‹236›; stRspr). Typisierung bedeutet, bestimmte in wesentlichen Elementen gleich geartete Lebenssachverhalte normativ zusammenzufassen. Besonderheiten, die im Tatsächlichen durchaus bekannt sind, können generalisierend vernachlässigt werden. Der Gesetzgeber darf sich grundsätzlich am Regelfall orientieren und ist nicht gehalten, allen Besonderheiten jeweils durch Sonderregelungen Rechnung zu tragen (vgl. BVerfGE 82, 159 ‹185 f.›; 96, 1 ‹6›; 133, 377 ‹412 Rn. 87›). Die wirtschaftlich ungleiche Wirkung auf die Steuerzahler darf allerdings ein gewisses Maß nicht übersteigen. Vielmehr müssen die steuerlichen Vorteile der Typisierung im rechten Verhältnis zu der mit der Typisierung notwendig verbundenen Ungleichheit der steuerlichen Belastung stehen (vgl. BVerfGE 110, 274 ‹292›; 117, 1 ‹31›; 127, 224 ‹246› sowie ferner 96, 1 ‹6›; 99, 280 ‹290›; 105, 73 ‹127›; 116, 164 ‹182 f.›; 120, 1 ‹30›). Insbesondere darf der Gesetzgeber für eine gesetzliche Typisierung keinen atypischen Fall als Leitbild wählen, sondern muss realitätsgerecht den typischen Fall als Maßstab zugrunde legen (BVerfGE 116, 164 ‹182 f.›; 122, 210 ‹233›).

47 (2) Nicht als besonderer sachlicher Grund für Ausnahmen von einer folgerichtigen Umsetzung und Konkretisierung steuergesetzlicher Belastungsentscheidungen anerkannt ist demgegenüber der rein fiskalische Zweck staatlicher Einnahmenerhöhung. Der Finanzbedarf des Staates oder eine knappe Haushaltslage reichen für sich allein nicht aus, um ungleiche Belastungen durch konkretisierende Ausgestaltung der steuerrechtlichen Grundentscheidungen zu rechtfertigen. Auch wenn der Staat auf Einsparungsmaßnahmen angewiesen ist, muss er auf eine gleichheits-

gerechte Verteilung der Lasten achten (vgl. BVerfGE 116, 164 ‹182› im Anschluss an BVerfGE 6, 55 ‹80›; 19, 76 ‹84 f.›; 82, 60 ‹89›; vgl. auch BVerfGE 105, 17 ‹45›; 122, 210 ‹233›).

48 c) Die für die Lastengleichheit im Einkommensteuerrecht maßgebliche finanzielle Leistungsfähigkeit bemisst der einfache Gesetzgeber nach dem objektiven und dem subjektiven Nettoprinzip. Danach unterliegt der Einkommensteuer grundsätzlich nur das Nettoeinkommen, nämlich der Saldo aus den Erwerbseinnahmen einerseits und den (betrieblichen/beruflichen) Erwerbsaufwendungen sowie den (privaten) existenzsichernden Aufwendungen andererseits. Deshalb sind Aufwendungen für die Erwerbstätigkeit gemäß §§ 4, 9 EStG und existenzsichernde Aufwendungen im Rahmen von Sonderausgaben, Familienleistungsausgleich und außergewöhnlichen Belastungen gemäß §§ 10 ff., 31 f., 33 ff. EStG grundsätzlich steuerlich abziehbar. Im Rahmen des objektiven Nettoprinzips hat der Gesetzgeber des Einkommensteuergesetzes die Zuordnung von Aufwendungen zum betrieblichen beziehungsweise beruflichen Bereich, derentwegen diese Aufwendungen von den Einnahmen grundsätzlich abzuziehen sind, danach vorgenommen, ob eine betriebliche beziehungsweise berufliche Veranlassung besteht (vgl. § 4 Abs. 4, § 9 Abs. 1 Satz 1 EStG). Dagegen mindern Aufwendungen für die Lebensführung außerhalb des Rahmens von Sonderausgaben und außergewöhnlichen Belastungen gemäß § 12 Nr. 1 EStG die einkommensteuerliche Bemessungsgrundlage nicht (vgl. BVerfGE 122, 210 ‹233 f.›).

49 aa) Das Bundesverfassungsgericht hat bisher offen gelassen, ob das objektive Nettoprinzip, wie es in § 2 Abs. 2 EStG zum Ausdruck kommt, Verfassungsrang hat; jedenfalls kann der Gesetzgeber dieses Prinzip beim Vorliegen gewichtiger Gründe durchbrechen und sich dabei generalisierender, typisierender und pauschalierender Regelungen bedienen (vgl. BVerfGE 81, 228 ‹237›; 107, 27 ‹48› m.w.N.). Hiernach entfaltet schon das einfachrechtliche objektive Nettoprinzip Bedeutung vor allem im Zusammenhang mit den Anforderungen an hinreichende Folgerichtigkeit bei der näheren Ausgestaltung der gesetzgeberischen Grundentscheidungen. Die Beschränkung des steuerlichen Zugriffs nach Maßgabe des objektiven Nettoprinzips als Ausgangstatbestand der Einkommensteuer gehört zu diesen Grundentscheidungen, so dass Ausnahmen von der folgerichtigen Umsetzung der mit dem objektiven Nettoprinzip getroffenen Belastungsentscheidung eines besonderen, sachlich rechtfertigenden Grundes bedürfen (vgl. BVerfGE 99, 88 ‹95›; 99, 280 ‹290›; 105, 73 ‹126›; 107, 27 ‹48›; 116, 164 ‹180 f.›; 117, 1 ‹31›; 122, 210 ‹231›).

50 bb) Für den Bereich des subjektiven Nettoprinzips ist das verfassungsrechtliche Gebot der steuerlichen Verschonung des Existenzminimums des Steuerpflichtigen und seiner unterhaltsberechtigten Familie zu beachten. Das aus dem Sozialstaatsprinzip nach Art. 1 Abs. 1 in Verbindung mit Art. 20 Abs. 1 GG abzuleitende subjektive Nettoprinzip fordert, dass der Staat das Einkommen des Bürgers insoweit steuerfrei zu stellen hat, als dieser es zur Bestreitung des Existenzminimums benötigt. Denn was der Staat dem Einzelnen voraussetzungslos aus allgemeinen Haushaltsmitteln zur Verfügung zu stellen hat, darf er ihm nicht durch die Besteuerung

seines Einkommens wieder entziehen (vgl. BVerfGE 82, 60 ‹85 f., 94›; 87, 153 ‹169 f.›; 107, 27 ‹48›; 112, 268 ‹281›; 120, 125 ‹155›; stRspr).

51 cc) Für die verfassungsrechtlich gebotene Besteuerung nach der finanziellen Leistungsfähigkeit kommt es nicht nur auf die Unterscheidung zwischen beruflichem oder privatem Veranlassungsgrund für Aufwendungen an, sondern auch auf die Unterscheidung zwischen freier oder beliebiger Einkommensverwendung einerseits und zwangsläufigem, pflichtbestimmtem Aufwand andererseits. Die Berücksichtigung privat veranlassten Aufwands steht nicht ohne Weiteres zur Disposition des Gesetzgebers. Dieser hat die unterschiedlichen Gründe, die den Aufwand veranlassen, auch dann im Lichte betroffener Grundrechte differenzierend zu würdigen, wenn solche Gründe ganz oder teilweise der Sphäre der allgemeinen (privaten) Lebensführung zuzuordnen sind (vgl. BVerfGE 107, 27 ‹49›; 112, 268 ‹280›; 122, 210 ‹234 f.›).

52 dd) Für Lebenssachverhalte im Schnittbereich zwischen beruflicher und privater Sphäre ist eine gesetzgeberische Bewertung und Gewichtung der dafür kennzeichnenden multikausalen und multifinalen Wirkungszusammenhänge verfassungsrechtlich zulässig (vgl. BVerfGE 122, 210 ‹238 f.›). Bei gemischten – sowohl beruflich als auch privat veranlassten – Aufwendungen steht es dem Gesetzgeber grundsätzlich frei, ob er sie wegen ihrer Veranlassung durch die Erwerbstätigkeit den Werbungskosten und Betriebsausgaben zuordnet oder ob er sie wegen der privaten Mitveranlassung durch eine spezielle Norm als Sonderausgaben oder außergewöhnliche Belastungen qualifiziert (vgl. BVerfGE 112, 268 ‹281 f.›). Die tatbestandliche Qualifikation von Aufwendungen nach Maßgabe der einfachgesetzlichen Grundregeln ist zu unterscheiden von der verfassungsrechtlich zulässigen gesetzgeberischen Bewertung und Gewichtung der unterschiedlichen jeweils betroffenen Sphären (vgl. BVerfGE 122, 210 ‹238 f.›).

53 d) Muss der Gesetzgeber komplexe Regelungssysteme umgestalten, steht ihm grundsätzlich ein weiter Gestaltungsspielraum zu (vgl. BVerfGE 43, 242 ‹288 f.›; 58, 81 ‹121›; 67, 1 ‹15 f.›; 100, 1 ‹39 ff.›; 105, 73 ‹135›; stRspr). Bei der verfassungsrechtlichen Beurteilung von Übergangs- und Stichtagsvorschriften ist das Bundesverfassungsgericht allgemein darauf beschränkt zu prüfen, ob der Gesetzgeber den ihm zukommenden Spielraum in sachgerechter Weise ausgeübt sowie die für die zeitliche Anknüpfung in Betracht kommenden Faktoren hinreichend gewürdigt hat und ob die gefundene Lösung sich im Hinblick auf den Sachverhalt und das System der Gesamtregelung durch sachgerechte Gründe rechtfertigen lässt und insbesondere nicht willkürlich erscheint (vgl. BVerfGE 29, 245 ‹258›; 44, 1 ‹20 f.›; 75, 78 ‹106›; 80, 297 ‹311›; 87, 1 ‹47›; 95, 64 ‹89›; 117, 272 ‹301›; 122, 151 ‹179›; stRspr). Eine erhebliche Ungleichbehandlung, die jeglichen sachlichen Grundes entbehrt, weil alle vom Gesetzgeber angestrebten Regelungsziele auch unter Vermeidung der ungleichen Behandlung und ohne Inkaufnahme anderer Nachteile erreicht werden können, braucht von den Betroffenen jedoch nicht hingenommen zu werden (vgl. BVerfGE 125, 1 ‹23›). Zudem findet der gesetzgeberische Gestaltungsspielraum bei der Neuordnung der Besteuerung von Vorsorgeaufwendungen für die Alterssicherung und der Besteuerung von Bezügen aus dem Ergebnis der Vor-

sorgeaufwendungen im Verbot der Doppelbesteuerung seine Grenze (vgl. BVerfGE 105, 73 ‹134 f.›).

54 2. Nach diesen Maßstäben sind die vom Beschwerdeführer angegriffenen behördlichen und fachgerichtlichen Entscheidungen sowie die ihnen zugrundeliegenden einkommensteuerrechtlichen Regelungen in der Fassung des Alterseinkünftegesetzes mit der Verfassung vereinbar.

55 a) Gemäß der – im Einklang mit anerkannten Auslegungsregeln stehenden und verfassungsrechtlich nicht zu beanstandenden (vgl. BVerfGE 96, 375 ‹394 f.›) – Auslegung der Norm durch den Bundesfinanzhof ist § 10 Abs. 1 Nr. 2 Buchstabe a EStG lex specialis gegenüber der generellen Regelung des § 10 Abs. 1 in Verbindung mit § 9 Abs. 1 Satz 1 EStG und hat der Gesetzgeber damit Altersvorsorgeaufwendungen einfachrechtlich als Sonderausgaben qualifiziert. Daran war er von Verfassungs wegen nicht gehindert.

56 aa) Zwar werden die Aufwendungen in erheblichem Umfang getätigt, um zu einem späteren Zeitpunkt eigene steuerbare Einkünfte im Sinne des § 22 EStG zu erzielen. Dazu gehören nach der Rechtsprechung des Bundesfinanzhofs (Urteil vom 19. August 2013 – X R 35/11 juris, Rn. 16) neben der Altersrente (§ 33 Abs. 2, §§ 35 ff. SGB VI) auch die Rente wegen verminderter Erwerbsfähigkeit (§ 33 Abs. 3, § 43 SGB VI) und die Erziehungsrente (§ 33 Abs. 4, § 47 SGB VI) aus der gesetzlichen Rentenversicherung. Bei diesen Renten handelt es sich deshalb um Einnahmen im Sinne von § 8 Abs. 1 in Verbindung mit § 2 Abs. 1 Satz 1 Nr. 7 EStG, so dass ein objektiver Zusammenhang zwischen der Beitragsentrichtung und der späteren Einkunftserzielung im Sinne des § 9 Abs. 1 Satz 1 EStG besteht.

57 Der Bundesfinanzhof weist aber zu Recht darauf hin, dass die an die gesetzliche Rentenversicherung zu leistenden Beiträge ihrer materiellen Rechtsnatur nach nicht in vollem Umfang Werbungskosten des Beitragszahlers im Sinne des § 9 EStG darstellen. Soweit etwa Beiträge für eine Hinterbliebenenversorgung eingesetzt werden, bezweckt der Steuerpflichtige nicht die Erzielung eigener Einkünfte, sondern kommt es ihm auf die Absicherung seiner Hinterbliebenen an, die ihrerseits im Zeitpunkt der Aufwendung noch nicht feststehen. Über die Beiträge zur gesetzlichen Rentenversicherung werden außerdem Leistungen finanziert, die nicht zu steuerpflichtigen Einnahmen führen, wie die Leistungen zur medizinischen Rehabilitation und zur Teilhabe am Arbeitsleben (§§ 9 ff., 15 f. SGB VI) und ergänzende Leistungen (§§ 9 ff., 20 ff. SGB VI) sowie der Krankenversicherungszuschuss (§ 106 SGB VI).

58 bb) Altersvorsorgeaufwendungen in Form von Beiträgen zur gesetzlichen Rentenversicherung und berufsständischen Versorgungseinrichtungen weisen zudem neben ihrer Bestimmung zur Erzielung zukünftiger Einkünfte anders als üblicherweise vorweggenommene Werbungskosten zugleich vermögensbildende oder versicherungsspezifische Komponenten auf. Durch die in der Aufbauphase geleisteten Altersvorsorgeaufwendungen werden Anwartschaften begründet, die nach Abschluss der Aufbauphase zu geldwerten Rechtspositionen erstarken. Die Aussicht des Versicherten auf eine Altersrente entwickelt sich von der ersten Beitragsleistung an zu einem durch die Erfüllung der Wartezeit und das Erreichen der Altersgrenze bedingten Rechtsanspruch, der im Laufe anrechnungsfähiger Zeiten höher wird und einen dem Rentenversicherten zugeordneten Vermögenswert darstellt (vgl. BVerfGE 54, 11 ‹27›). Anders als bei Werbungskosten bewirken die Aufwen-

dungen daher nicht eine reine Vermögensminderung, sondern eine Vermögensumschichtung, weil der Steuerpflichtige für seine Aufwendungen einen entsprechenden Gegenwert in Form einer Anwartschaft erwirbt, auch wenn er diese in der umlagefinanzierten gesetzlichen Rentenversicherung – anders als bei der kapitalgedeckten Altersvorsorge – während der Aufbauphase nicht, etwa durch Beleihung oder Verpfändung, wirtschaftlich nutzen kann. Entsprechend wurden sie bis zur Neuordnung der Besteuerung der Alterseinkünfte durch das Alterseinkünftegesetz von 2004 nach dem Versicherungsprinzip beziehungsweise nur mit ihrem Ertragsanteil besteuert.

59 Dass sich auch bei Beamten – wirtschaftlich betrachtet – der Gegenwert der geleisteten Dienste zusammensetzt aus einem Anteil (aktuell verfügbarer) Zahlungen (abzüglich einbehaltener Lohnsteuer) und einem Anteil nicht aktuell verfügbarer Versorgungsanwartschaft, ändert an dieser Betrachtungsweise entgegen der Auffassung des Beschwerdeführers nichts. In Höhe des nicht verfügbaren Anteils in Gestalt der Versorgungsanwartschaft sind beide Vergleichsgruppen in der Zeit ihrer aktiven Erwerbstätigkeit wirtschaftlich mit den Aufwendungen für den Aufbau eines Versorgungsanspruchs für Alter und Invalidität belastet (BVerfGE 105, 73 ‹115›).

60 cc) Soweit sich der Gesetzgeber mit der Umstellung auf die nachgelagerte Besteuerung der Alterseinkünfte von dem Prinzip der Ertragsanteilsbesteuerung gelöst hat, mag es auf der Ebene des einfachen Steuerrechts systematisch vorzugswürdig erscheinen lassen, die Aufwendungen dafür nunmehr der Sphäre der Einkünfte und den Werbungskosten zuzuordnen. Wegen des umfangreichen und inhomogenen Leistungsspektrums der gesetzlichen Rentenversicherung einerseits, das nur zum Teil zu steuerbaren Einkünften aus § 22 EStG führt, und des doppelgesichtigen Charakters von Altersvorsorgeaufwendungen andererseits, der sowohl in die Einkunfts- als auch in die Vermögenssphäre weist, steht dem Gesetzgeber jedoch ein weiter Spielraum bei der Bewertung und Gewichtung der unterschiedlichen Anteile zu, der mit der einheitlichen Zuweisung zu den Sonderausgaben nicht überschritten ist (vgl. auch BVerfG, Beschluss des Ersten Senats vom 28. Dezember 1984–1 BvR 1472/84, 1 BvR 1473/84 –, HFR 1985, S. 337).

61 Ein verfassungsrechtliches Gebot der Qualifizierung von Beiträgen zur gesetzlichen Rentenversicherung oder zu berufsständischen Versorgungseinrichtungen als Werbungskosten beziehungsweise Betriebsausgaben wäre gleichbedeutend mit einem Verbot der vorgelagerten Besteuerung in der Aufbauphase. Nach der Rechtsprechung des Bundesverfassungsgerichts (BVerfGE 105, 73 ‹134 f.›) sind jedoch lediglich die Besteuerung von Vorsorgeaufwendungen für die Alterssicherung und die Besteuerung von Bezügen aus dem Ergebnis der Vorsorgeaufwendungen so aufeinander abzustimmen, dass eine doppelte Besteuerung vermieden wird. Damit ist keine Aussage darüber verbunden, ob die Besteuerung von Altersbezügen vor- oder nachgelagert zu erfolgen hat (BVerfGE 120, 169 ‹178›). Das Verbot doppelter Besteuerung kann vielmehr sowohl durch entsprechende Regelungen in der Aufbau- als auch in der Versorgungsphase gewahrt werden (vgl. auch den Abschlussbericht der Sachverständigenkommission zur Neuordnung der steuerrechtlichen Behandlung von Altersvorsorgeaufwendungen und Altersbezügen, hrsg. v. Bundesministerium der Finanzen, Juli 2003, S. 10, 50 ff.). Aus dem Verbot doppelter

Besteuerung lässt sich kein Anspruch auf eine bestimmte Abzugsfähigkeit der Beiträge in der Aufbauphase ableiten (vgl. BVerfGE 120, 169 ‹179›).

62 dd) Die Zuweisung zu den Sonderausgaben durch die Vorschrift des § 10 Abs. 1 Nr. 2 Buchstabe a EStG bewirkt, anders als der Beschwerdeführer meint, auch keine verfassungswidrige Ungleichbehandlung zwischen Arbeitnehmern und Beamten. Zwar werden dem rentenversicherten Arbeitnehmer die vom Arbeitgeber abgeführten Beiträge zunächst als Lohnbestandteil zugerechnet, während die Umschichtung von (wirtschaftlichen) Beiträgen der aktiven Beamten zu Versorgungsbezügen der Pensionäre innerhalb des öffentlichen Haushalts des Dienstherrn stattfindet, indem der Dienstherr entsprechend geringere Bezüge auszahlt (vgl. BVerfGE 105, 73 ‹115›; Beamte oder Arbeitnehmer, Schriftenreihe der Bundesbeauftragten für Wirtschaftlichkeit in der Verwaltung, Bd. 6, 1996, S. 44 f.; BVerwGE 12, 284 ‹294›; amtl. Begründung des Entwurfs des Bundesbeamtengesetzes vom 19. November 1951, BTDrucks 2846, S. 35). Aus verfassungsrechtlicher Sicht ist es jedoch unerheblich, ob die Leistungen zum Aufbau einer Versorgungs- oder Rentenanwartschaft den Einkünften von vornherein nicht zugerechnet werden oder ob sie als Einkünfte behandelt und als Sonderausgaben vom Einkommen abgezogen werden können (vgl. BVerfGE 83, 395 ‹401 f.›). Das finanzielle Ergebnis ist in beiden Fällen gleich (zur Höchstgrenze des § 10 Abs. 3 EStG s. unten unter b)).

63 Soweit der Beschwerdeführer auf Unterschiede bei der Abzugsfähigkeit außergewöhnlicher Belastungen im Sinne von § 33 EStG verweist, weil die zumutbare Belastung gemäß Absatz 3 der Vorschrift auf der Basis des Gesamtbetrags der Einkünfte (§ 2 Abs. 3 EStG) und nicht des Einkommens (§ 2 Abs. 4 EStG) zu berechnen ist, hat der Bundesfinanzhof einen daraus möglicherweise resultierenden mittelbaren Nachteil für Arbeitnehmer zu Recht nicht isoliert, sondern im Kontext mit anderen mittelbaren, teils vorteilhaften, teils nachteiligen Folgen der Qualifikation der Altersvorsorgeaufwendungen als Sonderausgaben betrachtet wie dem Umstand, dass der im Falle des Sonderausgabenabzugs höhere Betrag des Gesamtbetrags der Einkünfte dazu führt, dass von dem Steuerpflichtigen geleistete Spendenbeträge in weitergehendem Umfang gemäß § 10b EStG abziehbar sind. Im Übrigen ist die Frage einer möglichen verfassungswidrigen Ungleichbehandlung von Beamten und Arbeitnehmern im Zusammenhang mit außergewöhnlichen Belastungen bei Anwendung von § 33 EStG zu entscheiden. Auf diese Norm kommt es im vorliegenden Fall nicht an, weil ungeachtet einer von dem Beschwerdeführer mit der Verfassungsbeschwerde vorgetragenen Erweiterung seiner Klage um einen Freibetrag für außergewöhnliche Belastungen ein solcher nach dem Tatbestand der angegriffenen fachgerichtlichen Urteile nicht Streitgegenstand (geworden) ist.

64 b) Die in der endgültigen Ausgestaltung vorgesehene höhenmäßige Beschränkung des Sonderausgabenabzugs für Altersvorsorgeaufwendungen auf jährlich bis zu 20.000 € beziehungsweise 40.000 € gemäß § 10 Abs. 3 Sätze 1 und 2 EStG (in der Fassung des Alterseinkünftegesetzes vom 5. Juli 2004) ist verfassungsrechtlich nicht zu beanstanden.

65 aa) Der Gesetzgeber hat sich bei der Einführung der höhenmäßigen Abzugsbeschränkung auf das Ziel der Missbrauchsvermeidung gestützt. Die Begrenzung auf ein Volumen, das weit oberhalb der Höchstbeiträge zur gesetzlichen Rentenversicherung liegt, diente aus seiner Sicht dazu, eine unerwünschte Umschichtung er-

heblicher Beträge in Rentenversicherungsprodukte insbesondere durch jüngere Steuerpflichtige auszuschließen (vgl. BTDrucks 15/2150, S. 22, 34).

66 Dabei handelt es sich nach Grund und Höhe um einen sachgerechten Grund für die Beschränkung der Altersvorsorgeaufwendungen und die damit verbundene Ausnahme von der gesetzgeberischen Entscheidung für eine grundsätzlich nachgelagerte Besteuerung der Alterseinkünfte. Im Hinblick auf die unterschiedliche Progressionswirkung von nachgelagerter und vorgelagerter Besteuerung und angesichts des Zeitfaktors hätte eine unbeschränkte Abzugsfähigkeit von Altersvorsorgeaufwendungen jedenfalls einen Anreiz zum Erwerb von Altersbezügen gegen hohe Einmalzahlungen nach entsprechender Umschichtung von Altvermögen geschaffen. Hierdurch hätten einzelne Steuerpflichtige ihre aktuelle Einkommensteuerlast unter Umständen für mehrere Jahre deutlich, gegebenenfalls sogar auf Null, reduzieren können. In der Literatur (vgl. Dorenkamp, Nachgelagerte Besteuerung von Einkommen, 2004, S. 282 f.; vgl. auch Musil, Verfassungs- und europarechtliche Probleme des Alterseinkünftegesetzes, StuW 2005, S. 278 ‹280›) wird darauf hingewiesen, dass sich für einen 25-jährigen Steuerpflichtigen eine derartige Umschichtung in Rentenversicherungsprodukte bereits nach sieben Ruhestandsjahren, das heißt nach einem Drittel der durchschnittlichen Rentenbezugsdauer, gelohnt hätte.

67 Dass möglicherweise schon die enge Fassung des Begriffs der Altersvorsorgeaufwendungen in § 10 Abs. 1 Nr. 2 EStG zusammen mit der Koppelung an das Erleben des Renteneintritts auch bei einer unbeschränkten Abzugsfähigkeit wie eine Höchstbetragsbeschränkung wirkt und dass zusätzlich der Erwerb von Altersbezügen gegen Einmalbeträge isoliert hätte ausgeschlossen werden können (vgl. Kulosa, in: Herrmann/Heuer/Raupach, EStG/KStG, 21. Aufl. 2006 ‹Stand: Februar 2016›, § 10 EStG Rn. 335; Söhn, in: Kirchhof/Söhn/Mellinghoff, EStG, Stand: November 2006, § 10 Rn. E 314; P. Kirchhof u.a., Karlsruher Entwurf zur Reform des Einkommensteuergesetzes, 2001, Begr. zu § 9 EStG-E), ist für die Frage der Verfassungsmäßigkeit der vom Gesetzgeber gewählten Lösung ohne Bedeutung. Bei gleicher Wirksamkeit sind die den Steuerpflichtigen treffenden Nachteile keine anderen als bei der vom Gesetzgeber gewählten Lösung. Sollte letztere in weitergehendem Umfang einer Umschichtung der Einkünfte in Altersvorsorgeprodukte entgegenwirken, wären die dadurch für den Steuerpflichtigen eintretenden Nachteile wie der Verlust einer höheren Progressionswirkung und eines Zinseffekts gegenüber der Entlastung bereits in der Vorsorgephase jedenfalls durch das Ziel der Missbrauchsvermeidung gerechtfertigt. Dieses liegt innerhalb des weiten gesetzgeberischen Entscheidungsraums, der bei der Neuordnung der Besteuerung der Alterseinkünfte für die Abwägung zwischen den Erfordernissen folgerichtiger Ausrichtung an der wirtschaftlichen Leistungsfähigkeit der Steuerpflichtigen und den Notwendigkeiten gesamtwirtschaftlich tragfähiger Lösungen eröffnet war (vgl. BVerfGE 105, 73 ‹135›).

68 Eine ungerechtfertigte Ungleichbehandlung von Arbeitnehmern und Beamten bedeutet die Höchstbetragsbeschränkung entgegen der Auffassung des Beschwerdeführers nicht. Bei Beamten scheidet eine missbräuchliche Inanspruchnahme von Steuerentlastungen im Zusammenhang mit dem Erwerb von beamtenrechtlichen Versorgungsansprüchen von vornherein aus. Denn Beamte können die Höhe dieser Ansprüche nicht durch freiwillige Leistungen verändern, also dadurch auch keine Minderung ihrer Steuerlast während der Aufbauphase erreichen, weil das

Ruhegehalt auf der Grundlage der ruhegehaltfähigen Dienstbezüge und der ruhegehaltfähigen Dienstzeit berechnet wird (§ 4 Abs. 3 BeamtVG). Bei einer zusätzlichen freiwilligen Altersvorsorge gelten für Beamte dieselben Höchstgrenzen wie für Arbeitnehmer, weil der Höchstbetrag des § 10 Abs. 3 Satz 1 und 2 EStG für sie gemäß § 10 Abs. 3 Satz 3 EStG um den Betrag zu kürzen ist, der, bezogen auf die Einnahmen aus der rentenversicherungsfreien Tätigkeit dem Gesamtbeitrag (Arbeitgeber- und Arbeitnehmeranteil) zur allgemeinen Rentenversicherung entspricht.

69 bb) Im Hinblick darauf, dass ein sachgerechter Grund für die Höchstbetragsbeschränkung besteht, ist sie auch nicht unter dem Gesichtspunkt der Folgerichtigkeit verfassungsrechtlich zu beanstanden, ohne dass es darauf ankommt, ob die Grundentscheidung für eine nachgelagerte Besteuerung von Alterseinkünften überhaupt eine steuerliche Belastungsentscheidung darstellt, die den Gesetzgeber – unabhängig von dem Verbot der Doppelbesteuerung (s. dazu BVerfG, Beschluss der 1. Kammer des Zweiten Senats vom 14. Juni 2016–2 BvR 290/10 – unter B. II. 2. b)) – zwingt, zur Wahrung der Belastungsgleichheit die entsprechenden Vorsorgeaufwendungen in vollem Umfang zum Steuerabzug zuzulassen, wenn nicht ein sachlicher Grund für die Abweichung vorliegt (vgl. dazu Söhn, FR 2006, S. 905 ‹909 f.›; Kulosa, in: Herrmann/Heuer/Raupach, EStG/KStG, 21. Aufl. 2006 ‹Stand: Februar 2016›, § 10 EStG Rn. 335; Intemann/Cöster, DStR 2005, S. 1921 ‹1923 f.›).

70 c) Die Übergangsregelung des § 10 Abs. 3 Sätze 4 bis 6 EStG steht ebenfalls mit verfassungsrechtlichen Anforderungen in Einklang.

71 Sie sieht – beginnend ab dem Jahr 2005 – eine begrenzte und in den Folgejahren allmählich steigende prozentuale Berücksichtigung von Altersvorsorgeaufwendungen bis zu deren vollen Abzugsfähigkeit innerhalb der Höchstbeträge des § 10 Abs. 3 Satz 1 EStG ab dem Jahr 2025 vor, wobei die danach anzusetzenden Beträge um den nach § 3 Nr. 62 EStG steuerfreien Arbeitgeberanteil zu kürzen sind. Das führt dazu, dass ein Arbeitnehmer im Streitjahr 2006 nur 24 % seiner Arbeitnehmeranteile zur gesetzlichen Rentenversicherung als Sonderausgaben steuermindernd geltend machen kann, auch wenn seine Rentenbezüge voraussichtlich zu 100 % der Besteuerung unterliegen, weil er erst nach dem Jahr 2039 das derzeit geltende Renteneintrittsalter erreicht.

72 Die Übergangsregelung in § 10 Abs. 3 Sätze 4 bis 6 EStG folgt damit anderen Regeln, als sie § 22 Nr. 1 Satz 3 Buchstabe a Doppelbuchstabe aa EStG für die stufenweise Steigerung der nachgelagerten Besteuerung von Rentenbezügen vorsieht. Während letztere sich nach dem Kohortenprinzip richtet, dafür also jeweils das Jahr des Renteneintritts maßgeblich ist, stellt § 10 Abs. 3 Sätze 4 bis 6 EStG darauf ab, in welchem Jahr die Aufwendungen geleistet werden. Deren steuerliche Freistellung ist also unabhängig davon, in welchem Umfang der Steuerpflichtige seine spätere Rente versteuern muss.

73 Ungleichbehandlungen, die damit einhergehen, sind für die Übergangszeit – bis zur Grenze einer verbotenen Doppelbesteuerung (s. dazu unten unter III. 2. c) cc)) – verfassungsrechtlich hinnehmbar.

74 aa) Wegen des Verbots der Doppelbesteuerung (vgl. BVerfGE 105, 73 ‹134 f.›) war es dem Gesetzgeber verwehrt, sämtliche Alterseinkünfte unmittelbar ab In-

krafttreten des Alterseinkünftegesetzes zu 100 % der nachgelagerten Besteuerung zu unterwerfen, weil diese nach Maßgabe des bis dahin geltenden Rechts in erheblichem Umfang aus bereits vorgelagert besteuerten Beiträgen stammen (vgl. BTDrucks 15/2150, S. 22 ff.). Korrespondierend dazu hat der Gesetzgeber die von ihm gewählte Stufenlösung für die steuerliche Entlastung der Vorsorgeaufwendungen damit gerechtfertigt, dass eine sofortige vollständige Abziehbarkeit der Beiträge zu einer Minderung der Steuereinnahmen in zweistelliger Milliardenhöhe geführt hätte, so dass die Finanzierbarkeit der öffentlichen Haushalte gefährdet gewesen wäre (BTDrucks 15/2150, S. 22). Der Gesetzgeber verfolgte dabei nicht das Ziel der Einnahmenvermehrung, das für sich betrachtet ungleiche Belastungen durch konkretisierende Ausgestaltung der steuerrechtlichen Grundentscheidungen nicht zu rechtfertigen vermag (vgl. BVerfGE 105, 17 ‹45›; 116, 164 ‹182›; 122, 210 ‹233›; stRspr). Zielrichtung der Übergangsregelung war vielmehr eine schrittweise Überführung der früheren verfassungswidrigen Besteuerung von Alterseinkünften in eine verfassungskonforme Ausgestaltung der Regelungen zur steuerlichen Berücksichtigung von Altersvorsorgeaufwendungen einerseits und zur Besteuerung von Alterseinkünften andererseits.

75 Es handelte sich um eine vollständige Neugestaltung dieses steuerlichen Regelungskomplexes, für die das Bundesverfassungsgericht betont hat, der Gesetzgeber dürfe dabei auch die „Notwendigkeiten einfacher, praktikabler und gesamtwirtschaftlich tragfähiger Lösungen“ berücksichtigen (BVerfGE 105, 73 ‹135›). Das Bundesverfassungsgericht hat den Gestaltungsspielraum des Gesetzgebers bei der Schaffung einer Übergangsregelung bis zum Erreichen des endgültigen Rechtszustandes lediglich insoweit begrenzt, als es „in jedem Fall“ die Vermeidung einer Doppelbesteuerung gefordert hat (BVerfGE 105, 73 ‹134›). Es hat betont, dass „im Übrigen“, das heißt jenseits dieser strikten Vorgabe, ein „weiter gesetzgeberischer Entscheidungsraum“ eröffnet sei (BVerfGE 105, 73 ‹135›).

76 Aus der grundsätzlichen Entscheidung des Gesetzgebers für den Wechsel zu einer nachgelagerten Besteuerung lässt sich für die Übergangsphase nicht ableiten, schon in diesem Zeitraum sei aus Gründen der Folgerichtigkeit eine vollständige steuerliche Freistellung der Aufwendungen geboten. Denn die Übergangsphase dient gerade dazu, den Systemwechsel erst nach und nach zu vollziehen. Dabei ist unvermeidlich, dass während des Übergangszeitraums auch Nachteile fortdauern, die bereits mit der früheren (teilweise) vorgelagerten Besteuerung der Alterseinkünfte verbunden waren, wie der vom Beschwerdeführer angeführte Verlust einer möglicherweise höheren Progressionswirkung bei einer vollständigen Steuerentlastung schon in der Aufbauphase sowie die Ungewissheit darüber, ob der Steuerpflichtige das Rentenalter erreicht und ob eine der Besteuerung der Vorsorgeaufwendungen entsprechende verminderte Besteuerung seiner Renteneinkünfte deshalb ausscheidet, weil diese aufgrund ihrer geringen Höhe schon den Grundfreibetrag nicht überschreiten. Diese Folgen einer (teilweisen) vorgelagerten Besteuerung sind für sich genommen verfassungsrechtlich ohne Bedeutung, denn aus der Verfassung lässt sich – wie dargestellt (s. oben unter III. 2. a) cc)) – kein generelles Verbot einer vorgelagerten Besteuerung von Alterseinkünften in der Aufbauphase ableiten.

20. Kinder, Freibeträge für Kinder, § 32 EStG

Im Einkommensteuergesetz findet sich eine Definition des Kindes. § 32 EStG stellt dar, wer als Kind anerkannt wird. Die Rechtsfolge lautet, dass der Steuerpflichtige einen Kinderfreibetrag in Höhe von 8.004,00 EUR steuerlich ansetzen kann. Alternativ besteht die Möglichkeit des Kindergeldbezuges in Höhe von 184,00 EUR monatlich. Das Kindergeld wird nur dann gewährt, wenn das Kind selbst keine eigenen Einkünfte über 7.680,00 EUR pro Jahr erwirtschaftet. Von Amts wegen wird geprüft, ob der Bezug von Kindergeld oder die Ansetzung des Kinderfreibetrages steuerlich für den Steuerpflichtigen günstiger wird (Günstigerprüfung). Hier ist seitens des Steuerpflichtigen nichts zu veranlassen.

Rechtsprechung: BFH Urteil v. 15.03.2012 – III R 82/09 BStBl 2013 II S. 226

Nach § 31 Satz 1 EStG wird die steuerliche Freistellung eines Einkommensbetrags in Höhe des Existenzminimums eines Kindes einschließlich des Bedarfs für Betreuung und Erziehung oder Ausbildung entweder durch die Freibeträge nach § 32 Abs. 6 EStG oder durch das Kindergeld nach den §§ 62 ff. EStG bewirkt. Ist der Abzug der Freibeträge für Kinder günstiger als der Anspruch auf Kindergeld, erhöht sich die unter Berücksichtigung des Abzugs der Freibeträge für Kinder ermittelte tarifliche Einkommensteuer um den Anspruch auf Kindergeld (§ 31 Satz 4 EStG).

122. Die für das Streitjahr 2004 geltende Fassung des § 31 Satz 4 EStG geht zurück auf das Steueränderungsgesetz 2003 vom 15. Dezember 2003 (BGBl I 2003, 2645, BStBl I 2003, 710). Bis einschließlich des Veranlagungszeitraums 2003 waren nach § 31 Satz 4 EStG a.F. die Freibeträge nach § 32 Abs. 6 EStG abzuziehen, wenn die gebotene steuerliche Freistellung des Existenzminimums des Kindes durch das Kindergeld nicht in vollem Umfang bewirkt wurde; in diesem Fall war das gezahlte Kindergeld nach § 36 Abs. 2 Satz 1 EStG a.F. der tariflichen Einkommensteuer hinzuzurechnen. Aufgrund der Gesetzesänderung ist seit dem Veranlagungszeitraum 2004 bei der Prüfung der Frage, ob der Abzug der Freibeträge nach § 32 Abs. 6 EStG für den Steuerpflichtigen vorteilhafter ist als das Kindergeld, nicht auf das tatsächlich gezahlte, sondern auf den Anspruch auf Kindergeld abzustellen. Für die Änderung des § 31 EStG waren Gesichtspunkte der Verfahrensvereinfachung maßgebend. Nach dem Willen des Gesetzgebers sollten insbesondere Änderungen der Steuerfestsetzung aufgrund einer nachträglichen Gewährung von Kindergeld vermieden werden (BTDrucks 15/1798, S. 2). Für die Hinzurechnung von Kindergeld ist somit der ursprüngliche, vor Erlöschen (z.B. durch Erfüllung) bestehende materiell-rechtliche Kindergeldanspruch maßgebend. Wegen der vom Gesetzgeber ausdrücklich gewollten Abkoppelung der Steuer- von der Kindergeldfestsetzung ist nicht entscheidend, ob der Anspruch tatsächlich durch Zahlung erfüllt worden ist. Der Kindergeldanspruch ist seit dem Veranlagungszeitraum 2004 unabhängig von der kindergeldrechtlichen Beurteilung durch die Familienkasse hinzuzurechnen, wenn die Berücksichtigung von Freibeträgen nach § 32 Abs. 6 EStG rechnerisch günstiger ist als der Kindergeldanspruch.

133. Der Bescheid der Familienkasse über die Festsetzung von Kindergeld oder die Ablehnung einer Kindergeldgewährung entfaltet für die Steuerfestsetzung keine

Tatbestandswirkung mit der Folge, dass das FA die negative Entscheidung über einen Kindergeldanspruch durch die Familienkasse im Besteuerungsverfahren zu übernehmen hätte (s. Senatsurteil vom 27. Januar 2007 III R 90/07, BFHE 232, 485, BStBl II 2011, 543; Kanzler in Herrmann/Heuer/Raupach, § 31 EStG Rz 33; a.A. Pust in Littmann/Bitz/Pust, Das Einkommensteuerrecht, Kommentar, § 31 EStG Rz 246). Die Tatbestandswirkung eines Verwaltungsaktes führt dazu, dass dieser in einem ressortfremden Verwaltungsverfahren als gegeben hinzunehmen und nicht etwa darauf hin zu überprüfen ist, ob er dem materiellen Recht entspricht (s. Urteil des Bundesfinanzhofs vom 21. Januar 2010 VI R 52/08, BFHE 228, 295, BStBl II 2010, 703, m.w.N.). Die Familienkassen sind im Verhältnis zu den Finanzämtern jedoch keine ressortfremden Behörden. Die Bundesagentur für Arbeit stellt dem Bundeszentralamt für Steuern ihre Dienststellen als Familienkassen für die Durchführung des einkommensteuerrechtlichen Familienleistungsausgleichs zur Verfügung (§ 5 Abs. 1 Nr. 11 Satz 2 des Gesetzes über die Finanzverwaltung —FVG—). Gehört ein Kindergeldberechtigter dem öffentlichen Dienst an, so fungiert der entsprechende öffentlich-rechtliche Arbeitgeber als Familienkasse (§ 72 Abs. 1 Satz 2 EStG). Gemäß § 6 Abs. 2 Nr. 6 AO gehören zu den Finanzbehörden im Sinne der AO auch die Familienkassen. Die Finanzämter und Familienkassen sind gleichermaßen in die Durchführung des steuerlichen Familienleistungsausgleichs eingebunden und kooperieren hierbei durch Informationsaustausch (§ 21 Abs. 4 FVG; s.a. Abschn. 68.3 der Dienstanweisung zur Durchführung des Familienleistungsausgleichs nach dem X. Abschnitt des Einkommensteuergesetzes, BStBl I 2009, 1030, sowie R 31 Abs. 4 der Einkommensteuer-Richtlinien 2011). Ein von der Familienkasse erlassener Kindergeld-Ablehnungsbescheid ist somit für die Finanzämter kein ressortfremder Verwaltungsakt.

21. Außergewöhnliche Belastungen, § 33 EStG

Steuerlich absetzbar sind auch die einem Steuerpflichtigen erwachsenen außergewöhnlichen Belastungen im Sinne des § 33 EStG. Voraussetzung dafür ist, dass den Steuerpflichtigen zwangsläufig größere Aufwendungen als der überwiegenden Mehrzahl der Steuerpflichtigen gleicher Einkommensverhältnisse, gleicher Vermögensverhältnisse und gleichen Familienstands (Legaldefinition der außergewöhnlichen Belastung) treffen. Begrenzt wird der Abzug darüber hinaus durch den Umstand, dass dem Steuerpflichtigen eine zumutbare Belastung auferlegt wird. Diese zumutbare Belastung ist gesplittet je nach Gesamtbetrag der Einkünfte, Familienstand und der Anzahl der Kinder des Steuerpflichtigen. Die zumutbare Belastung bewegt sich zwischen 1 % und 7 % des Gesamtbetrages der Einkünfte. Erst wenn die Ausgaben der Steuerpflichtigen über diesem Betrag liegen, können weitere Ausgaben als außergewöhnliche Belastung steuerlich anerkannt werden.

Rechtsprechung: BFH, Urteil vom 05.10.2017 – VI R 47/15

Nach § 33 Abs. 1 EStG wird die Einkommensteuer auf Antrag ermäßigt, wenn einem Steuerpflichtigen zwangsläufig größere Aufwendungen als der überwiegenden Mehrzahl der Steuerpflichtigen gleicher Einkommensverhältnisse, gleicher Vermögensverhältnisse und gleichen Familienstandes erwachsen. Aufwendungen entstehen einem Steuerpflichtigen zwangsläufig, wenn er sich ihnen aus rechtlichen, tatsächlichen oder sittlichen Gründen nicht entziehen kann, soweit die Aufwendungen den Umständen nach notwendig sind und einen angemessenen Betrag nicht übersteigen (§ 33 Abs. 2 Satz 1 EStG).

a) In ständiger Rechtsprechung geht der Bundesfinanzhof (BFH) davon aus, dass Krankheitskosten —ohne Rücksicht auf die Art und die Ursache der Erkrankung — dem Steuerpflichtigen aus tatsächlichen Gründen zwangsläufig erwachsen. Allerdings werden nur solche Aufwendungen als Krankheitskosten berücksichtigt, die zum Zwecke der Heilung einer Krankheit oder mit dem Ziel erbracht werden, die Krankheit erträglich zu machen (BFH-Urteile vom 17. Juli 1981 VI R 77/78, BFHE 133, 545, BStBl II 1981, 711; vom 13. Februar 1987 III R 208/81, BFHE 149, 222, BStBl II 1987, 427, und vom 20. März 1987 III R 150/86, BFHE 149, 539, BStBl II 1987, 596; vom 2. September 2010 VI R 11/09, BFHE 231, 69, BStBl II 2011, 119).

b) Im Hinblick auf die für den Abzug nach § 33 EStG erforderliche Zwangsläufigkeit wird nicht danach unterschieden, ob ärztliche Behandlungsmaßnahmen oder medizinisch indizierte Hilfsmittel der Heilung dienen oder lediglich einen körperlichen Mangel ausgleichen sollen. Deshalb werden regelmäßig auch Aufwendungen als außergewöhnliche Belastung berücksichtigt, obwohl der körperliche Mangel durch die betreffende Maßnahme nicht behoben, sondern nur „umgangen" oder kompensiert wird (Senatsurteil vom 16. Dezember 2010 VI R 43/10, BFHE 232, 179, BStBl II 2011, 414, Rz 13). An der einzigen Ausnahme im BFH-Urteil vom 28. Juli 2005 III R 30/03 (BFHE 210, 355, BStBl II 2006, 495) —kein Abzug von Aufwendungen für künstliche Befruchtungen einer unverheirateten empfängnisunfähigen Frau— hat der BFH nicht festgehalten (BFH-Urteil vom 10. Mai 2007 III R 47/05, BFHE 218, 141, BStBl II 2007, 871). Denn die Empfängnisunfähigkeit einer Frau ist —unabhängig von ihrem Familienstand— eine Krankheit (BFH-Urteil in BFHE 210, 355, BStBl II 2006, 495, unter II.4.a). Dementsprechend erkennt der BFH in ständiger Rechtsprechung Aufwendungen für die künstliche Befruchtung als Behandlung bei Sterilität an, wenn diese in Übereinstimmung mit den Richtlinien der Berufsordnungen für Ärzte vorgenommen wird (BFH-Urteile in BFHE 210, 355, BStBl II 2006, 495; in BFHE 218, 141, BStBl II 2007, 871; vom 21. Februar 2008 III R 30/07, BFH/NV 2008, 1309; Senatsurteile in BFHE 232, 179, BStBl II 2011, 414, und vom 17. Mai 2017 VI R 34/15, BFHE 258, 358).

c) Voraussetzung ist allerdings weiter, dass die den Aufwendungen zugrunde liegende Behandlung mit der innerstaatlichen Rechtsordnung im Einklang steht. Denn eine nach nationalem Recht verbotene Behandlung kann keinen zwangsläufigen Aufwand i.S. des § 33 Abs. 1 EStG begründen (Senatsurteil in BFHE 258, 358). Vielmehr ist von den Steuerpflichtigen zu erwarten, dass sie gesetzliche Verbote beachten. Aufwendungen für nach objektiv-rechtlichen Maßstäben verbotene Behandlungsmaßnahmen sind selbst dann nicht zwangsläufig, wenn sie nicht straf- oder bußgeldbewehrt sind (Urteil des Bundessozialgerichts vom 18. November 2014 B 1 KR 19/13 R, BSGE 117, 212, Rz 11, zum Leistungskatalog der gesetzlichen Krankenversicherung) oder wegen eines Strafausschließungsgrundes nicht geahndet werden (FG Düsseldorf, Urteil vom 9. Mai 2003 18 K 7931/00 E, EFG 2003, 1548; FG München, Beschluss vom 21. Februar 2000 16 V 5568/99, EFG 2000, 496). Als außergewöhnliche Belastungen sind daher Kosten für eine künstliche Befruchtung nur zu berücksichtigen, wenn die aufwandsbegründende Behandlung insbesondere nicht gegen das deutsche Embryonenschutzgesetz (ESchG) verstößt und —wie bereits unter b) ausgeführt— mit den Richtlinien der Berufsordnungen für Ärzte im Einklang steht (zuletzt Senatsurteil in BFHE 258, 358).

13 2. Gemessen an diesen Grundsätzen sind die Aufwendungen der Klägerin für die medizinisch angezeigte künstliche Befruchtung als Krankheitskosten zu beurteilen und damit steuermindernd als außergewöhnliche Belastungen nach § 33 EStG zu berücksichtigen (unter a). Der Umstand, dass die Klägerin in einer gleichgeschlechtlichen Partnerschaft lebt, steht einer Berücksichtigung nicht entgegen (unter b).

14 a) Nach den nicht mit Verfahrensrügen angegriffenen und den Senat deshalb bindenden Feststellungen des FG (§ 118 Abs. 2 FGO) konnte die Klägerin aufgrund einer primären Sterilität (Unfruchtbarkeit) ohne medizinischen Eingriff nicht schwanger werden. Demzufolge hat das FG die gegebene Empfängnisunfähigkeit der Klägerin zutreffend als Krankheit und die vorgenommene IVF als aus medizinischer Sicht erforderliche Heilbehandlung beurteilt.

15 aa) Die IVF ist eine zur Behandlung dieser Krankheit —bei Mann wie Frau— spezifisch erforderliche medizinische Leistung. Unerheblich ist, dass mit den ärztlichen Maßnahmen nicht bezweckt ist, die Ursachen der Fertilitätsstörung zu beseitigen oder Schmerzen und Beschwerden zu lindern. Denn dem Begriff der Linderung einer Krankheit wohnt gerade nicht inne, dass damit auch eine Behebung ihrer Ursachen verbunden ist. Von der Linderung einer Krankheit kann vielmehr schon dann gesprochen werden, wenn die ärztliche Tätigkeit auf die Abschwächung oder eine partielle oder völlige Unterbindung oder Beseitigung von Krankheitsfolgen gerichtet ist oder —wie vorliegend— eine Ersatzfunktion für ein ausgefallenes Organ bezweckt wird (Senatsurteil in BFHE 232, 179, BStBl II 2011, 414 [BFH 16.12.2010 - VI R 43/10], Rz 18).

16 bb) Unschädlich ist, dass die IVF im Streitfall mit heterologem Samen durchgeführt wurde (vgl. Senatsurteil in BFHE 232, 179, BStBl II 2011, 414 [BFH 16.12.2010 - VI R 43/10], Rz 19, für den Fall einer heterologen künstlichen Befruchtung bei einem verheirateten Paar). Im Fall einer gleichgeschlechtlichen (Frauen-)Partnerschaft ist bereits vom Grund her eine künstliche Befruchtung unter Verwendung homologen Samens, d.h. des Samen des Ehemannes oder des Partners in stabiler Partnerschaft (vgl. die Begriffsbestimmung unter 1.5. der (Muster-)Richtlinie zur Durchführung der assistierten Reproduktion des Wissenschaftlichen Beirats der Bundesärztekammer (Novelle 2006) —Muster-RL—, Deutsches Ärzteblatt 2006, 1392/94), ausgeschlossen, das betroffene Paar vielmehr auf die Verwendung von heterologem Samen, d.h. Spendersamen, angewiesen. Die künstliche Befruchtung einer unter Sterilität leidenden Frau in fester Partnerschaft zielt —wie auch eine homologe oder heterologe künstliche Befruchtung wegen Sterilität eines heterosexuellen Partners— auf die Beseitigung der Kinderlosigkeit des Paares unter Ersetzung der durch Krankheit behinderten Körperfunktion der sterilen Frau durch eine medizinische Maßnahme.

17 b) Entgegen der Auffassung des FG steht der Umstand, dass die Klägerin in einer gleichgeschlechtlichen Partnerschaft lebt, der Anerkennung der Krankheitskosten nicht entgegen.

18 So können Aufwendungen einer empfängnisunfähigen, in einer festen bzw. festgefügten Partnerschaft lebenden Frau —und damit ohne Rücksicht auf ihren Familienstand— für Maßnahmen zur Sterilitätsbehandlung durch IVF nach der Rechtsprechung des BFH als außergewöhnliche Belastung abziehbar sein (BFH-Urteile in BFHE 218, 141, BStBl II 2007, 871 [BFH 10.05.2007 - III R 47/05]; in BFH/NV 2008, 1309 [BFH 21.02.2008 - III R 30/07]).

19 aa) Zwar stellt die Rechtsprechung des BFH —wie oben ausgeführt— darauf ab, dass die Maßnahme zur Sterilitätsbehandlung in Übereinstimmung mit den Richtlinien der ärztlichen Berufsordnungen vorgenommen wird (BFH-Urteile in BFHE 210, 355 [BFH 28.07.2005 - III R 30/03], BStBl II 2006, 495; in BFHE 218, 141, BStBl II 2007, 871 [BFH 10.05.2007 - III R 47/05]; in BFH/NV 2008, 1309 [BFH 21.02.2008 - III R 30/07]; Senatsurteile in BFHE 232, 179, BStBl II 2011, 414 [BFH 16.12.2010 - VI R 43/10], und in BFHE 258, 358; zustimmend Mellinghoff in Kirchhof, EStG, 16. Aufl., § 33 Rz 54 „Befruchtung"). Für die Prüfung dieser Frage ist dabei in der Regel die Richtlinie heranzuziehen, die von der Ärztekammer des die Behandlung durchführenden Arztes erlassen wurde. Wird die Behandlung —wie im Streitfall— im Ausland durchgeführt, ist es ausreichend, wenn der Steuerpflichtige diese zumindest in einem Bundesland hätte durchführen können.

20 Die von den Landesärztekammern erlassenen Berufsordnungen legen fest, dass bei speziellen medizinischen Maßnahmen oder Verfahren, die ethische Probleme aufwerfen und zu denen die Ärztekammer Richtlinien zur Indikationsstellung und zur Ausführung als Bestandteil der Berufsordnung festgelegt hat, die Ärztinnen und Ärzte diese zu beachten haben. Dies gilt auch für die Muster-RL. Die Landesärztekammern haben bis auf den Freistaat Bayern sowie die Länder Berlin und Brandenburg auf der Grundlage der Muster-RL eigene Richtlinien zur assistierten Reproduktion erlassen. Zusätzlich enthält die Muster-RL einen Kommentar, der nicht verbindlich ist und den lediglich einige Landesärztekammern übernommen haben.

21 Darin heißt es im Hinblick auf die Muster-RL regelmäßig unter 3.1.1 zu den statusrechtlichen Voraussetzungen: „Methoden der assistierten Reproduktion sollen unter Beachtung des Kindeswohls grundsätzlich nur bei Ehepaaren angewandt werden. ... Methoden der assistierten Reproduktion können auch bei einer nicht verheirateten Frau angewandt werden. Dies gilt nur, wenn die behandelnde Ärztin/der behandelnde Arzt zu der Einschätzung gelangt ist, dass die Frau mit einem nicht verheirateten Mann in einer festgefügten Partnerschaft zusammenlebt und dieser Mann die Vaterschaft an dem so gezeugten Kind anerkennen wird." In den Kommentierungen ist interpretierend in der Regel ausgeführt, bei nicht miteinander verheirateten Paaren sei einer heterologen Insemination im Hinblick auf das Ziel, dem so gezeugten Kind eine stabile Beziehung zu beiden Elternteilen zu sichern, mit besonderer Zurückhaltung zu begegnen. Aus diesem Grund sei eine heterologe Insemination zurzeit bei Frauen ausgeschlossen, die in keiner Partnerschaft oder in einer gleichgeschlechtlichen Partnerschaft lebten. Anders als zur Zeit vor Erlass der Muster-RL ist eine heterologe Insemination bei Frauen, die in einer gleichgeschlechtlichen Partnerschaft leben, aber nicht mehr explizit verboten.

22 Danach stehen die Richtlinien der ärztlichen Berufsordnungen des Freistaats Bayern sowie der Länder Berlin und Brandenburg der bei der Klägerin vorgenommenen Kinderwunschbehandlung nicht entgegen. Aber auch in Hessen hätte sie die Behandlung vornehmen können (vgl. Senatsurteil vom 5. Oktober 2017 VI R 2/17).

23 Dass die Klägerin sich gleichwohl gezwungen sah, die Behandlung in Dänemark vornehmen zu lassen, ist deshalb im Streitfall unschädlich. Anhaltspunkte dafür, dass die Behandlung gegen das ESchG verstoßen haben könnte, liegen nicht vor.

24 bb) Ebenso wie bei Ehepaaren und heterosexuellen Lebenspartnerschaften kann in entsprechenden Fällen einer künstlichen Befruchtung zur Umgehung einer vorhandenen Sterilität eines Partners auch bei gleichgeschlechtlichen Paaren eine tatsächliche Zwangslage damit nicht verneint werden (ebenso Schmidt/Loschelder, EStG, 36. Aufl., § 33 Rz 35 „Künstliche Befruchtung"; Nacke in Littmann/Bitz/Pust, Das Einkommensteuerrecht, Kommentar, § 33 Anh 1 ABC der ag Belastungen „Künstliche Befruchtung" Rz 6; wohl auch Meurer, Der Ertragsteuerberater 2007, 402; a.A. Mellinghoff in Kirchhof, a.a.O., § 33 Rz 54 „Befruchtung"). Entsprechend sind die von der Klägerin getragenen Kosten für die künstliche Befruchtung in Höhe von 8.498,85 € als außergewöhnliche Belastung zu berücksichtigen.

25 cc) Infolgedessen kommt auch eine Aufteilung der Krankheits-kosten nicht in Betracht. Die Aufwendungen dienten dazu, die Fertilitätsstörung der Klägerin auszugleichen, und waren als insgesamt —einschließlich der auf die Bereitstellung und Aufbereitung des Spendersamens entfallenden Kosten— auf dieses Krankheitsbild abgestimmte Heilbehandlung darauf gerichtet, die Störung zu überwinden. Die Behandlung ist insoweit ebenso wie eine heterologe Insemination (Senatsurteil in BFHE 232, 179, BStBl II 2011, 414; zur Kombination mit einer intrazytoplasmatischen Spermieninjektion Senatsurteil in BFHE 258, 358; s. zur einheitlichen Gesamtmaßnahme auch Urteil des Bundesgerichtshofs vom 3. März 2004 IV ZR 25/03, BGHZ 158, 166) als untrennbare Einheit zu sehen (ebenso Bleschick, EFG 2017, 476; a.A. Hermenns/Modrzejewski/Rüsch, Finanz-Rundschau 2017, 270, 275). Die Behandlung zielte auf die Beseitigung der Kinderlosigkeit der Klägerin und ihrer Lebensgefährtin. Auch wenn der Kinderlosigkeit selbst kein Krankheitswert zukommt (Senatsurteil in BFHE 232, 179, BStBl II 2011, 414), wird die krankheitsbedingte Empfängnisunfähigkeit der Klägerin durch eine medizinische Maßnahme (IVF unter Verwendung von Spendersamen) überwunden.

22. Progressionsvorbehalt, § 32 EStG

Der Progressionsvorbehalt ist in § 32 EStG normiert. Bezieht ein unbeschränkt Steuerpflichtiger zeitweise oder während des gesamten Veranlagungszeitraums (Kalenderjahr) Arbeitslosengeld, Teilarbeitslosengeld, Krankengeld, Verletztengeld oder Ähnliches (die Voraussetzungen sind in § 32 EStG summarisch abschließend aufgeführt), so werden diese Einkünfte nicht versteuert. Allerdings werden diese bezogenen Leistungen fiktiv zum Einkommen hinzugerechnet, alsdann ein fiktiver (höherer) Steuersatz gebildet und dieser (höhere) Steuersatz auf das Einkommen ohne diese Zusatzleistungen berechnet. Damit zeigt sich: zwar sind die gewährten Leistungen (Arbeitslosengeld etc.) steuerfrei; sie erhöhen jedoch den Steuersatz, mit dem das zu versteuernde Einkommen versteuert wird. Somit wirken sie sich in mittelbarer Weise doch noch steuererhöhend aus.

Rechtsprechung: Bundesfinanzhof: Urteil vom 16.11.2011 – X R 15/09

Anders als das Finanzgericht offenbar meint, kennt das Einkommensteuerrecht auch einen negativen Progressionsvorbehalt (vgl. u.a. BFH-Beschluss vom 13. November 2002 I R 13/02, BFHE 201, 73, BStBl II 2003, 795; zuletzt BFH-Urteil vom 9. Juni 2010 I R 107/09, BFHE 230, 35, unter B.I.4.).

35 bb) Dieser beschränkt sich indes auf den Bereich der Betriebsausgaben und Werbungskosten sowie der negativen Einnahmen. Dies folgt aus § 32b EStG. Denn in § 32b Abs. 1 Nr. 2 EStG 1990 (ab 1996 § 32b Abs. 1 Nr. 2 und 3 EStG; heute § 32b Abs. 1 Satz 1 Nr. 2 bis 5 EStG) ist ausdrücklich der Begriff der „Einkünfte" verwendet, auf deren Höhe sich Sonderausgaben gemäß § 2 Abs. 4 EStG nicht auswirken. In § 32b Abs. 1 Satz 1 Nr. 1 EStG findet sich dieser Begriff zwar nicht unmittelbar; dort sind aber ausschließlich Lohn- und Einkommensersatzleistungen (so zutreffend Probst in Herrmann/Heuer/Raupach, § 32b EStG Rz 60, Stand Januar 2005) enumerativ aufgeführt, die ihrem Wesen nach grundsätzlich zu den steuerbaren Einnahmen gehören (vgl. auch § 24 Nr. 1 Buchst. a EStG). Dies zeigt, dass – neben negativen Einnahmen – nur Aufwendungen im Bereich der Einkunftserzielung einen negativen Progressionsvorbehalt auslösen können (ebenso BFH-Urteil vom 3. November 2010 I R 73/09, BFH/NV 2011, 773, unter II.3.).

36 Die von den Klägern gezahlten Beiträge stellen jedoch weder negative Einnahmen – dies ist unstreitig – noch Werbungskosten dar. Denn der Gesetzgeber hat die Vorsorgeaufwendungen mit konstitutiver Wirkung – und Vorrang gegenüber der allgemeinen Regelung des Einleitungssatzes des § 10 Abs. 1 EStG – den Sonderausgaben zugewiesen und ihren Abzug nur in den Grenzen der in § 10 Abs. 3 EStG 1990/1997 bestimmten Höchstbeträge zugelassen. Zur näheren Begründung verweist der Senat auf seine – zu Altersvorsorgeaufwendungen ergangenen – Entscheidungen vom 1. Februar 2006 X B 166/05, BFHE 212, 242, BStBl II 2006, 420, unter II.5., und in BFHE 227, 137, BStBl II 2010, 282, unter B.I.2.b bb). Diese auch hinsichtlich der Beiträge zur Bundesanstalt für Arbeit geltende und verfassungsrechtlich nicht zu beanstandende gesetzgeberische Zuordnungsentscheidung liefe leer, wenn denjenigen Steuerpflichtigen, bei denen der Abzug dieser Beiträge durch § 10 Abs. 3 EStG 1990/1997 begrenzt ist, ersatzweise ein Wahlrecht auf Anwendung des negativen Progressionsvorbehalts zustehen würde.

37 Im Übrigen folgt aus der Systematik des § 32b EStG, dass ein negativer Progressionsvorbehalt überhaupt nur dann in Betracht kommen kann, wenn ein Abzug der entsprechenden Aufwendungen zum Regeltarif bereits dem Grunde nach nicht möglich ist. Das ist hinsichtlich der von den Klägern gezahlten Beiträge nicht der Fall. Auch stellt § 32b EStG keinen Auffangtatbestand für den Abzug solcher Aufwendungen dar, die bei Ermittlung der tariflichen Einkommensteuer zwar dem Grunde nach abziehbar sind, deren Berücksichtigung im Einzelfall jedoch daran scheitert, dass ein im Gesetz bestimmter Höchstbetrag überschritten ist.

38 cc) Der Hinweis der Kläger auf die neuere Rechtsprechung des VI. Senats des BFH, wonach im Bereich der Berufsausbildungskosten (§ 10 Abs. 1 Nr. 7 EStG) aufgrund des Einleitungssatzes des § 10 Abs. 1 EStG der Werbungskostenabzug vorrangig vor dem Abzug als Sonderausgaben sei (BFH-Urteil vom 28. Juli 2011 VI R 38/10, NJW 2011, 2909, unter II.1.c; vgl. aber § 4 Abs. 9 und § 9 Abs. 6 EStG in der Fassung des Gesetzes zur Umsetzung der Beitreibungsrichtlinie sowie zur Änderung steuerlicher Vorschriften, BGBl I 2011, 2592), steht dem nicht entgegen. Denn der Vorschrift des § 10 Abs. 1 Nr. 7 EStG verbleibt auch bei Zugrundelegung der Auslegung des VI. Senats noch ein gewisser eigener Anwendungsbereich, weil von ihr auch solche Ausbildungskosten erfasst werden, die der Steuerpflichtige ohne die Absicht, hieraus später steuerpflichtige Einnahmen zu erzielen, trägt. So weist der VI. Senat ausdrücklich darauf hin, dass der Gesetzgeber durch die Einfügung des § 10 Abs. 1 Nr. 7 EStG Abzugsmöglichkeiten habe schaffen wollen, die nach der seinerzeitigen Rechtslage im Bereich der Betriebsausgaben bzw. Werbungskosten nicht bestanden hätten (BFH-Urteil vom 17. Dezember 2002 VI R 137/01, BFHE 201, 211, BStBl II 2003, 407, unter II.3.c). Demgegenüber verbliebe für den vom Gesetzgeber für die Beiträge zur Bundesanstalt für Arbeit ausdrücklich vorgesehenen Sonderausgabentatbestand keinerlei Anwendungsbereich mehr, wenn diese Beiträge entsprechend der Auffassung der Kläger den Werbungskosten zuzuordnen wären. Eine solche Auslegung würde aber den klaren Willen des historischen Gesetzgebers missachten (so bereits Senatsbeschluss in BFHE 212, 242, BStBl II 2006, 420, unter II.5.b). Auch der VI. Senat hat die Rechtsprechung des erkennenden Senats zu den Vorsorgeaufwendungen unberührt lassen wollen, was sich schon daran zeigt, dass die Rechtsprechung zu den Ausbildungskosten ohne Divergenzanfrage ergangen ist.

39 Mit dem Argument, der Senat weiche von der Rechtsprechung des IX. Senats zu Versorgungsausgleichszahlungen zwischen Ehegatten ab (z.B. BFH-Urteil vom 8. März 2006 IX R 107/00, BFHE 212, 511, BStBl II 2006, 446), hat sich der Senat bereits in seinem Urteil in BFHE 227, 99, BStBl II 2010, 414 (unter B.I.2.b bb ddd) auseinandergesetzt. Da die Kläger insoweit keine neuen Argumente vorbringen, ist auf die genannte Entscheidung zu verweisen.

23. Abgeltungssteuer, § 32d EStG

Unter den verschiedenen Einkunftsarten befinden sich auch Einkünfte aus Kapitalvermögen. Alle Einkünfte aus Kapitalvermögen, die nicht unter § 20 Abs. 8 EStG fallen, werden mit einer Einkommensteuer in Höhe von 25 % zuzüglich Solidaritätszuschlag sowie gegebenenfalls zuzüglich Kirchensteuern besteuert. Diese Quellensteuer (die Steuer wird vom Kreditinstitut direkt an das Finanzamt abgeführt) nennt sich Abgeltungssteuer, weil damit jegliche Steuerbelastung abgegolten ist und hat das Halbeinkünfteverfahren abgelöst, welches nur die Hälfte der Einkünfte aus Kapitalvermögen der Besteuerung unterworfen hat. Damit entfällt auch das Ausfüllen der Vordrucke in der Steuererklärung für Einkünfte aus Kapitalvermögen. Auf Antrag des Steuerpflichtigen können jedoch die Erträge aus Kapitalvermögen mit dem persönlichen Einkommensteuersatz besteuert werden, wenn dies für den Steuerpflichtigen günstiger ist. Dies bedarf eines Antrages für den jeweiligen Veranlagungszeitraum und für sämtliche Kapitalerträge einheitlich. Dieser Antrag gilt damit auch für sämtliche Kapitalerträge beider Ehegatten. Nach derzeitigen Stand soll die Abgeltungssteuer abgeschafft werden, so dass Einkünfte aus Kapital dem persönlichen Einkommensteuertarif unterliegen.

Rechtsprechung: Beschluss vom 10. Januar 2008–2 BvR 294/06

Das Steuerentlastungsgesetz 1999/2000/2002 vom 24. März 1999 (BGBl I S. 402) erweiterte die Verlustverrechnungsmöglichkeit bei privaten Veräußerungsgeschäften ab dem Veranlagungszeitraum 1999. Seither konnten gemäß § 23 Abs. 3 Satz 7 EStG (später nach Abs. 3 Satz 9 dieser Norm) Verluste aus privaten Veräußerungsgeschäften nach Maßgabe des § 10d EStG auch die Einkünfte mindern, die der Steuerpflichtige in dem unmittelbar vorangegangenen Veranlagungszeitraum oder in den folgenden Veranlagungszeiträumen aus privaten Veräußerungsgeschäften erzielt hat oder erzielt. Diese Regelung traf im Jahr 2000 zusammen mit einer negativen Kursentwicklung auf den Kapitalmärkten, die etwa ab März 2000 einsetzte und deren Verlauf – insbesondere am sogenannten neuen Markt – als dramatisch bezeichnet werden konnte, nachdem sich die Vorjahre durch kräftige Kurssteigerungen und eine wachsende Zahl privater Anleger ausgezeichnet hatten (vgl. für viele Deutsches Aktieninstitut e.V., DAI-Kurzstudie 3/2001 vom August 2001, S. 1 f.; Bericht des Bundesrechnungshofs vom 24. April 2002, BTDrucks 14/8863, S. 4). Die „drastischen Kurseinbrüche" (Bundesrechnungshof a.a.O.) des Jahres 2000, die sich noch innerhalb der (gesetzlichen und der üblicherweise verlängerten) Fristen für die Einkommensteuer 1999 ereigneten, mussten angesichts der Neuregelung zum zeitlich erweiterten Verlustabzug für wirtschaftlich denkende Steuerpflichtige einen erheblichen Anreiz dafür bilden, im Jahr 1999 (und in den Folgejahren) erzielte Veräußerungsgewinne offenzulegen, weil und soweit dadurch solche Gewinne ohne die mit einer Steuerhinterziehung verbundenen Entdeckungsrisiken steuerlich neutralisiert werden konnten. Jedenfalls aber war bei einer Geltendmachung nur von Verlusten ab dem Jahr 2000 das Risiko entsprechender Nachfragen und Nachforschungen der Finanzämter nach Veräußerungsgewinnen deutlich erhöht.

23 Immerhin stiegen nach den Angaben des Bundesministeriums der Finanzen (oben A.I.3.) die erklärten Einkünfte aus privaten Veräußerungsgeschäften (nicht getrennt nach Grundstücken und Wertpapieren) im Veranlagungszeitraum 1999 gegenüber dem Vorjahr um 700 Millionen Euro auf rund 1,2 Milliarden Euro. Auch wenn die ebenfalls durch das Steuerentlastungsgesetz 1999/2000/2002 vom 24. März 1999 (BGBl I S. 402) eingeführte Verlängerung der Veräußerungsfrist von sechs Monaten auf ein Jahr für diesen Anstieg mitursächlich gewesen sein dürfte, können diese Zahlen doch als ein gewisses Indiz für eine erhöhte Erklärungsbereitschaft der Steuerpflichtigen gewertet werden. Hierzu passt jedenfalls der weitere Umstand, dass für den Veranlagungszeitraum 2000 bundesweit aus privaten Veräußerungsgeschäften mit Wertpapieren Verluste in Höhe von rund 1,9 Milliarden Euro erklärt wurden.

24 b) Durch Art. 2 des Gesetzes zur Förderung der Steuerehrlichkeit vom 23. Dezember 2003 (BGBl I S. 2928, 2931) schuf der Gesetzgeber mit § 93 Abs. 7 und 8, § 93b AO die Rechtsgrundlagen für den automatisierten Abruf von Kontoinformationen. Dieses sogenannte Kontenabrufverfahren ermöglicht den Finanzbehörden,

gezielt auf die Kontostammdaten im Sinne des § 24c KWG zuzugreifen. Der einzelfallbezogene, bedarfsgerechte und gezielte Zugriff auf Kontostammdaten macht zwar zunächst nur das Bestehen von Konten transparent und führt noch nicht zur Kenntnis der für belastende oder begünstigende Maßnahmen erforderlichen Tatsachen. Er ermöglicht aber weitere Ermittlungen; denn nur dann, wenn das Finanzamt erfahren hat, bei welchem Kreditinstitut der Steuerpflichtige ein Konto oder ein Depot unterhält, kann es vom Kreditinstitut nach § 93 Abs. 1 AO Auskunft über Konten- oder Depotbewegungen verlangen. Ist der Finanzbehörde ein Konto des Steuerpflichtigen nicht bekannt, kann sie Auskünfte nach § 93 Abs. 1 AO vom Kreditinstitut jedoch nicht verlangen. Deshalb führt die Kontenabfrage zur Effektivierung bestehender Ermittlungsmöglichkeiten (vgl. BVerfGE 112, 284 ‹294 f.›).

25 Die Neuregelung erfolgte im sachlichen und zeitlichen Zusammenhang mit der sogenannten Steueramnestie, einer bis zum 31. März 2005 befristeten Möglichkeit der Straf- und Bußgeldbefreiung bei der Verletzung steuerrechtlicher Pflichten mit deutlicher Minderung der auf die nacherklärten Tatsachen entfallenden Steuerschuld (Gesetz zur Förderung der Steuerehrlichkeit vom 23. Dezember 2003, BGBl I S. 2928).

26 Für die Zeit nach dem Stichtag sollten Ermittlungsmöglichkeiten zur Erschwerung von Steuerverkürzungen ausgebaut werden, und zwar auch über die von der Amnestie erfassten Tatbestände hinaus. Auf diese Weise sollte Vollzugsdefiziten im Steuerrecht entgegengewirkt werden. Der verbesserte Gesetzesvollzug sollte nach dem Willen des Gesetzgebers einen „Beitrag zum Rechtsfrieden“ leisten (BTDrucks 15/1309, S. 1).

27 § 24c KWG wurde mit Wirkung zum 1. April 2003 und das Kontenabrufverfahren selbst mit Wirkung ab dem 1. April 2005, das heißt, mit Ablauf der Amnestie eingeführt. Bezüglich der gemäß § 24c KWG erfassten Daten bedeutet dies, dass die Kreditinstitute erst ab diesem Zeitpunkt die Dateien anlegen mussten. Die Daten, die diese Dateien enthalten, betreffen aber auch Sachverhalte der Vergangenheit. So kann in die Datei des Kreditinstituts die Nummer eines Depots aufgenommen werden, das bereits im Jahr 1999 oder vorher errichtet worden ist (§ 24c Abs. 1 Nr. 1 KWG), sowie der Name des steuerpflichtigen Verfügungsberechtigten (§ 24c Abs. 1 Nr. 2 KWG). Mit der Ermächtigung zum Kontenabruf ab April 2005 war für die Finanzämter somit die Möglichkeit geschaffen, noch innerhalb des Laufs der für den Veranlagungszeitraum 1999 typischen Festsetzungsfrist bis zum Ablauf des Jahres 2005 (vgl. oben B.I.2. vor a›) zusätzliche Informationen über mögliche Veräußerungsgewinne im Sinne des § 23 Abs. 1 Satz 1 Nr. 2 EStG zu gewinnen, und diese Möglichkeit war spätestens mit Verkündung der Neuregelung vom 23. Dezember 2003 im Bundesgesetzblatt allgemein bekannt, konnte also durch das erkennbar steigende Entdeckungsrisiko als Anreiz zu wahrheitsgemäßen Nacherklärungen auch nicht unerhebliche Vorwirkungen entfalten. Zu Recht hat der BFH den praktischen und technischen Anfangsschwierigkeiten bei der Einführung des Kontenabrufs keine Bedeutung zugemessen. Der Finanzverwaltung ist eine Anlaufphase zuzubilligen, in der sie die Voraussetzungen für die technische Umsetzung des Verfahrens schafft.

28 Das Kontenabrufverfahren wurde vom Bundesverfassungsgericht in seinem Beschluss vom 13. Juni 2007–1 BvR 1550/03, 1 BvR 2357/04, 1 BvR 603/05 – (NJW 2007, S. 2464) hinsichtlich der Abfragemöglichkeiten durch die Finanzbe-

hörden gemäß §§ 93 Abs. 7, 93b AO für verfassungsgemäß erklärt. Dabei hat das Bundesverfassungsgericht (a.a.O. unter C.I.2. c› bb›) darauf hingewiesen, dass die „erforderliche" Kontenabfrage entsprechend der verfassungsrechtlich unbedenklichen fachgerichtlichen Rechtsprechung zu § 93 Abs. 1 AO zwar im Rahmen einer Rasterfahndung oder im Zuge von Ermittlungen „ins Blaue hinein" unzulässig ist, jedoch ein Anlass für steuerbehördliche Ermittlungen nicht erst dann besteht, wenn ein begründeter Verdacht dafür vorliegt, dass steuerrechtliche Unregelmäßigkeiten vorliegen. Es genügt, wenn aufgrund konkreter Anhaltspunkte oder aufgrund allgemeiner Erfahrungen ein Auskunftsersuchen angezeigt ist. Das Kontenabrufverfahren stellt danach ein geeignetes Verfahren dar, da die Erhebung von Kontostammdaten im Rahmen finanzbehördlicher Verfahren den Anlass bieten kann, weitere Maßnahmen zur Ermittlung des Vermögensstands des Steuerpflichtigen zu treffen und etwa Angaben über seine Einkünfte und Vermögensverhältnisse zu überprüfen. § 93 Abs. 7 AO dient somit der steuerlichen Belastungsgleichheit, einem Allgemeingut von herausgehobener Bedeutung, das zugleich durch Art. 3 Abs. 1 GG auch grundrechtlich gewährleistet ist.

29 c) Obwohl sich der Zweite Senat im Hinblick auf die Eignung des § 45d EStG als effektives Ermittlungsinstrument sehr skeptisch geäußert hat (BVerGE 110, 94 ‹127›), ist im Zusammenwirken mit den zuvor aufgeführten faktischen und normativen Verbesserungen der Bedingungen eines wirksamen Vollzugs auch diese normative Verstärkung der Ermittlungsmöglichkeiten ergänzend zu berücksichtigen: Nachdem die Mitteilungen von Kreditinstituten an das Bundesamt für Finanzen nach § 45d Abs. 1 EStG mit Geltung bis einschließlich Veranlagungszeitraum 1999 beschränkt auf die Prüfung der rechtmäßigen Inanspruchnahme des Sparerfreibetrags und des Pauschbetrags für Werbungskosten bei Kapitalerträgen verwendet werden durften, und sich deshalb zur Verifikation von Spekulationsgewinnen aus privaten Veräußerungsgeschäften überhaupt nicht eigneten (BVerfGE 110, 94 ‹127›), wurde § 45d Abs. 2 EStG im Steuerentlastungsgesetz 1999/2000/2002 (BGBl I 1999 S. 402) dahingehend neu gefasst, dass auf der Grundlage von § 45d Abs. 1 EStG gefertigte Mitteilungen über vom Steuerabzug freigestellte Kapitalerträge ab dem Veranlagungszeitraum 1999 auch zur Durchführung eines Verwaltungsverfahrens oder eines gerichtlichen Verfahrens in Steuersachen, eines Strafverfahrens wegen einer Steuerstraftat oder eines Bußgeldverfahrens wegen einer Steuerordnungswidrigkeit verwendet werden dürfen (zusätzliche Änderung durch Gesetz vom 23. Oktober 2000, BGBl I S. 1433, anzuwenden ab Veranlagungszeitraum 2002, vgl. § 52 Abs. 53 EStG). Diese erweiterte Verwendungsmöglichkeit konnte den Finanzbehörden Anlass zu weiteren Ermittlungen etwa dann geben, wenn die Mitteilung durch die Angabe des Bezugs von Dividendenerträgen auf ein vom Steuerpflichtigen geführtes Aktiendepot hindeutete. Nach der Stellungnahme des Bundesministeriums der Finanzen zu den im Beschluss des Bundesfinanzhofs gestellten Fragen (oben A.I.3.) nutzte die Finanzverwaltung das Kontrollverfahren gemäß § 45d EStG in der durch das Steuerentlastungsgesetz 1999/2000/2002 vom 24. März 1999 (BGBl I S. 402) geänderten Fassung auch tatsächlich nicht nur um herauszufinden, ob und bei welchen Kreditinstituten der Steuerpflichtige Kapitalerträge hat freistellen lassen, sondern auch dazu, Einkünfte aus Wertpapierveräußerungsgeschäften zu ermitteln. Danach ergab sich immerhin bei der Erteilung von Freistellungsaufträgen auch hinsichtlich der Einkünfte aus privaten Wertpapiergeschäften ein gewisses zusätzliches Entdeckungsrisiko für die-

jenigen Steuerpflichtigen, die bei im Inland bezogenen Zinseinkünften den Sparer-Freibetrag in Anspruch genommen haben.

30 d) Schließlich wurde auch mit § 24c EStG (inzwischen aufgehoben mit Einführung der Abgeltungssteuer durch das Unternehmensteuerreformgesetz 2008, BGBl I 2007, S. 1912) eine weitere Erkenntnismöglichkeit für die Finanzbehörden durch das Steueränderungsgesetz 2003 vom 15. Dezember 2003 (BGBl I S. 2645, BStBl I S. 710) geschaffen. Danach waren mit Wirkung nach dem 31. Dezember 2003 (§ 52 Abs. 39a Buchst. b EStG) die Kreditinstitute oder Finanzdienstleistungsinstitute, die nach § 45a EStG zur Ausstellung von Steuerbescheinigungen berechtigt sind, sowie Wertpapierhandelsunternehmen und Wertpapierhandelsbanken verpflichtet, dem Gläubiger der Kapitalerträge oder dem Hinterleger der Wertpapiere für alle bei ihnen geführten Wertpapierdepots und Konten eine zusammenfassende Jahresbescheinigung nach amtlich vorgeschriebenem Muster auszustellen mit den für die Besteuerung nach den §§ 20 und 23 Abs. 1 Satz 1 Nr. 2 bis 4 EStG erforderlichen Angaben. Allerdings hat der Gesetzgeber davon abgesehen, die Vorlage der Jahresbescheinigung in der Einkommensteuererklärung oder zumindest ihre Aufbewahrung durch die Steuerpflichtigen anzuordnen. Die Bescheinigung ist ausschließlich als Hilfestellung für die Steuerpflichtigen beim Ausfüllen der Steuererklärungsformulare gedacht (vgl. BTDrucks 15/1562, S. 33). Jedoch kann die Nichtvorlage der Jahresbescheinigung auf berechtigtes Anfordern durch das Finanzamt zumindest einen hinreichenden Anlass für weitere Ermittlungen – auch für den Veranlagungszeitraum 1999 – darstellen (vgl. BFHE 211, 183 = BStBl II 2006, S. 61).

31 3. Im Ergebnis ist somit festzustellen, dass der Gesetzgeber seit 1998 das im Regelfall der Besteuerung zur Anwendung kommende Emittlungsinstrumentarium der Finanzbehörden kontinuierlich erweitert und so im Ergebnis nahezu lückenlose Kontrollmöglichkeiten geschaffen hat. Vor diesem Hintergrund kann allein der Umstand, dass § 30a AO unverändert geblieben ist, ein die Verfassungswidrigkeit der materiellen Steuernorm begründendes strukturelles Vollzugsdefizit als ganz außergewöhnliche Rechtsfolge mangelnder Effektivität des Rechts nicht herbeiführen – unbeschadet der Frage nach der Verfassungsmäßigkeit dieser Regelung. Ein strukturelles Vollzugsdefizit für den Veranlagungszeitraum 1999, das zur Verfassungswidrigkeit des § 23 Abs. 1 Satz 1 Nr. 2 EStG führt, kann nicht festgestellt werden.

24. Tarif, § 32a EStG

Der Einkommensteuertarif bemisst sich nach dem zu versteuernden Einkommen. Grundsätzlich ist bei einem Einkommen bis zu einer Höhe von 8.004,00 EUR keine Steuer zu zahlen. Danach erhöht sich der Tarif in progressiver Weise in Werten zwischen 14 % und 45 % des zu versteuernden Einkommens. Unterschieden wird die Berechnung der Einkommensteuer nach der Grundtabelle und nach der Splittingtabelle. Die Grundtabelle gilt für alle ledigen Steuerpflichtigen; die Splittingtabelle gilt für alle verheirateten Steuerpflichtigen. Zum Vergleich: bei einem zu versteuernden Einkommen von 30.000 EUR sind nach der Grundtabelle 2009 Steuern in Höhe von

5.747,00 EUR zu zahlen; nach der Splittingtabelle werden 2.938,00 EUR fällig.

Rechtsprechung: BFH, Urteil vom 12.06.2013 – X R 9/12

Gemäß § 32a Abs. 1 Satz 1 EStG bemisst sich die tarifliche Einkommensteuer nach dem zu versteuernden Einkommen (zvE). Sie berechnet sich bei – wie im Streitfall – zusammenveranlagten Ehegatten unter Anwendung des Splitting-Verfahrens grundsätzlich nach dem allgemeinen Tarif (§ 32a Abs. 5 i.V.m. Abs. 1 EStG). Hiervon ausgenommen sind u.a. außerordentliche Einkünfte i.S. des § 34 EStG, der für die dort genannten Fälle als spezielle Tarifvorschrift der allgemeinen Tarifvorschrift des § 32a EStG vorgeht (§ 32a Abs. 1 Satz 2 bzw. Abs. 5 EStG). Von der durch Anwendung der allgemeinen und besonderen Tarifvorschriften ermittelten tariflichen Einkommensteuer ist in einem weiteren Schritt u.a. der Entlastungsbetrag nach § 32c EStG abzuziehen, wenn in dem zvE Gewinneinkünfte i.S. des § 2 Abs. 1 Nrn. 1 bis 3 EStG enthalten sind. Gemäß § 32c Abs. 1 Satz 4 EStG gelten dabei Einkünfte, die nach den §§ 34, 34b EStG ermäßigt besteuert werden, nicht als begünstigte Gewinneinkünfte.

2. Außerordentliche Einkünfte sind nach § 34 Abs. 2 Nr. 1 EStG u.a. Veräußerungsgewinne i.S. des § 16 EStG, wie sie die Kläger im Streitjahr durch die Veräußerung ihrer Mitunternehmeranteile erzielt haben. Im Gegensatz zu laufenden Gewinneinkünften unterliegen Veräußerungsgewinne dem Grunde nach einer Sonderbesteuerung. Diese gestattet die Besteuerung der außerordentlichen Einkünfte mit ermäßigten Steuersätzen, um die Progressionswirkung zu mildern, die sich ansonsten durch die Zusammenrechnung der einmaligen mit den laufenden Einkünften für Letztere ergeben würde, ohne dass es zu einer nachhaltigen Erhöhung der Leistungsfähigkeit kommt (vgl. Schmidt/Wacker, EStG, 32. Aufl., § 34 Rz 1).

Da beide Ehegatten im Veräußerungszeitpunkt ihr 55. Lebensjahr bereits vollendet hatten, konnten sie anstelle der Fünftel-Regelung des § 34 Abs. 1 EStG die Versteuerung ihrer Veräußerungsgewinne mit dem ermäßigten Steuersatz des § 34 Abs. 3 EStG beanspruchen. Der Höhe nach ist die Anwendung dieses ermäßigten Steuersatzes auf den Betrag von 5 Mio. EUR beschränkt (§ 34 Abs. 3 Satz 1 EStG). Auf den übersteigenden Betrag sind vorbehaltlich der Fünftel-Regelung (§ 34 Abs. 1 EStG) die allgemeinen Tarifvorschriften anwendbar (§ 34 Abs. 3 Satz 3 EStG). Im Streitfall wurde von der Anwendung der Fünftel-Regelung abgesehen, weil sich ansonsten eine höhere steuerliche Belastung des übersteigenden Betrags ergeben hätte.

3. Für die Veräußerungsgewinne der Kläger als außerordentliche Einkünfte i.S. des § 34 Abs. 2 Nr. 1 EStG kommt die Tarifbegrenzung des § 32c EStG weder ganz noch teilweise in Betracht.

a) Die Entlastung der Gewinneinkünfte durch § 32c EStG ist das Gegenstück zu der mit dem Steueränderungsgesetz 2007 vom 19. Juli 2006 (BGBl I 2006, 1652, BStBl I 2006, 432) eingeführten fünften Tarifzone in § 32a Abs. 1 Satz 2 Nr. 5 EStG, weil diese Einkünfte nach dem Willen des Gesetzgebers von der Erhöhung des Spitzensteuersatzes ab einem zvE von 250.000 EUR bzw. 500.000 EUR für die Zeit vor dem Inkrafttreten der Unternehmenssteuerreform 2008 – und damit ausschließlich für den Veranlagungszeitraum 2007 – ausgenommen werden sollten (vgl. Gesetzentwurf der Bundesregierung, BRDrucks 330/06, 22). Gesetzestechnisch wurde für die Gewinneinkünfte indes keine Ausnahme von der allgemeinen Tarifnorm des § 32a EStG eingeführt; vielmehr sollte die Steuersatzerhöhung insoweit durch den an den Grundtarif anknüpfenden Entlastungsbetrag nach § 32c EStG kompensiert werden.

b) Da im ursprünglichen Gesetzentwurf die Gewinneinkünfte ohne Einschränkung für die Ermittlung des Entlastungsbetrags heranzuziehen waren, bat der Bundesrat im weiteren Gesetzgebungsverfahren u.a. zu prüfen, inwieweit die Regelungen zum Zuschlag auf die Einkommensteuer (§ 32a Abs. 1 EStG) und zur Tarifbegrenzung (§ 32c EStG) in den Fällen des Zusammentreffens mit tarifermäßigt zu besteuernden Einkommensteilen (§§ 34, 34b EStG) so ausgestaltet werden könnten, dass Gewinneinkünfte in vollem Umfang von der Tariferhöhung ausgenommen würden, die Steuerbelastung aber nicht unter das für das Jahr 2006 geltende Niveau sinke (Empfehlung des Finanzausschusses des Bundesrats, BRDrucks 330/1/06, 2; Beschluss des Bundesrats, BTDrucks 16/1859, 6). Daraufhin sollten diese Einkünfte zur Vermeidung unsystematischer Ergebnisse durch die Überlagerung der verschiedenen Tarifsysteme aus dem Anwendungsbereich des § 32c EStG ausgeschlossen werden (vgl. BTDrucks 16/1969, 2 und Bericht des Finanzausschusses des Bundestages, BTDrucks 16/2028, 10). § 32c Abs. 1 Satz 4 EStG bezweckte mithin, außerordentliche Einkünfte i.S. der §§ 34, 34b EStG bei der Ermittlung des Entlastungsbetrags nicht zu berücksichtigen und ausschließlich nach den für sie geltenden ermäßigten Tarifen zu besteuern (BTDrucks 16/2028, 10).

c) Als außerordentliche Einkünfte i.S. des § 34 Abs. 2 Nr. 1 EStG sind die Veräußerungsgewinne im Streitfall durch § 32c Abs. 1 Satz 4 EStG von der Anwendung der Tarifentlastung insgesamt ausgenommen. Entgegen der Auffassung der Kläger gilt der Ausschluss auch für die Teile der Veräußerungsgewinne, die die Betragsgrenze von 5 Mio. EUR übersteigen (ebenso FG Nürnberg, Urteil vom 21. September 2011 3 K 1208/10, www.gesetze-bayern.de; Schmidt/Wacker, a.a.O., § 34 Rz 56; Zimmermann in Lademann, EStG, § 34 Rz 150; Lemaire, EFG 2012, 1670). Auch insoweit handelt es sich um außerordentliche Einkünfte, die dem Grunde nach der ermäßigten Besteuerung des § 34 EStG unterliegen.

d) Diese Auslegung der § 32c und § 34 EStG entspricht entgegen der Ansicht der Kläger dem eindeutigen Willen des Gesetzgebers, auch wenn dieser ursprünglich bekundet hat, Gewinneinkünfte sollten von der Erhöhung des Steuersatzes ausgenommen bleiben, weil diese mit einem spezifisch unternehmerischen Risiko behaftet seien (zur verfassungsrechtlichen Problematik der Begründung dieser Privilegierung, vgl. z.B. Schmidt/ Loschelder, EStG, 29. Aufl., § 32c Rz 3, m.w.N.; Nacke in Littmann/Bitz/Pust, Das Einkommensteuerrecht, Kommentar, § 32c Rz 10–13; Schiffers, Deutsche Steuer-Zeitung – DStZ – 2006, 755; sowie Vorlagebeschluss des FG Düsseldorf an das Bundesverfassungsgericht vom 14. Dezember 2012 1 K 2309/09 E, EFG 2013, 692). Dadurch, dass der Gesetzgeber sich technisch für einen pauschalierten Entlastungsbetrag entschieden hat, gelingt die beabsichtigte Kompensation von vornherein nicht in allen Fällen (vgl. hierzu Hechtner/Hundsdoerfer, Betriebs-Berater 2006, 2123; Schiffers, DStZ 2006, 755). Bereits deshalb geht die Behauptung der Kläger ins Leere, eine Schlechterstellung von Beziehern von Gewinneinkünften im Vergleich zum Vorjahr sei (generell) nicht beabsichtigt gewesen. Richtig ist zwar, dass das Steuerbelastungsniveau des Veranlagungszeitraums 2006 nicht unterschritten werden sollte. Daraus ergibt sich aber nicht der von den Klägern gezogene Schluss, eine Mehrbelastung habe der Gesetzgeber „offensichtlich nicht beabsichtigt“ und dürfe in keinem Falle eintreten. Durch die Umsetzung mittels eines pauschalierten Entlastungsbetrags hat der Gesetzgeber vielmehr in Kauf genommen, dass es in bestimmten Konstellationen nicht zu einer vollständigen Kompensation der Tariferhöhung und damit zu einer Mehrbelastung kommt.

Zudem hat der Gesetzgeber in der Gesetzesbegründung deutlich gemacht, die außerordentlichen Einkünfte „ausschließlich nach den für sie geltenden ermäßigten Tarifen“ besteuern zu wollen (BTDrucks 16/2028, 10). Er unterscheidet damit im Rahmen des § 32c EStG erkennbar zwischen den bereits anderweitig tarifmäßig begünstigten Veräußerungsgewinnen und den laufenden Gewinnen, die dem allgemeinen Tarif ohne Einschränkung unterliegen. Wie sich die Tarifermäßigung des § 34 EStG im Einzelfall auswirkt, war für den Gesetzgeber nicht von Bedeutung. Auch hier hat er sich durch die vollständige Herausnahme der außerordentlichen (Gewinn-)Einkünfte für eine typisierende Lösung entschieden. Zutreffend weisen die Vorinstanz und das FG Nürnberg (a.a.O.) in diesem Zusammenhang darauf hin, der Wortlaut des § 32c Abs. 1 Satz 4 EStG enthalte gerade keine dahingehende Einschränkung, dass außerordentliche Gewinneinkünfte nur „insoweit“ nicht als Gewinneinkünfte gelten würden. Eine Kumulation von § 32c EStG und § 34 EStG ist ausgeschlossen.

e) Im Übrigen unterlagen auch die die Betragsgrenze von 5 Mio. EUR übersteigenden Teile der Veräußerungsgewinne tatsächlich der Besteuerung nach § 34 EStG (§ 34 Abs. 3 Satz 3 EStG). Da die Anwendung der Fünftel-Regelung zu einer gegenüber der Normalbesteuerung nach § 32a EStG nicht günstigeren Besteuerung geführt hätte, hat das FA aus Billigkeitsgründen die ermäßigte Besteuerung nach § 34 Abs. 1 EStG nicht angewandt. Dass es deshalb im Streitfall tatsächlich nicht zu einer (weiteren) Ermäßigung kam, ist nach den vorstehenden Ausführungen unerheblich. Die Formulierung „die nach §§ 34, 34b ermäßigt besteuert werden“ umschreibt lediglich zwei spezielle Gruppen von Einkünften, die – anders als „laufende“ Einkünfte – einer besonderen Besteuerung unterliegen. Ziel dieser Sonderbesteuerung ist eine gegenüber § 32a EStG ermäßigte Besteuerung, zu der es im Regelfall auch kommt. Entscheidend ist mithin, dass die von § 32c EStG ausgenommenen Einkünfte – wie im Streitfall – allein dem Grunde nach der Anwendung des § 34 EStG unterliegen.

Die Kläger können auch nicht deshalb die Einbeziehung der von § 34 Abs. 3 EStG nicht erfassten Teile ihrer Veräußerungsgewinne in die Ermittlung des Entlastungsbetrags nach § 32c EStG verlangen, weil das FA insoweit von der Anwendung des § 34 Abs. 1 EStG aus Billigkeitsgründen zugunsten von § 32a EStG abgesehen hat. Gründe dafür, diese Billigkeitsmaßnahme insoweit auszuweiten, dass auch der Entlastungsbetrag nach § 32c EStG gewährt wird, sind nicht erkennbar.

4. Alle für die Anwendung des § 32c EStG erforderlichen Angaben konnten den vorliegenden Feststellungsbescheiden entnommen werden. Das Feststellungs-FA hatte darüber hinaus zu Recht keine ausdrücklichen Feststellungen zu § 32c EStG – anders als noch im Fall des § 32c EStG a.F. – vorzunehmen. Zwar wird im Hinblick auf die zu § 32c EStG a.F. ergangene Rechtsprechung (z.B. Senatsurteile vom 22. August 2007 X R 59/04, BFHE 218, 541, BStBl II 2008, 284, und X R 39/02, BFHE 218, 503, BStBl II 2008, 4; Urteil des Bundesfinanzhofs vom 6. Dezember

2005 VIII R 99/02, BFH/NV 2006, 1041) eine Feststellung teilweise auch weiterhin für erforderlich gehalten (so Lamprecht in Kirchhof, EStG, 9. Aufl., § 32c Rz 7; Debus in Bordewin/ Brandt, § 32c EStG Rz 21; Schiffers, DStZ 2006, 755; a.A. Levedag in Herrmann/Heuer/Raupach, Jahresband 2007, § 32c EStG Rz J 06–3, unter Verweis auf die insoweit fehlende Rechtsgrundlage). Es ist jedoch aufgrund der Ausweitung der Begünstigung auf alle Gewinneinkünfte in § 32c EStG ausreichend, wenn die Feststellungen die üblichen Angaben enthalten. Aus diesen ist ersichtlich, dass es sich zum einen um Gewinneinkünfte, zum anderen ggf. um – von der Anwendung des § 32c EStG ausgeschlossene – außerordentliche Einkünfte i.S. des § 34 EStG handelt (so auch Schiffers, a.a.O.). Eines speziellen Hinweises auf § 32c EStG darüber hinaus bedarf es deshalb – anders als nach altem Recht – nicht.

Dem steht die zu § 32c EStG a.F. ergangene Rechtsprechung nicht entgegen. Diese basierte gerade darauf, dass die damalige Tarifbegrenzung nur bestimmte gewerbliche Einkünfte erfasste. Insofern war eine ausdrückliche Feststellung erforderlich, dass es sich um nach § 32c EStG a.F. begünstigte gewerbliche Einkünfte handelte, über die nur das Feststellungs-FA verfügte.

25. Lohnsteuer

Lohnsteuer und Einkommensteuer unterscheiden sich sowohl begrifflich als auch vom Verfahren. Bei Einkünften aus nichtselbstständiger Arbeit wird die Einkommensteuer direkt durch Abzug vom Arbeitslohn erhoben, soweit der Arbeitslohn von einem Arbeitgeber gezahlt wird, (vergleiche § 38 EStG). Jeder Arbeitnehmer erhält eine Lohnsteuerkarte mit Eintragung der Lohnsteuerklasse (§ 38 EStG). Die Lohnsteuer ist mithin eine Art Vorauszahlung auf die Einkommensteuer des Kalenderjahres. Erstmals 2010 wird das so genannte „Faktorverfahren“ anstelle der Steuerklassenkombination III/V eingeführt. Dabei wird auf der Lohnsteuerkarte jeweils die Steuerklasse IV in Verbindung mit einem Faktor zur Ermittlung der Lohnsteuer eingetragen. So werden in Zukunft bei jedem Ehegatten persönlich steuerentlastende Vorschriften (z.B. Grundfreibetrag) berücksichtigt.

26. Steuerabzug bei Bauleistungen, § 48 EStG

Bei Erbringung einer Bauleistung im Inland an einen Unternehmer ist der Leistungsempfänger verpflichtet, von der Gegenleistung einen Steuerabzug in Höhe von 15 % für Rechnung des Leistenden vorzunehmen. Dies wird in der Praxis häufig übersehen, so dass der Leistungsempfänger (Unternehmer) möglicherweise doppelt in Anspruch genommen werden kann – einmal von Bauunternehmer und einmal von der Finanzverwaltung. Diese Umkehr der Steuerschuld soll bewirken, dass die Schwarzarbeit im Rahmen von Bauleistungen eingedämmt wird. Nur so kann versucht werden, den jährlichen Steuerausfall durch Schwarzarbeit zu verhindern. Durch das Risiko, die Steuer selbst zahlen zu müssen, wird jeder Empfänger angehalten, diesem Steuerabzug nachzukommen. Die Haftung des Leistungsempfängers für nicht oder zu niedrige abgeführte Abzugsbeträge ist gesetzlich normiert in § 48a EStG. Die Pflicht zur Abführung dieser Steuer gilt nur dann nicht, wenn eine Freistellungsbescheinigung (§ 48b EStG) des zuständigen Finanzamtes vorliegt.

Rechtsprechung: Bundesfinanzhof: Urteil vom 22.08.2013 – V R 37/10

Die Steuerschuld des Leistungsempfängers gemäß § 13b Abs. 2 Satz 2 UStG setzt in Ausübung einer durch das Unionsrecht eingeräumten Ermächtigung voraus, dass er eine der in § 13b Abs. 1 Satz 1 Nr. 4 Satz 1 UStG genannten Leistungen bezieht und diese auch selbst erbringt.

27 a) Nach § 13b Abs. 2 Satz 2 UStG in der im Streitjahr 2005 geltenden Fassung schuldet in „den in Absatz 1 Satz 1 Nr. 4 Satz 1 genannten Fällen … der Leistungsempfänger die Steuer, wenn er ein Unternehmer ist, der Leistungen im Sinne des Absatzes 1 Satz 1 Nr. 4 Satz 1 UStG erbringt".

28 § 13b Abs. 1 Nr. 4 Satz 1 UStG hat folgenden Wortlaut:

„(1) Für folgende steuerpflichtige Umsätze entsteht die Steuer mit Ausstellung der Rechnung, spätestens jedoch mit Ablauf des der Ausführung der Leistung folgenden Kalendermonats: ...

4. Werklieferungen und sonstige Leistungen, die der Herstellung, Instandsetzung, Instandhaltung, Änderung oder Beseitigung von Bauwerken dienen, mit Ausnahme von Planungs- und Überwachungsleistungen. ..."

29 *§ 13b Abs. 1 Satz 1 Nr. 4 Satz 1 UStG erfasst somit im Gegensatz zu § 48 Abs. 1 Satz 3 EStG nicht alle „Bauleistungen", die der Herstellung, Instandsetzung, Instandhaltung, Änderung oder Beseitigung von Bauwerken dienen, sondern nur Werklieferungen und sonstige Leistungen, die diesen Bauwerksbezug aufweisen.*

30 *b) Die durch § 13b Abs. 1 Satz 1 Nr. 4 Satz 1, Abs. 2 Satz 2 UStG nicht für alle Bauleistungen, sondern nur für bauwerksbezogene Werklieferungen und sonstige Leistungen angeordnete Steuerschuld des Leistungsempfängers beruht unionsrechtlich auf Art. 2 Nr. 1 der Entscheidung 2004/290/EG des Rates vom 30. März 2004 zur Ermächtigung Deutschlands zur Anwendung einer von Artikel 21 der Sechsten Richtlinie 77/388/EWG des Rates zur Harmonisierung der Rechtsvorschriften der Mitgliedstaaten über die Umsatzsteuern abweichenden Regelung (Entscheidung 2004/290/EG). Danach besteht „bei der Erbringung von Bauleistungen an einen Steuerpflichtigen" für die Bundesrepublik Deutschland die Befugnis, den „Empfänger der Gegenstände oder Dienstleistungen als Mehrwertsteuerschuldner" zu bestimmen.*

31 *Dass diese Ermächtigung im nationalen Recht nicht für alle Bauleistungen und zu Lasten aller Steuerpflichtigen (Unternehmer), sondern nur für bauwerksbezogene Werklieferungen und sonstige Leistungen und dabei nur zu Lasten der Unternehmer ausgeübt wurde, die selbst derartige Leistungen erbringen, ist nach dem im Streitfall ergangenen EuGH-Urteil BLV Wohn- und Gewerbebau GmbH in UR 2013, 63 unbeachtlich. Denn nach den Leitsätzen dieser Entscheidung umfasst „der Begriff der Bauleistungen in dieser Bestimmung neben den als Dienstleistungen im Sinne von Art. 6 Abs. 1 der Sechsten Richtlinie 77/388/EWG ... eingestuften Umsätzen auch die Umsätze, die in der Lieferung von Gegenständen im Sinne von*

Art. 5 Abs. 1 dieser Richtlinie bestehen". Darüber hinaus ist „die Bundesrepublik Deutschland berechtigt ..., die ihr mit dieser Entscheidung erteilte Ermächtigung nur teilweise für bestimmte Untergruppen wie einzelne Arten von Bauleistungen und für Leistungen an bestimmte Leistungsempfänger auszuüben".

32 2. Im Streitfall hat die Beigeladene an die Klägerin eine bauwerksbezogene Werklieferung i.S. von § 13b Abs. 1 Satz 1 Nr. 4 Satz 1 UStG erbracht.

33 a) Der Begriff der Werklieferung in § 13b Abs. 1 Satz 1 Nr. 4 Satz 1 UStG entspricht dem in § 3 Abs. 4 Satz 1 UStG. Danach sind Werklieferungen Lieferungen, bei denen der Unternehmer die Bearbeitung oder Verarbeitung eines Gegenstandes übernommen hat und hierbei Stoffe verwendet, die er selbst beschafft, wenn es sich bei den Stoffen nicht nur um Zutaten oder sonstige Nebensachen handelt. Nach Satz 2 dieser Vorschrift gilt dies auch dann, wenn die Gegenstände mit dem Grund und Boden fest verbunden werden.

34 § 3 Abs. 4 UStG betrifft nach der Rechtsprechung des erkennenden Senats einheitliche, aus Liefer- und Dienstleistungselementen bestehende Leistungen in Form der Be- und Verarbeitung eines nicht dem Leistenden gehörenden Gegenstandes und ist richtlinienkonform entsprechend den unionsrechtlichen Grundsätzen zur Abgrenzung von Lieferung (Art. 5 der Sechsten Richtlinie des Rates vom 17. Mai 1977 zur Harmonisierung der Rechtsvorschriften der Mitgliedstaaten über die Umsatzsteuern 77/388/EWG – Richtlinie 77/388/EWG –) und Dienstleistung (Art. 6 der Richtlinie 77/388/EWG) auszulegen (Urteil des Bundesfinanzhofs – BFH – vom 9. Juni 2005 V R 50/02, BFHE 210, 182, BStBl II 2006, 98, unter II.2.b cc).

35 Werklieferungen liegen danach vor, wenn der Unternehmer dem Abnehmer nicht nur die Verfügungsmacht an einem Gegenstand verschafft (§ 3 Abs. 1 UStG), sondern zusätzlich einen fremden Gegenstand be- oder verarbeitet. So können z.B. Buchbinderarbeiten als Bearbeitung von nicht dem Leistenden gehörenden Gegenständen Werklieferungen sein (BFH-Urteil vom 29. April 1982 V R 132/75, nicht veröffentlicht – n.v. –). Nicht ausreichend für die Annahme einer Werklieferung ist demgegenüber die Be- oder Verarbeitung eigener Gegenstände des Leistenden. Zwar kann z.B. die Zubereitung von Speisen in einem Imbissstand als Lieferung anzusehen sein (vgl. z.B. BFH-Urteil vom 30. Juni 2011 V R 35/08, BFHE 234, 491, BStBl II 2013, 244, Leitsatz). Bei der durch den Imbissstandbetreiber ausgeführten Lieferung handelt es sich aber mangels Be- oder Verarbeitung von für den Standbetreiber fremden Gegenständen nicht um Werklieferungen i.S. von § 3 Abs. 4 Satz 1 UStG. Ebenso führt die Herstellung anderer beweglicher Gegenstände wie z.B. PKW nicht aufgrund der Vereinbarung besonderer Spezifikationen wie Sonderausstattungen zu einer Werklieferung.

36 b) Im Streitfall hat die Beigeladene mit der Erstellung eines Wohnhauses eine Werklieferung i.S. von § 3 Abs. 4 UStG an die Klägerin erbracht.

37 aa) Wie der Senat bereits mit Urteil vom 24. Juli 1969 V R 9/66(BFHE 97, 196, BStBl II 1970, 71) entschieden hat, bewirkt der Unternehmer dadurch, dass er auf dem ihm nicht gehörenden Grundstück ein Gebäude errichtet und das Gebäude dem Grundstückseigentümer übergibt, eine Werklieferung. Im Rahmen von § 3 Abs. 4 Satz 2 UStG tritt dabei die feste Verbindung mit Grund und Boden an die Stelle der Be- oder Verarbeitung eines fremden Gegenstandes. Der BFH hat an

dieser Rechtsprechung in der Folgezeit festgehalten und entschieden, dass Bauhandwerker bei der Errichtung eines Gebäudes für den Grundstückseigentümer Werklieferungen ausführen (BFH-Urteil vom 24. Oktober 1974 V R 29/74, BFHE 114, 512, BStBl II 1975, 396), dass der Mieter, der Ausbauten, Umbauten und Einbauten auf eigene Kosten durchführt oder auf dem gemieteten Grundstück ein Gebäude errichtet, an den Vermieter eine Werklieferung ausführt (BFH-Urteile vom 15. September 1983 V R 154/75, n.v. zu Einbauten, und vom 24. November 1992 V R 80/87, BFH/NV 1993, 634 zur Gebäudeerrichtung), und dass der Unternehmer mit der Herstellung von Erschließungsanlagen auf öffentlichen Flächen einer Gemeinde gegenüber der Gemeinde eine entgeltliche Werklieferung ausführt (BFH-Urteil vom 22. Juli 2010 V R 14/09, BFHE 231, 273, BStBl II 2012, 428, Leitsatz 1). In Übereinstimmung hiermit kann sich die zur bloßen Verschaffung der Verfügungsmacht hinzutretende Bearbeitung auch aus dem Einbau des gelieferten Gegenstandes in ein Gebäude ergeben (zutreffend Abschn. 182a Abs. 3 Satz 2 UStR 2005 zum Einbau von Fenstern, Türen, Bodenbelägen, Aufzügen etc.).

38 bb) Danach erbrachte der Beigeladene im Streitfall mit der Errichtung des Wohnhauses auf dem für ihn fremden Grundstück eine Werklieferung i.S. von § 3 Abs. 4 Satz 2 UStG.

39 3. Die Klägerin ist aber gleichwohl nicht Steuerschuldner nach § 13b Abs. 2 Satz 2 UStG, da sie die von der Beigeladenen empfangene Leistung nicht selbst zur Erbringung einer bauwerksbezogenen Werklieferung oder sonstigen Leistung i.S. von § 13b Abs. 1 Satz 1 Nr. 4 Satz 1 UStG verwendet hat. Das Urteil des FG war somit aufzuheben und der Klage stattzugeben.

40 a) Im Hinblick auf das sich aus dem Unionsrecht ergebende Erfordernis der Rechtssicherheit ist § 13b Abs. 2 Satz 2 UStG teleologisch einschränkend auszulegen.

41 aa) § 13b Abs. 2 Satz 2 UStG setzt nach seinem Wortlaut voraus, dass der Leistungsempfänger selbst bauwerksbezogene Werklieferungen und sonstige Leistungen i.S. von § 13b Abs. 1 Satz 1 Nr. 4 Satz 1 UStG erbringt.

42 bb) Bei der Auslegung des nationalen Rechts ist, soweit es auf einer unionsrechtlichen Harmonisierung durch Richtlinien der Europäischen Union beruht, das Unionsrecht und die hierzu ergangene Rechtsprechung des EuGH im Wege der richtlinienkonformen Auslegung zu berücksichtigen (vgl. z.B. BFH-Urteil vom 8. März 2012 V R 30/09, BFHE 237, 263, BStBl II 2012, 623). Daher ist im Streitfall nicht nur zu beachten, dass der EuGH in dem den Streitfall betreffenden Urteil BLV Wohn- und Gewerbebau GmbH in UR 2013, 63 dem nationalen Gesetzgeber das Recht zugebilligt hat, Art. 2 Nr. 1 der Entscheidung 2004/290/EG nur teilweise für bestimmte Untergruppen wie Leistungen an bestimmte Leistungsempfänger auszuüben (s. oben II.1.b), sondern auch, dass der so ermächtigte Mitgliedstaat „bei der Bildung dieser Untergruppen … den Grundsatz der steuerlichen Neutralität sowie die allgemeinen Grundsätze des Unionsrechts, wie insbesondere die Grundsätze der Verhältnismäßigkeit und der Rechtssicherheit, zu beachten" hat und es „Sache des vorlegenden Gerichts [ist], unter Berücksichtigung aller maßgeblichen tatsächlichen und rechtlichen Umstände zu überprüfen, ob dies im Ausgangsverfahren der Fall ist, und gegebenenfalls die Maßnahmen zu ergreifen, die erforderlich sind, um die nachteiligen Folgen einer gegen die Grundsätze der Verhältnismäßigkeit oder Rechtssicherheit verstoßenden Anwendung der in Rede ste-

henden Vorschriften auszugleichen (EuGH-Urteil BLV Wohn- und Gewerbebau GmbH in UR 2013, 63, 2. Leitsatz).

43 Der EuGH betont dabei, dass „Rechtsakte der Union ... eindeutig sein müssen und dass ihre Anwendung für die Betroffenen vorhersehbar sein muss". Der sich hieraus ergebende Grundsatz der Rechtssicherheit ist von jeder mit der Anwendung des Unionsrechts betrauten innerstaatlichen Stelle zu beachten und „gilt in besonderem Maße, wenn es sich um eine Regelung handelt, die sich finanziell belastend auswirken kann, denn die Betroffenen müssen in der Lage sein, den Umfang der ihnen damit auferlegten Verpflichtungen genau zu erkennen" (EuGH-Urteil BLV Wohn- und Gewerbebau GmbH in UR 2013, 63 Rdnr. 47).

44 b) Das EuGH-Urteil BLV Wohn- und Gewerbebau GmbH in UR 2013, 63 führt im Rahmen einer teleologischen Reduktion zu einer den Wortlaut von § 13b Abs. 2 Satz 2 UStG einschränkenden Auslegung.

45 aa) Hat der Unternehmer eine bauwerksbezogene Werklieferung oder sonstige Leistung i.S. von § 13b Abs. 1 Satz 1 Nr. 4 Satz 1 UStG bezogen, lässt es § 13b Abs. 2 Satz 2 UStG für die an die Stelle der Steuerschuld des Leistenden tretende Steuerschuld des Leistungsempfängers ausreichen, dass der Leistungsempfänger selbst derartige Leistungen erbringt.

46 § 13b Abs. 2 Satz 2 UStG schränkt das Erfordernis einer Leistungserbringung i.S. von § 13b Abs. 1 Satz 1 Nr. 4 Satz 1 UStG in keiner Weise und dabei weder gegenständlich noch in zeitlicher Hinsicht ein. Nach dem Wortlaut der Vorschrift würde es für den von dieser Vorschrift angeordneten Wechsel in der Steuerschuldnerschaft z.B. ausreichen, dass an den Leistungsempfänger im Inland eine bauwerksbezogene Werklieferung erbracht wird, während er selbst lediglich im Ausland ohne Zusammenhang mit diesem Leistungsbezug eine derartige Werklieferung erbringt. Insoweit ist zu beachten, dass sich „eine solche finanzielle Belastung gleichwohl, wie dies in einem Sachverhalt wie dem im Ausgangsverfahren fraglichen der Fall sein kann, aus der Anwendung dieser Regelung durch die zuständigen nationalen Behörden ergeben [könnte], wenn es diese Anwendung den betreffenden Steuerpflichtigen, zumindest vorübergehend, nicht erlaubt, den Umfang ihrer Verpflichtungen auf dem Gebiet der Mehrwertsteuer genau zu erkennen" (EuGH-Urteil BLV Wohn- und Gewerbebau GmbH in UR 2013, 63 Rdnr. 48).

47 Eine derartige, dem Wortlaut von § 13b Abs. 2 Satz 2 UStG einschränkungslos folgende Auslegung ist mit den Erfordernissen des Unionsrechts nicht zu vereinbaren, da es durch das Abstellen auf Umstände, die der Leistende im Regelfall nicht erkennt und auch nicht erkennen kann, nicht ermöglicht wird, genau zu erkennen, ob er oder sein Leistungsempfänger Steuerschuldner ist.

48 bb) § 13b Abs. 2 Satz 2 UStG ist nicht dahingehend einschränkend auslegbar, dass es für den Wechsel in der Steuerschuldnerschaft darauf ankommt, dass der Leistungsempfänger „nachhaltig" (so aber Abschn. 182a Abs. 10 Satz 2 UStR) bauwerksbezogene Werklieferungen und sonstige Leistungen erbringt und dabei die Summe dieser Leistungen mehr als 10 % seiner steuerbaren Umsätze beträgt (Abschn. 182a Abs. 10 UStR), wobei die Finanzverwaltung später präzisiert hat, dass dabei auf den „Weltumsatz" des Leistungsempfängers abzustellen sein soll

(Abschn. 13b.3 Abs. 2 Satz 1 des Umsatzsteuer-Anwendungserlasses – UStAE – in der Fassung des BMF-Schreibens vom 12. Dezember 2011, BStBl I 2011, 1289).

49 Gegen die einschränkende Auslegung durch die Finanzverwaltung spricht, dass es auch hierdurch dem Leistenden nicht ermöglicht wird, zuverlässig zu beurteilen, ob er oder der Leistungsempfänger Steuerschuldner für die erbrachte Leistung ist. Dies zeigt sich nach den Verhältnissen des Streitfalles auch daran, dass die Klägerin selbst nicht in der Lage war, die nach der Verwaltungsauffassung maßgebliche 10 %-Grenze zutreffend zeitnah zu ermitteln, sodass auszuschließen ist, dass der Leistende diese Berechnung vornehmen kann. Der Senat schließt sich daher der von der Vorinstanz sowie im Schrifttum geäußerten Kritik an der sog. „10 % Regel" in Abschn. 182a Abs. 10 UStR an (vgl. Ahrens, Umsatzsteuerberater 2004, 331; Hundt-Eßwein in Offerhaus/Söhn/Lange, § 13b UStG Rz 57; Küffner/Zugmaier, Deutsches Steuerrecht – DStR – 2004, 712; Kuplich, UR 2007, 369; Meyer in Anm. EFG 2010, 280; Stadie in Rau/Dürrwächter, Umsatzsteuergesetz, § 13b Rz 384; Langer in Reiß/Kraeusel/Langer, UStG § 13b Rz 33.2).

50 cc) § 13b Abs. 2 Satz 2 UStG ist entgegen Abschn. 182a Abs. 11 UStR dahingehend einschränkend auszulegen, dass es für den Übergang der Steuerschuldnerschaft darauf ankommt, ob der Leistungsempfänger die an ihn erbrachte bauwerksbezogene Werklieferung oder sonstige Leistung selbst zur Erbringung einer derartigen Leistung verwendet.

51 Zwar vermag auch diese Auslegung nicht alle Schwierigkeiten, die für den Leistenden bei der Zuordnung der Steuerschuldnerschaft bestehen, auszuräumen. So ist im Hinblick auf das Erfordernis, dass der Leistungsempfänger selbst eine bauwerksbezogene Werklieferung oder sonstige Leistung erbringt, z.B. danach zu unterscheiden, ob der Leistungsempfänger ein Generalunternehmer oder Bauträger ist. Während der Generalunternehmer regelmäßig auf einem seinem Auftraggeber gehörenden Grundstück baut, bebaut der Bauträger in der Regel eigene Grundstücke (vgl. hierzu z.B. Urteil des Bundesarbeitsgerichts vom 16. Mai 2010 10 AZR 190/11, Monatsschrift für Deutsches Recht 2012, 1046, unter I.2.c bb). Dementsprechend erbringt im Hinblick auf das Erfordernis der Be- oder Verarbeitung einer fremden Sache nur der ein fremdes Grundstück bebauende Generalunternehmer, nicht aber der ein eigenes Grundstück bebauende Bauträger eine bauwerksbezogene Werklieferung, die zur Anwendung von § 13b Abs. 2 Satz 2 UStG führt (s. oben II.2.a und b aa). Gleichwohl gewährleistet die Auslegung nach der Verwendung der bauwerksbezogenen Werklieferung oder sonstigen Leistung durch den Leistungsempfänger auf der jeweiligen Baustelle noch am ehesten eine rechtssichere Beurteilung.

52 Für die auf die Verwendung durch den Leistungsempfänger abstellende Auslegung, nach der insbesondere zwischen Generalunternehmern, die selbst bauwerksbezogene Werklieferungen ausführen, und grundstücksveräußernden Bauträgern, bei deren Leistungen es sich umsatzsteuerrechtlich um Lieferungen handelt, sprechen zudem die für Bauträger bestehenden Sonderregelungen des Gewerberechts, auf deren Grundlage auch im Rechtsverkehr zwischen diesen beiden Unternehmergruppen zu unterscheiden ist. So war gemäß § 34c der Gewerbeordnung (GewO) in ihrer im Streitjahr geltenden Fassung die Tätigkeit als Makler, Bauträger oder Baubetreuer erlaubnispflichtig. Dies galt nach § 34c Abs. 1 Nr. 2 Buchst. a GewO a.F. (später § 34c Abs. 1 Nr. 3 Buchst. a der GewO in der Fassung des Geset-

zes zur Novellierung des Finanzanlagenvermittler- und Vermögensanlagenrechts vom 6. Dezember 2011, BGBl I 2011, 2481) insbesondere für diejenigen, die als Bauherr im eigenen Namen für eigene oder fremde Rechnung Bauvorhaben vorbereiten oder durchführen und dazu Vermögenswerte von Erwerbern, Mietern, Pächtern oder sonstigen Nutzungsberechtigten oder von Bewerbern um Erwerbs- oder Nutzungsrechte verwenden. Nach dem hierzu auf der Grundlage von § 34c Abs. 3 GewO ergangenen § 3 der Verordnung über die Pflichten der Makler, Darlehensvermittler, Bauträger und Baubetreuer (Makler- und Bauträgerverordnung) bestanden dabei besondere Sicherungspflichten für Bauträger, wenn in den Fällen des § 34c Abs. 1 Nr. 2 Buchst. a GewO „dem Auftraggeber Eigentum an einem Grundstück übertragen werden soll".

53 dd) Nicht zu entscheiden hat der Senat im Streitfall, ob die Anordnung der Steuerschuldnerschaft des Leistungsempfängers in § 13b Abs. 2 Sätze 2 und 3 UStG für Leistungen, die der Empfänger für seinen nichtunternehmerischen Bereich verwendet, mit dem Erfordernis der Leistungserbringung „an einen Steuerpflichtigen" i.S. von Art. 2 Nr. 1 der Entscheidung 2004/290/EG vereinbar ist.

54 ee) Die hiergegen gerichteten Einwendungen des FA greifen nicht durch.

55 (1) Entgegen der Auffassung des FA (vgl. Abschn. 182a Abs. 17 UStR) ist nicht entscheidungserheblich, ob sich die Beteiligten über die Handhabung der Steuerschuldnerschaft ursprünglich einig waren oder nicht, denn das Gesetz stellt den Übergang der Steuerschuldnerschaft zur Sicherung des Steueranspruchs nicht zur Disposition der Vertragsparteien (zutreffend Küffner/Zugmaier, DStR 2004, 712; Mößlang in Sölch/Ringleb, UStG, § 13b Rz 11: bloße Begleitsregelung).

56 (2) Der mit § 13b Abs. 2 Satz 2 UStG verfolgte Zweck der Bekämpfung von Steuerausfällen im Baugewerbe rechtfertigt im Hinblick auf die vorrangig zu beachtende rechtssichere Abgrenzung des Anwendungsbereichs dieser Vorschrift keine über den Wortlaut hinausgehende Auslegung. Zwar mag es sein, dass durch die Entscheidung 2004/290/EG „Steuerhinterziehungen oder Umgehungen möglichst umfassend verhütet werden" sollten. Im Hinblick auf die nur eingeschränkte Ausübung der durch diese Entscheidung eingeräumten Befugnisse durch das nationale Recht (s. oben II.2.b) ergibt sich aus den weiter gehenden Befugnissen des Unionsrechts und den damit verfolgten Zwecken aber keine erweiternde Auslegung des nationalen Rechts.

57 Dass der nationale Gesetzgeber trotz der ihm durch das Unionsrecht eingeräumten Befugnisse bei der Umsetzung nicht auch eine Steuerschuldnerschaft für die Leistungsempfänger angeordnet hat, die Gebäude oder Gebäudeteile mit dazugehörigem Grund und Boden vor dem Erstbezug liefern (vgl. Art. 4 Abs. 3 Buchst. a der Richtlinie 77/388/EWG) oder die – entsprechend § 48 Abs. 1 Satz 1 EStG und in Übereinstimmung mit Art. 2 Nr. 1 der Entscheidung 2004/290/EG – Unternehmer sind, ist daher nicht im Wege der Gesetzesauslegung änderbar.

58 (3) Auch die Überlegungen des FA zu innergemeinschaftlichen Lieferungen rechtfertigen keine abweichende Beurteilung. Denn dem Lieferer ist es bei innergemeinschaftlichen Lieferungen im Hinblick auf das Bestätigungsverfahren zur Umsatzsteuer-Identifikationsnummer (vgl. § 18e UStG) möglich, personenbezoge-

ne Merkmale seines Abnehmers zu überprüfen. Eine derartige Möglichkeit besteht bei § 13b Abs. 2 Satz 2 UStG nicht.

59 c) Im Streitfall hat die Klägerin die von ihr empfangene bauwerksbezogene Werklieferung für nach § 4 Nr. 9 Buchst. a UStG steuerfreie Grundstückslieferungen, nicht aber zur Erbringung einer eigenen bauwerksbezogenen Werklieferung verwendet. Dabei scheitert die Annahme einer durch die Klägerin erbrachten Werklieferung bereits daran, dass die Klägerin ein eigenes, nicht aber ein fremdes Grundstück bebaut und sodann veräußert hat (s. oben II.2.a und b aa). Ohne Bedeutung ist daher, ob die Erwerber der von der Klägerin veräußerten Wohnungen entsprechend einer später veröffentlichten Verwaltungsregelung (Abschn. 13b.3 Abs. 8 Sätze 6 und 7 UStAE in der Fassung des BMF-Schreibens in BStBl I 2011, 1289) „Einfluss auf Bauausführung und Baugestaltung" genommen haben, da eine derartige Einflussnahme bei der Bebauung eines im Eigentum des Bauträgers stehenden Grundstücks nicht dazu führt, dass der Bauträger nunmehr für ihn fremde Gegenstände – als Voraussetzung der Werklieferung gemäß § 3 Abs. 4 UStG – bearbeitet.

60 d) Die danach enge Auslegung von § 13b Abs. 2 Satz 1 UStG schränkt diesen Tatbestand nicht übermäßig ein.

61 Insoweit ist zu berücksichtigen, dass § 13b UStG keine umfassende Steuerschuldnerschaft für an Unternehmer im Bausektor erbrachte Bauleistungen anordnet. So bestehen nach § 13b Abs. 2 Satz 1 und Abs. 1 Nr. 3 UStG und § 13b Abs. 2 Satz 2, Abs. 1 Satz 1 Nr. 4 Satz 1 UStG jeweils eigenständige Regelungen für die Zuordnung der Steuerschuldnerschaft bei grunderwerbsteuerbaren Umsätzen und bei Bauleistungen. Daher sind z.B. Grundstücksverkäufer, die Grundstücke bebauen und nach § 4 Nr. 9 Buchst. a UStG steuerfrei liefern, nicht Steuerschuldner für die von ihnen bezogenen Bauleistungen (insoweit zutreffend Abschn. 13b.3 Abs. 8 Satz 5 UStAE). Danach ist im Streitfall das Urteil des FG aufzuheben und der Klage stattzugeben.

Zur Ermittlung des zu versteuernden Einkommens gilt das nachfolgende gesetzliche Schema:

1.: Ermittlung der Einkünfte innerhalb jeder Einkunftsart (§ 2 Abs. 2 EStG)
Einkünfte aus Land- und Forstwirtschaft, §§ 13–14 EStG
Einkünfte aus Gewerbebetrieb, §§ 15–17 EStG
Einkünfte aus selbständiger Arbeit, § 18 EStG
Einkünfte aus nicht selbständiger Arbeit, § 19 EStG
Einkünfte aus Kapitalvermögen, § 20 EStG
Einkünfte aus Vermietung und Verpachtung, § 21 EStG
sonstige Einkünfte, §§ 22, 23 EStG

2.: Bildung der Summe der Einkünfte

3.: Ermittlung des zu versteuernden Einkommens
Summe der Einkünfte
./. Altersentlastungsbetrag nach § 24a EStG

./. Entlastungsbetrag für Alleinerziehende nach § 24b EStG
./. Freibetrag für Land- und Forstwirte nach § 13 Abs. 3 EStG

= Gesamtbetrag der Einkünfte (§ 2 Abs. 3 EStG)

./. Verlustabzug nach § 10d EStG

./. Sonderausgaben nach §§ 10–10c EStG

./. außergewöhnliche Belastungen nach §§ 33–33c EStG

./. Steuerbegünstigungen nach §§ 10e-10h EStG und § 7 FördG

= Einkommen (§ 2 Abs. 4 EStG)

./. Freibeträge für Kinder nach §§ 31 und 32 Abs. 6 EStG

./. Härteausgleichsbetrag nach § 46 Abs. 3 EStG, § 70 EStDV

= zu versteuerndes Einkommen (§ 2 Abs. 5 EStG)

Nach Durcharbeitung der vorstehenden Erläuterungen und Anwendung dieses Schemas sollte der Leser in der Lage sein, dass zu versteuernde Einkommen zu berechnen und die Einkommensteuer anhand der gesetzlichen Tabellen zu ermitteln.

II. Körperschaftssteuerrecht (KStG)

Die Körperschaftsteuer ist die geltende Ertragsteuer für Körperschaften, Personengesellschaften und Vermögensmassen. Sie besteuert das Einkommen der Unternehmen und bildet das Korrelat der Einkommensteuer für natürliche Personen. Daher ist es nicht verwunderlich, dass das KStG in weiten Teilen an das EStG anknüpft.

Die Körperschaftsteuer trägt der Verselbständigung juristischer Personen konsequenterweise Rechnung, denn anderenfalls würden die nicht ausgeschütteten Gewinne der juristischen Personen steuerfrei bleiben. Die Andersartigkeit zeigt sich in den hohen und festen Steuersätzen im Gegensatz zu den progressiv-linearen Steuersätzen des EStG.[1] Daraus folgt, dass Unternehmen stärker besteuert werden als natürliche Personen, denn dem deutschen Steuerrecht liegt der Grundsatz der Besteuerung nach der wirtschaftlichen Stärke zu Grunde.

Die Körperschaftsteuerpflicht kann nicht durch privatrechtliche Vereinbarungen o. ä. umgangen werden. Im Körperschaftsteuergesetz ist das Analogieverbot vorherrschend, d. h. die Aufzählungen für die Körperschaftsteuerpflicht sind abschließend und gewähren keine Erweiterung auf andere Rechtssubjekte.

Die Besteuerung der Körperschaften nach dem KStG setzt voraus, dass eine Steuerpflicht (objektive, subjektive, (un)beschränkte) besteht und ein besteuerbares Einkommen vorliegt. Besonderheiten ergeben sich in diesem Zusammenhang in Bezug auf die Organschaft sowie auf verdeckte Gewinnausschüttungen.

Freibetragsregelungen runden die körperschaftssteuerliche Materie ab.

Das KSt-Aufkommen steht je zur Hälfte dem Bund und den Ländern zu (vgl. Art. 106 III 2 GG), wobei der Bund die Gesetzgebungskompetenz innehat (konkurrierende Gesetzgebung gem. Art. 105 II GG).

Im Gegensatz zu den Personengesellschaften (deren Gewinn wird den Unternehmern unmittelbar und anteilig zugerechnet) erfolgt im Körperschaftsteuerrecht die Besteuerung unabhängig von den Anteilseignern. Das bedeutet, dass der Gewinn/die Einkünfte nur im Rahmen der Unternehmensbesteuerung steuerliche Beachtung findet/finden, wenn eine Thesaurierung der Gewinne erfolgt. Eine Ausnahme bildet daher die Ausschüttung der Gewinne an die Anteilseigner. Dann muss im Rahmen der einkommenssteuerlichen Anrechnung auch eine Besteuerung hinsichtlich der Einkommensteuer der Anteilseigner erfolgen.

1 Vgl. BVerfG, Urt. v. 24.01.1962 – 1 BvR 845/58.

Die dadurch auftretende Doppelbelastung durch Versteuerung bei der Gesellschaft und beim Anteilseigner selbst wird mit dem System des Halbeinkünfteverfahrens beseitigt.

Die Versteuerung erfolgt im Wege der Vorauszahlung, des Steuerabzugs oder durch Veranlagung.

Der Körperschaftsteuersatz beträgt derzeit 15 % und wird im Rahmen einer Definitiv-Besteuerung angerechnet, d. h. eine weitere Anrechnung der Steuer ist nicht mehr möglich. Im unternehmensrechtlichen Vergleich kann der Schluss gezogen werden, dass die Besteuerung von Unternehmen nicht rechtsformneutral geschieht. Daraus erklärt sich auch die Intensität, mit der immer neue Unternehmensformen gegründet werden.[2] Hier soll versucht werden, die kostengünstigste, weil steueroptimierte, Gesellschaft für den jeweiligen Zweck zu finden.

1. Steuerpflicht

Voraussetzung für eine körperschaftssteuerliche Betrachtung ist, dass das jeweilige Unternehmen steuerpflichtig ist. In §§ 1 ff. KStG ist die Steuerpflicht normiert, die sich gliedert in (1) unbeschränkte Steuerpflicht, § 1 KStG und (2) beschränkte Steuerpflicht, § 2 KStG.

Die KSt-Pflicht beginnt mit dem Abschluss des Gesellschaftsvertrages des Unternehmens (etwa Abschluss der Satzung, des Statutes, des Vertrages o. ä.) und endet mit der beendeten Liquidation der Gesellschaft. Aufgrund der engen Verzahnung mit dem EStG und dem Zivilrecht, wird die Vorgesellschaft wie eine ‚ordentliche' Gesellschaft besteuert. Gleiches Vorgehen zeigt sich bei einer fehlerhaften Gesellschaft, die wie eine ordnungsgemäß zustande gekommene Gesellschaft behandelt wird.

a. Unbeschränkte Steuerpflicht, § 1 KStG

Unbeschränkt steuerpflichtig sind daher alle Steuersubjekte, die gem. dem Katalog des § 1 KStG eine bestimmte Rechtsform darstellen und deren Sitz oder Geschäftsleitung sich in Deutschland befindet.

Die Rechtsformen des Körperschaftsteuer-Rechts sind in § 1 KStG abschließend geregelt. Insoweit ergeben sich für eine Aktiengesellschaft keine Besonderheiten.

Der Sitz und die Geschäftsleitung eines Unternehmens definieren sich nach §§ 10 f. AO. Geschäftsleitung nach § 10 AO ist der Mittelpunkt der geschäftlichen Oberleitung, d. h. die Geschäftsleitung befindet sich an dem Ort, an

2 Es herrscht kein numerus clausus im Gesellschaftsrecht; im Wege der Europäisierung sind vielfältige Kombinationsmöglichkeiten denkbar (etwa Ltd. & Co. KG).

dem der für die laufende Geschäftsführung maßgebliche Wille gebildet wird.[3] Dazu gehören die rechtsgeschäftlichen, aber auch die tatsächlichen Handlungen des gewöhnlichen Betriebs eines Unternehmens. Ferner sind dazu die organisatorischen Maßnahmen gewöhnlicher Verwaltung zu zählen. Die Maßnahmen müssen jedoch von einiger Wichtigkeit sein. Umgangen werden soll damit ein Missbrauch der Körperschaftsteuerpflicht.[4] Abzustellen ist daher immer auf die Gesamtschau aller tatsächlichen Begebenheiten und nicht auf formale Umgehungsversuche. Bei mehreren Geschäftsleitungen ist je nach Wichtigkeit eine Quotelung vorzunehmen und die Gewichtung festzulegen.

Der Sitz einer Gesellschaft bestimmt sich nach § 11 AO. Dabei ist eine Ähnlichkeit mit der Wohnsitzregelung natürlicher Personen festzustellen. Der Norm des § 11 AO kommt nur ergänzende (subsidiäre) Funktion zu, sie findet also nur Anwendung, wenn § 10 AO keine hinreichende Bestimmtheit der Geschäftsleitung bilden kann.

Der Sitz befindet sich demnach an dem durch Gesetz, Satzung o. ä. bestimmten Ort. Nach der in Deutschland vorherrschenden Sitztheorie bestimmt sich der Gesellschaftssitz nach dem Ort der Anerkennung der Rechtspersönlichkeit der Gesellschaft. Verlegt z. B. ein Unternehmen seinen Sitz von Deutschland ins Ausland, verliert es dabei die deutsche Anerkennung der Rechtspersönlichkeit. Daher ist auch der Sitz nicht mehr als in Deutschland zu betrachten.[5] Dies verhält sich für den Zuzug nach Deutschland nach dem Überseering–Urteil des EuGH gegensätzlich. Nach europäischem Recht muss eine Gesellschaft anerkannt werden, die aus dem Ausland ihren Sitz nach Deutschland verlegt. Denn eine Aberkennung der Rechtsfähigkeit verletzt die Niederlassungsfreiheit des jeweiligen Unternehmens nach Art. 43, 48 EG, da die Pflicht zur Neugründung eines Unternehmens im Zuzugstaat einer Rechtsaberkennung gleich käme.[6] Vermieden werden soll mit diesem Urteil eine Zersplitterung des europäischen Gesellschaftsrechts auf dem ansonsten einheitlichen Rechtsgeschehen im Rahmen der europäischen Angleichung.[7]

Fallen Sitz und Geschäftsleitung auseinander, ist für die Besteuerung die Geschäftsleitung maßgeblich.

3 Vgl. BStBl. II 1995, 175.
4 So z. B. bei Holdinggesellschaften oder Briefkastenfirmen, die oftmals Beteiligungen an anderen Unternehmen verwalten und gewöhnlich im Ausland sitzen.
5 Ob dieser Grundsatz weiterhin in diesem Umfang anwendbar bleiben kann, ist zweifelhaft. Denn spätestens mit dem Überseering- Urteil des EuGH v. 05.11.02 Rs. C-208/00 ist eine vorsichtige Rspr.-Änderung im Zuge der Europäisierung erkennbar.
6 Vgl. Lutter, BB 2003, 7 ff.
7 Vgl. Ebke, BB 2003, I; Zimmer, BB 2003, 1 ff m. w. N.

Beispiel:

Die A-AG wird am 01.01.2003 in Düsseldorf zum Zweck der Schiffsbeteiligung i. w. gegründet.

Sie hat ihren Sitz lt. Satzung vom 01.01.2003 in Düsseldorf; ihre Geschäfte tätigt sie jedoch permanent in Rostock. Am 31.12.2003 splittet die Gesellschaft ihre Filiale in Rostock in zwei Unterabteilungen auf:

(1) Unterabteilung *I* übernimmt die Herstellung und Vermarktung von Schiffsbeteiligungen in Warnemünde (Maßgeblichkeitsfaktor: 90 %)

(2) Unterabteilung *II* übernimmt die dafür organisatorischen Verwaltungsaufgaben in Hamburg (Maßgeblichkeitsfaktor: 10 %)

Am 01.04.2004 erlischt die AG mangels Liquidität.

Folge:

Die A-AG wurde am 01.01.03 körperschaftssteuerpflichtig. Denn die Körperschaftsteuer-Pflicht begann mit der Gründung der AG am 01.01.03. Die A-AG war zudem eine Kapitalgesellschaft des Katalogs des § 1 KStG. Sie hatte ihre Geschäftsleitung in Rostock, § 10 AO. Auf den Sitz kommt es nur subsidiär an, wenn die Geschäftsleitung nicht erkennbar ist. Hier ist jedoch Rostock maßgeblich. Die Geschäftsleitung kann zwar begrifflich nicht auseinanderfallen. Jedoch ist die Aufteilung auf verschiedene Orte möglich, etwa aus Kostengründen. Dann ist die Wichtigkeit (Maßgeblichkeitsfaktor) der jeweiligen Geschäftsleitungsstelle zu beurteilen. Hier hatte die Rostocker Geschäftsleitung 90 % aller Geschäftsvorgänge zu bearbeiten.

b. Beschränkte Steuerpflicht, § 2 KStG

Die beschränkte Steuerpflicht richtet sich nach § 2 KStG. Danach ist beschränkt steuerpflichtig, wer im Gegensatz zur unbeschränkten Steuerpflicht seinen Sitz oder die Geschäftsleitung im Ausland hat, jedoch inländische Einkünfte erzielt. Diese beurteilen sich nach § 49 EStG, d. h. es handelt sich immer dann um inländische Einkünfte, wenn diese ihre Wurzeln im Inland haben (Territorialitätsprinzip).

Zweck dieser Norm ist es, die inländischen Einkunftsquellen ausländischer Körperschaften und inländische Einkunftsquellen inländischer, nicht steuerpflichtiger Körperschaften, zu erfassen.

Die Körperschaftsteuer-Pflicht beginnt immer dann, wenn die jeweilige Körperschaft als Rechtssubjekt entstanden ist. Dies kann durch Satzung, Vertrag o. ä. geschehen. Sie endet, wenn das Steuersubjekt in seiner Eigenschaft als Körperschaft wegfällt, sei es durch Liquidation, Umwandlung oder Wegzug in das Ausland oder wenn die Gesellschaft unbeschränkt steuerpflichtig wird.

Beispiel:

Die A-AG wird am 01.01.2003 in Düsseldorf zum Zweck der Schiffsbeteiligung i. w. gegründet.

Sie hat ihren Sitz lt. Satzung vom 01.01.2003 in Düsseldorf; ihre Geschäfte tätigt sie jedoch permanent in Rostock. Am 31.12.2003 wird durch Satzung beschlossen, den Sitz am 01.01.04 nach London (UK) zu verlegen und die Geschäftsleitung in Rostock aus Einsparungsmaßnahmen zu liquidieren.

Die Schiffsbeteiligungen finden dennoch in Rostock statt; sämtliche Einnahmen fließen auf die Londoner Konten.

Am 01.04.2004 erlischt die AG mangels Liquidität.

Folge:

Die A-AG wurde am 01.01.03 mit ihrer Gründung unbeschränkt körperschaftsteuerpflichtig. Am 01.01.04 ging die A-AG aufgrund der Sitzverlegung und der Schließung der Geschäftsleitung in die beschränkte Steuerpflicht über. Denn die Einnahmen, die die A-AG erzielte, haben ihren Ursprung in Deutschland. Die Überweisung auf die Londoner Konten ist irrelevant. Abzustellen ist auf den Ursprung allein (Territorialitätsprinzip).

Die beschränkte Steuerpflicht endete am 01.04.04 mit dem Erlöschen der AG.

2. Einkommen, § 8 KStG

Das zu versteuernde Einkommen als Bemessungsgrundlage bestimmt sich nach §§ 7 I, 8 KStG. Wie bereits eingangs erwähnt, bestehen zwischen dem EStG und dem KStG enge Verknüpfungen. Darum wird im Rahmen der Einkommensermittlung auf die Berechnung des Einkommens nach dem EStG verwiesen.

Da die Körperschaftsteuer eine Jahressteuer ist, wird zunächst der Gewinn i. w. betrachtet. Bei der hier zu betrachtenden AG oder KGaA ist gem. § 8 II KStG der Gewinn in der Summe aller Einkünfte zu sehen, denn beide Rechtsformen sind nach dem HGB zur Buchführung verpflichtet (§§ 238 I 6, 6 I HGB i. V. m. 278 III AktG). Auszugehen ist dabei zunächst vom Jahresüberschuss nach Handelsrecht gem. § 275 HGB).

In den Jahresüberschuss sind nicht mit einzubeziehen Dividenden, die eine Körperschaft von einer Kapitalgesellschaft erzielt. Denn jede Kapitalgesellschaft muss eine Körperschaftsteuer auf die ausgeschütteten Gewinne entrichten. Da es sich bei der Körperschaftsteuer um eine Definitivbesteuerung handelt, ist die bereits entrichtete Steuer nicht anrechnungsfähig. Somit würden die Gewinne doppelt besteuert. Daher werden die auszuschüttenden Gewinne nur bei derjenigen Körperschaft berücksichtigt, bei der die Gewinne operativ erzielt wurden, sowie bei den einkommensteuerpflichtigen Anteilseignern, an die die Gewinne ausgezahlt werden. Hierbei ist wiederum das Halbeinkünfteverfahren zu beachten. Jede zwischengeschaltete Körperschaft bedarf daher der Körperschaftsteuerbefreiung, um eine Mehrfachbelastung der Gewinne zu vermeiden. Dann können jedoch folgerichtig auch die angefallenen Aufwendungen nicht als Betriebsausgaben geltend gemacht werden (vgl. § 3c I EStG). Im Ergebnis ist diese Argumentation jedoch nur eine scheinbare, denn eine Doppelbelastung lässt sich im Grundsatz eben doch nicht vermeiden.

3. Organschaft[8]

Eine Organschaft ist gem. §§ 14–19 KStG gegeben, wenn zwei Unternehmen derart miteinander verknüpft sind, dass ein Unternehmen sich mittels Gewinnabführungsvertrag verpflichtet hat, sämtliche Gewinne an das andere abzuführen. Dabei ist das abführende Unternehmen (Organgesellschaft) finanziell in das andere Unternehmen (Organträger) eingegliedert. Der Organträger muss dabei nicht zwingend eigene gewerbliche Tätigkeiten ausführen; reine Holdinggesellschaften sind als Organträger möglich.

Für eine Organschaft ist zwingende Voraussetzung, dass die Organgesellschaft eine Kapitalgesellschaft ist (vgl. §§ 14, 17 KStG).

Organträger kann dagegen jeder Rechtsträger sein; dieser muss dazu jedoch mit einem inländischen gewerblichen Unternehmen im Zusammenhang auftreten. Dies gilt auch für ausländische Unternehmen (vgl. § 19 KStG), die jedoch an eine inländische Zweigniederlassung den Gewinn abführen. Die inländische Zweigniederlassung muss ferner im deutschen Handelsregister eingetragen und grundsätzlich steuerpflichtig sein.

Für eine Organschaft ist auch Voraussetzung, dass das wirtschaftliche Eigentum an den jeweiligen Anteilen gewährleistet wird, d. h. der Organträger muss in der Lage sein, Stimmrechte ausüben zu können.

Gem. § 14 KStG ist zusätzlich notwendig, dass die finanzielle Eingliederung ununterbrochen, also von Beginn bis Ende des Wirtschaftsjahres, besteht und der Organträger über die Mehrheit an den Stimmrechten aus den Anteilen der Organgesellschaft verfügt.

Mittelbare Beteiligungen, also Beteiligungen über Dritte, finden nur dann Berücksichtigung, wenn bei der vermittelnden Gesellschaft die Stimmrechtsmehrheit gewährleistet ist.[9] Nach a. A. kann eine Differenzierung zwischen mittelbarer und unmittelbarer Beteiligung kaum möglich sein und wird vom Gesetz zudem auch nicht gefordert.[10]

8 Die Organschaftbesteuerung ist europarechtlich heftig umstritten. Nachdem bereits Österreich die Organschaft durch eine neue Gruppenbesteuerung ersetzen will, ist es nur eine Frage der Zeit, bis auch in Deutschland die Europarechtswidrigkeit erfolgsorientiert diskutiert wird. So soll in Österreich zunächst der Gewinnabführungsvertrag aufgehoben werden Vgl. dazu auch die Zusammenfassung von Gassner, a. a. O., 41, 841 ff.

9 Vgl. Haas, Helmut; KSt, Rn. 92.

Sinn der Organschaft war es früher, bei Organgesellschaft und Organträger die Doppelbesteuerung zu vermeiden. Durch das Anrechnungsverfahren ist dieser Vorteil jedoch verloren gegangen, sodass in heutiger Zeit insbesondere nach Wegfall des Anrechnungsverfahrens der Verlustausgleich zwischen Organgesellschaft und Organträger sowie die Weiterleitung der steuerfreien Erträge der Organgesellschaft an den Organträger eine herausragende Rolle spielen.[11]

Organträger und Organgesellschaft werden also körperschaftssteuerlich als ein Unternehmen behandelt, bleiben zivilrechtlich jedoch unterschiedliche Rechtsgebilde. Es handelt sich bei der Organschaft also um keine steuerliche Vergünstigung oder um gesellschaftsrechtlich bedingte Privilegien, sondern die Organschaft ist lediglich Sinnbild der engen Verflechtung zweier Unternehmen. Sie ist daher auch mit den Worten „... steuerrechtliche Lehre von der Einkommenseinheit rechtlich selbständiger Wirtschaftssubjekte als Folge ihrer wirtschaftlichen Einheit ...“[12] zutreffend zu umschreiben.

Die Organschaft führt jedoch auch in wirtschaftlicher Weise zu Veränderungen. So erfolgt mit der Organschaft eine Haftungsbegrenzungsdurchbrechung der Organgesellschaft. Denn der Organträger muss hinsichtlich der Verlusteinnahmen für die Verluste der Organgesellschaft einstehen.[13] Aber auch Anlaufverluste sind nicht selten der Grund für Abführungsverträge. Wird die Tochtergesellschaft wegen hoher Verluste in Insolvenz gestellt, stellt sich für die Gläubiger folgerichtig die Frage des Haftungsdurchgriffs auf den Organträger. Andererseits steht das Steuerrecht dem Zivilrecht nicht entgegen. Es handelt sich nämlich um zwei Rechtsmaterien, die kumulativ zu betrachten sind. Es könnte daher argumentiert werden, dass beide Unternehmen zwar steuerrechtlich einheitlich, zivilrechtlich jedoch selbständig blieben. Dann müsste aber auch die Haftung jedem Unternehmen eigens anhaften. Eine Gesamtschuldnerschaft ergäbe sich daraus nicht automatisch.[14] Diese Ansicht ist jedoch überholt. Zwar stehen Steuerrecht und Zivilrecht nebeneinander und weisen allenfalls Knotenpunkte auf. Jedoch ist Grundlage für die Organschaft der Gewinnabführungsvertrag. Dieser fußt auf zivilrechtlicher Basis. Organträger und Organgesellschaft nutzen Gestaltungsmöglichkeiten, um steuerlich vorteilhaft agieren zu können. Dann können etwaige Risiken nicht auf die Gläubiger abgewälzt werden. Diese bedürfen, angesichts einer hohen Missbrauchsgefahr von Umgehungstatbeständen, eines besonderen Schutzes. Folglich muss es den Gläubigern gestattet werden, einen Haftungsdurchgriff zu statuieren.

10 Vgl. Streck, KStG, § 14 Rn. 23.
11 Vgl. Pietsch/Posdziech; a. a. O., 279.
12 Vgl. Herrmann/Heuer/Raupach, KStG, Vor § 14 Rn. 1 m. w. N.
13 Vgl. Peltzer, AG 1975, 309, 311.
14 Vgl. Schöneberger, BB 1978, 1646, 1648.

Ferner ermöglicht die Organschaft unter Umgehung einer Fusion oder Umwandlung die einheitliche steuerliche Betrachtung zweier an sich eigenständiger Unternehmen mit den Vorteilen des unmittelbaren Verlustausgleiches.

Die Organschaft bewirkt also, dass das Einkommen vom Organträger und nicht von der Organgesellschaft versteuert wird. Das Einkommen des Organträgers wird also durch das Einkommen der Organgesellschaft erhöht. Folgerichtig mindern dann aber auch die Verluste der Organgesellschaft das Einkommen des Organträgers. Einkünfte und Verluste werden also im Jahr der Entstehung bereits positiv oder negativ berücksichtigt. Anderenfalls käme das Institut des Verlustvortrages bzw. des Verlustrücktrages in Betracht. Das würde jedoch bedeuten, dass die Verluste zeitlich erst viel später geltend gemacht werden könnten oder sich auf die Besteuerung kaum auswirken würden. Insofern ist die Organschaft vorteilhaft. Eine weitere Folge der Organschaft ist, dass die Organgesellschaft als Betriebsstätte des Organträgers anzusehen ist, was Auswirkungen auf die Gewerbesteuer haben kann.[15]

Verfahrensrechtlich ergeben sich hinsichtlich der Feststellung zur Anerkennung von Organschaften und deren Organschaftseinkommen keine Besonderheiten. Die Veranlagung erfolgt im Einkommenszurechnungsverfahren bezüglich des Organträgers. Daher ist auch nur dieser ausschließlich rechtsbehelfsfähig.

4. Verdeckte Gewinnausschüttung (vGA), § 8 III 2 HS 1 KStG

§ 8 III 2 HS 1 KStG hat folgenden Inhalt:

„Auch verdeckte Gewinnausschüttungen … mindern das Einkommen nicht.“ Verdeckte Gewinnausschüttungen sind im KStG nicht legal definiert. Die Auslegung dieses Begriffes muss daher der Rechtsprechung überlassen werden, die jedoch auch nur nach den geltenden Auslegungsregeln vorgehen kann. Nach der ständigen Rechtsprechung des BFH liegt eine verdeckte Gewinnausschüttung dann vor, wenn eine Vermögensminderung oder eine verhinderte Vermögensmehrung gegeben ist, die durch das Gesellschaftsverhältnis veranlasst ist. Die Minderung oder Mehrung muss ferner Auswirkungen auf den Einkommensbegriff haben und keinen kausalen Zusammenhang zu einer offenen Ausschüttung aufweisen.[16] Es werden von einer Kapitalgesellschaft an einen Gesellschafter Vermögensvorteile transferiert, die nicht als offene Ausschüttung erscheinen, sondern eine andere Bezeichnung führen, um nicht der Körperschaftsteuer zu unterliegen.[17]

15 Vgl. Zenthöfer/Leben, a. a. O., 196.
16 Vgl. Birk, Steuerrecht, 333 f.
17 Vgl. a. A. Stolze, a. a. O., 1 ff.

Abzustellen ist demnach immer auf eine Vermögensminderung oder verhinderte Vermögensmehrung.

Erstere liegt vor, wenn Aufwendungen geleistet wurden, die als Verteilung von Einkommen an einen Gesellschafter zu bewerten sind. Mittels Steuerbilanz ist dann zu ermitteln, ob eine Minderung des Vermögens der Gesellschaft eingetreten ist. In der Bilanzierung kann es erforderlich sein, die Aufwendungen der Gesellschaft mit Leistungen des Gesellschafters an das Unternehmen zu verrechnen (etwa Leistung und Gegenleistung eines synallagmatischen Vertrages oder wirtschaftlich einheitliche Geschäfte).

Verhinderte Vermögensmehrung liegt vor, wenn der erbrachten Leistung der Gesellschaft keine Gegenleistung oder zumindest keine angemessene Gegenleistung als Korrelat gegenübersteht. Dies ist i. d. R. der Fall, wenn versucht wird, Betriebsausgaben vorzutäuschen. Dies kann durch Verträge geschehen, in denen ein Gesellschafter einen unangemessenen Vorteil erhält. Ein weiteres Beispiel ist die Veräußerung eines Grundstücks des Gesellschafters an die Gesellschaft zu einem weit über dem objektiven Wert liegenden Marktwert.

Beide Tatbestandsvoraussetzungen müssen der Gesellschaft kausal zuzurechnen sein, etwa durch die Handlungen, das Dulden oder Unterlassen der Organe, Gesellschafter oder diesen nahe stehenden, anderen Personen. Ferner muss die vGA durch das Gesellschafts- oder Mitgliedschaftsverhältnis hervorgerufen worden sein.

Die vGA beginnt in dem Augenblick, in dem sie sich auf das Einkommen der Gesellschaft auswirkt, nicht in dem Zeitraum, in dem die Handlung vorgenommen wird. Denn es kommt auf die steuerliche Betrachtungsweise hinsichtlich der Beeinflussung des Einkommens an.

Mit den Ausnahmen der Unkenntnis[18], Bilanzkorrektur bei Bilanzaufstellung oder ungewöhnlich hohen Steuerfolgen ist eine vGA weder rückgängig zu machen noch zu korrigieren. Ob die eingangs erwähnten Ausnahmen weitere Anwendung finden, bleibt abzuwarten, ist jedoch höchst zweifelhaft.[19]

18 A. A. Streck, a. a. O., § 8 Rn. 82.
19 Vgl. Streck, a. a. O., § 8 Rn. 80, 110 m. w. N.

Beispiel:

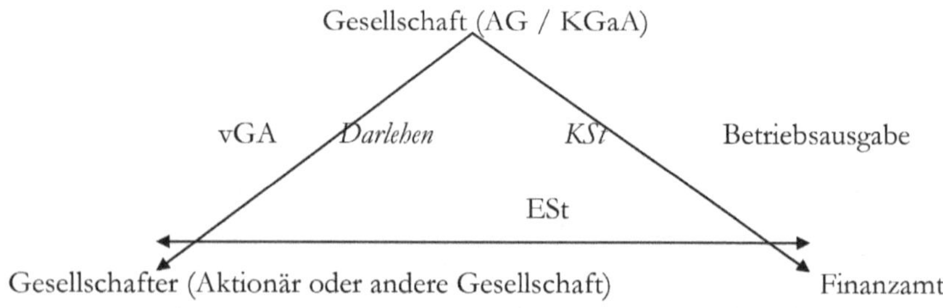

Der Gesellschafter hat mit der Gesellschaft einen Darlehensvertrag geschlossen und erhält im Gegenzug so hohe Zinsen, dass diese einem Fremdvergleich am Wirtschaftsmarkt nicht standhalten. Die Gesellschaft deklariert diese Ausgaben als Betriebsausgaben ggü. dem FA, während es sich in realiter um eine vGA handelt.

Zu prüfen ist immer, ob ein gewissenhafter Geschäftsführer unter gleichen Umständen ein solches Darlehen oder andere Sachverhalte so hingenommen hätte. Wird dies nach allgemeinen Grundsätzen bejaht, ist von einer betrieblichen Veranlassung auszugehen. Anderenfalls muss eine vGA angenommen werden.[20]

Der Vorteil muss jedoch nicht direkt beim Gesellschafter auftreten, sondern kann auch bei einer diesem nahestehenden Person auftreten.[21]

Die offen gebliebene Unklarheit, ob eine vGA vorliegt oder nicht, geht stets zu Lasten der Finanzverwaltung. Jedoch spricht der prima-facie-Beweis für die Annahme einer vGA. Insoweit ist die Körperschaft wieder beweisbelastet.

Eine Beweislaständerung nach der Methode: Einkommensminderung – Beweislast Körperschaft / Einkommenserhöhung – Beweislast Finanzbehörde käme an das herrschende Beweislastverhältnis heran, führte im Zweifel jedoch zu unbilligen weil zufälligen Ergebnissen. Denn die Annahme eine Einkommensmehrung oder- minderung ist nicht generell eintretend sondern eher zufällig. Dies überträgt sich konsequent auf die Beweislastregel. Die Beweislastregelung ist nicht von geringer Wichtigkeit. Denn allzu häufig fehlt der Finanzbehörde eine ausreichende Vergleichsmöglichkeit hinsichtlich der Angemessenheit von Leistung und Gegenleistung. Verträge sind zu vielfältig, um generelle Aussagen treffen zu können. Dann ist es aber auch ein Leichtes, Vergleichsbehauptungen der Finanzbehörde abzulehnen mit dem Argument, vor-

20 I. d. R. werden zu hohe Vergütungen, Tantiemen oder Pensionszusagen dem Gesellschafter gewährt, die eine vGA begründen.

21 So auch bei einer konzernangehörigen Gesellschaft.

liegend sei der Fall anders geartet. Dies zu widerlegen ist dann Aufgabe des Finanzamtes, was nur schwerlich gelingen dürfte. Denn Vergleiche mit Statistiken oder Betriebsprüfungsergebnissen sind subjektiv.

Eine vGA bewirkt die Einkommenskorrektur des jeweiligen Unternehmens. Daraus folgt, dass die vGA mittelbar auch die Körperschaftsteuer beeinflusst, indem diese gemindert oder erhöht wird. Durch die Erkennung der vGA wird die Einkommensveränderung durch die Finanzbehörde rückgängig gemacht. Jedoch ist zu beachten, dass die Korrektur nicht in der Bilanz auftritt, sondern lediglich Eingang in den unternehmerischen Betrieb mittels KSt-Bescheid findet. Die vertraglichen Vereinbarungen werden durch die Korrektur der vGA nicht berührt. Mit der Annahme von erhöhten Ausgaben müssen dann aber auch folgelogisch erhöhte Betriebsausgaben, Werbungskosten oder Sonderausgaben geltend gemacht werden können.

Steuerliche Beachtung findet die Körperschaftsteuer also immer bei den Gewinneinkünften respektive bei den Einkünften aus Kapitalvermögen.

Eine Rückwirkung wird von der Rechtsprechung hinsichtlich beherrschender Anteilseigner bei der vGA-Prüfung nicht anerkannt.[22]

5. Verdeckte Einlagen

Verdeckte Einlagen bilden das Korrelat zu dem Institut der verdeckten Gewinnausschüttung. Diese liegen dann vor, wenn ein Gesellschafter der Gesellschaft auf Grund des Gesellschaftsverhältnisses einen Vermögensvorteil zuwendet. Eine entsprechende Norm des § 8 III 2 KStG fehlt in der Systematik des Körperschaftsteuerrechts. Daher sind die allgemeinen Regelungen der §§ 4, 5 EStG über Einlagen anzuwenden.

Auch bei verdeckten Einlagen ist zu prüfen, ob diese einem Fremdvergleich standhalten, ob also ein fremder Gesellschafter der Gesellschaft ebenso einen Vorteil in demselben Ausmaß gewährt hätte. Zu betrachten ist dabei der Einzelfall mitsamt seinen Umständen und Indizien.

Die verdeckte Einlage weist einen zu hohen Gewinn aus. Dieser ist im Rahmen der Bilanz zu korrigieren. Dazu wird die verdeckte Einlage außerhalb der Bilanz wieder vom Gewinn abgezogen. Dadurch muss auch beim Anteilseigner die Vermögensminderung steuerlich korrigiert werden, indem dessen Beteiligung z. B. nicht als Werbungskosten bei den Einnahmen aus Kapitalvermögen geltend gemacht werden kann.

22 Zum Rückwirkungsverbot vgl. Zusammenfassung in Streck, a. a. O., § 8 Rn. 131 ff. m. w. N.

6. Steuersatz, § 23 KStG

Der Steuersatz der Körperschaftsteuer beträgt gem. § 23 KStG 15 vom Hundert. Mit der Festlegung eines einheitlichen Steuersatzes entfällt die bisherige Trennung von Thesaurierung und Ausschüttung von Gewinnen.

7. Steuerveranlagungsverfahren, §§ 30 f. KStG

Die Körperschaftsteuer entsteht gem. §§ 30 f. KStG im Rahmen von Vorauszahlungen, als Abzugssteuer oder im Rahmen der Veranlagung.

Dabei ist auf die Vorgehensweise des EStG zurückzugreifen.

Die Körperschaftsteuer als Abzugssteuer bestimmt sich nach § 44 I 1 EStG analog. Darin wird auf den Zufluss jeder Zahlung abgestellt, d. h. hinsichtlich der Körperschaftsteuer ist auf den Zufluss von Vermögensvorteilen zu achten. Daraus folgt, dass der einem Empfänger zufließende Betrag bereits um den entsprechenden Steueranteil gekürzt wurde. Somit wird bei jedem Zahlungsvorgang Körperschaftsteuer ausgelöst. Bemessungsgrundlage ist stets der Bruttobetrag ohne Betriebskostenabzug o. ä.

Am Ende eines jeden Geschäftsjahres wird die dann bereits erhobene Körperschaftsteuer auf die im Wege der Veranlagung festzustellende Gesamtsteuer angerechnet, d. h. die Voraussetzungen für eine Veranlagung müssen dafür vorliegen. Ansonsten ist die Abzugssteuer als Abgeltungssteuer zu betrachten, wobei eine Erstattung nicht mehr in Betracht kommt.

Bei Steuererhebung im Wege der Vorauszahlung ist § 37 I 1 EStG zu beachten. Die Vorauszahlung ist ein Instrument zur Sicherung des Steueranspruchs. Sie ist auflösend bedingt, d. h. mit Ablauf des Veranlagungszeitraumes erlischt die Steuerschuld automatisch, wenn und soweit keine weitere Steuerschuld entstanden ist. Vorauszahlungen werden i. d. R. am zehnten eines jeden Quartals eingezogen, wovon jedoch Ausnahmen gemacht werden können. Bemessungsgrundlage für Vorauszahlungen ist die voraussichtlich anfallende Steuerschuld. Sind keine weiteren Anhaltspunkte für die Vorauszahlungsleistung vorhanden, wird die letzte Steuerschuld bestimmend herangezogen. Da die Vorauszahlung immer quartalsweise erfolgt, ist die Steuerschuld in vier gleiche Beträge aufzuspalten. Voraussetzung ist weiter, dass die Vorauszahlungen mindestens 50 EUR pro Quartal und mindestens 200 EUR pro Jahr erreichen.

Ist zu erkennen, dass die Steuerschuld niedriger ausfallen wird als in den Vorauszahlungen stets zu Grunde gelegt, so ist der Betrag entsprechend zu kürzen. Bereits fällige Zahlungen sind ohne Zustimmung des Steuerpflichtigen nicht zu kürzen, wenn diese bereits fällig waren. Dagegen ist eine nachträgliche Herabsetzung stets möglich.

Die Anpassung der Vorauszahlungen ist nach h. M. eine Ermessensregel, d. h. im Wege der Überprüfung eines ablehnenden Bescheids ist lediglich nachzuvollziehen, ob ein Ermessensfehlgebrauch, ein Ermessensnichtgebrauch oder eine sonstige Ermessensüberschreitung vorliegt.

Gegen den die Vorauszahlung anfordernden Bescheid ist der Rechtsbehelf der Anfechtung mittels Einspruch möglich. Dabei soll beantragt werden, die Aussetzung der Vollziehung zu gewähren, falls vorläufiger Rechtschutz gewollt wird. Mit Erlass des Jahressteuerbescheids ist der Vorauszahlungsbescheid, wie bereits dargelegt, erledigt. Damit ist im Hauptsacheverfahren zu beachten, dass der Rechtstreit in der Hauptsache erledigt ist. Insoweit muss eine Klageänderung angestrebt werden.

Das Veranlagungsverfahren ist immer dann heranzuziehen, wenn nach § 36 I EStG analog eine Steuerschuld am Ende eines Veranlagungszeitraumes rechtsverbindlich festgesetzt werden soll, sei es auf Grund von sonst zu erfolgender Doppelbelastung, sei es weil bereits überzahlte Steuerbeträge eine Erstattung bzw. Nachzahlung erlauben.

Voraussetzung dafür ist, dass der Finanzbehörde das zu versteuernde Einkommen, also der Gewinn, bekannt ist. Aus diesem Grunde wurde die Pflicht eingeführt, nach Ablauf der Veranlagungszeitraumes eine Erklärung hinsichtlich des Gewinns abzugeben.

Nach Maßgabe der angegebenen Daten wird vom Finanzamt eine Steuerschuld festgelegt; dies ergeht durch schriftlichen, anfechtbaren Bescheid.

Zur Ermittlung des zu versteuernden Einkommens gilt das nachfolgende gesetzliche Schema:

Rechen-operation	Jahresüberschuss/Jahresfehlbetrag lt. Handelsbilanz
+/-	Korrekturen nach einkommensteuerlichen Vorschriften (z.B. nicht abziehbare Betriebsausgaben nach § 4 Abs. 5 EStG)
=	Gewinn/Verlust laut Steuerbilanz
+/-	Korrekturen nach körperschaftsteuerlichen Vorschriften:
-	steuerfreie Einnahmen
+	verdeckte Gewinnausschüttungen (§ 8 Abs. 3 KStG)
-	verdeckte Einlagen
+	sämtliche Spenden
+	nicht abziehbare Aufwendungen (§ 10 KStG)

Rechen-operation	Jahresüberschuss/Jahresfehlbetrag lt. Handelsbilanz
=	Summe der Einkünfte
-	Freibetrag für Land- und Forstwirte
-	Abziehbare Spenden und Beiträge
+/-	Bei Organschaft: dem Organträger zuzurechnendes Einkommen der Organgesellschaft (§ 14 KStG 1999)
=	Gesamtbetrag der Einkünfte
-	Verlustabzug (§ 10d EStG)
=	Einkommen
-	Freibetrag nach § 24 oder § 25 KStG
=	Zu versteuerndes Einkommen

Quelle: Statistisches Bundesamt Deutschland

III. Gewerbesteuerrecht (GewStG)

Die Gewerbesteuer stellt nicht auf die persönliche steuerliche Leistungsfähigkeit des Unternehmers, sondern vielmehr auf die sachliche Leistungsfähigkeit des Gewerbebetriebes selbst ab, wobei die Ertragshoheit den Gemeinden zusteht, § 1 GewStG.

1. Steuerpflicht, § 2 GewStG

Objektiv steuerpflichtig ist der Gewerbebetrieb gemäß § 2 GewStG. Unterschieden wird dabei zwischen stehendem Gewerbebetrieb und Reisegewerbebetrieb gemäß § 35 GewStG. Grundsätzlich von Interesse ist der stehende Gewerbebetrieb, der im Inland betrieben wird. Dies betrifft alle aufgrund gewerblicher Tätigkeit beziehungsweise kraft Rechtsform bestehenden wirtschaftlichen Geschäftsbetriebe. Verwiesen sei insoweit auf § 15 Abs. 2 EStG, welcher folgende Tatbestandsmerkmale voraussetzt: die persönliche Unabhängigkeit des Unternehmers, die Beteiligung am allgemeinen wirtschaftlichen Verkehr, Gewinnerzielungsabsicht, eine nachhaltige Betätigung, keine Tätigkeiten aus den Bereichen Land- und Forstwirtschaft, selbstständige Tätigkeit oder Vermögensverwaltung.,

2. Steuerbefreiung, § 3 GewStG

Auch im Gewerbesteuergesetz gibt es Steuerbefreiungen die – wie im Einkommensteuergesetz – in § 3 GewStG normiert sind. In der Praxis ist es daher notwendig, diese Norm komplett durchzusehen, um festzustellen, ob eine Steuerbefreiung aufgrund des Sachverhaltes vorliegt.

3. Hebeberechtigte Gemeinde, § 4 GewStG

Der Gewerbebetrieb unterliegt der Gewerbesteuer in der Gemeinde, in der eine Betriebsstätte unterhalten wird. Befindet sich der Gewerbebetrieb in mehreren Gemeinden, so ist die Gewerbesteuer entsprechend aufzuteilen.

4. Steuerschuldner, § 5 GewStG

Steuerschuldner ist stets der Unternehmer, also derjenige, für dessen Rechnung das Gewerbe betrieben wird. Bei einer Personengesellschaft ist Steuerschuldner die Gesellschaft. Wichtig zu beachten ist für den Fall des Betriebsüberganges (§ 613a BGB) die Steuerschuldnerschaft: gemäß § 5 Abs. 2a GewStG ist bei einem Betriebsübergang im Ganzen auf einen anderen Unternehmer der bisherige Unternehmer bis zum Zeitpunkt des Übergangs Steuerschuldner; danach ist der andere Unternehmer Steuerschuldner. Dies führt in der Praxis zu einem oft überschätzten oder nicht bekannten Risiko, was zu einem finanziellen Ruin führen kann.

5. Besteuerungsgrundlage, § 6 GewStG

Der Gewerbebetrag ist die Besteuerungsgrundlage für die Gewerbesteuer. Das Schema zur Ermittlung des Gewerbeertrages findet der Leser am Ende dieses Kapitels. Gewerbeertrag (§ 7 GewStG) ist in der nach den Vorschriften des EStG und des Körperschaftsteuergesetzes zu ermittelnde Gewinn aus dem Gewerbebetrieb. Hier wird deutlich, dass das Gewerbesteuergesetz von dem Leitbild des Einkommensteuerrechts durchzogen ist und permanent auf die Grundsätze des Einkommensteuergesetzes verweist. Umso wichtiger ist es, in der Praxis zunächst sorgfältig die Berechnungen im Bereich der Einkommensteuer durchzuführen und bei der Prüfung der Gewerbesteuer nur noch darauf zu verweisen.

Zum Gewerbeertrag werden zum Teil Beträge wieder hinzugerechnet (§ 8 GewStG) und zum Teil abgerechnet (§ 9 GewStG). In der Praxis sind diese beiden Normen exakt durchzusehen, um festzustellen, ob ein Punkt einschlägig ist. Falls dies gegeben ist, sind die Kürzungen oder Hinzurechnungen vorzunehmen. Der resultierende Gewerbeertrag ist alsdann auf volle 100,00 EUR nach unten abzurunden und um einen Freibetrag (bei natürlichen Personen und bei Personengesellschaften) in Höhe von 94.500,00 EUR, bei anderen Unternehmen in Höhe von 5.000,00 EUR – höchstens jedoch in Höhe des abgerundeten Gewerbeertrages (also auf null) zu kürzen. Alsdann ist der Gewerbeertrag mittels starren Prozentsatzes (3,5 %) als Steuermesszahl zu errechnen. Dieser daraus resultierende sog. „Steuermessbetrag“ wird wiederum mit dem Hebesatz der jeweiligen Gemeinde festgesetzt und erhoben. Der Steuermessbetrag wird nach Ablauf des Erhebungszeitraumes festgesetzt – Veranlagungszeitraum ist das Kalenderjahr (vgl. Einkommensteuergesetz und Körperschaftsteuergesetz). Die Steuer entsteht mit Ablauf des Erhebungszeitraumes, für den die Festsetzung vorgenommen wird. Zur Minderung der Steuernachzahlungen hat der Steuerschuldner dabei jeweils Vorauszahlungen zu entrichten (vgl. § 19 GewStG).

6. Beginn der Gewerbesteuerpflicht

Die Pflicht zur Gewerbesteuerzahlung beginnt mit der Aufnahme der werbenden Tätigkeit, wobei Vorbereitungshandlungen nicht dazu zählen. Bei eintragungspflichtigen Rechtsformen beginnt die Gewerbesteuerpflicht spätestens mit der Eintragung in das Handelsregister.

7. Ende der Gewerbesteuerpflicht

Die Pflicht zur Entrichtung von Gewerbesteuer endet mit der Einstellung der gewerblichen Tätigkeiten, wobei vorübergehende Unterbrechungen außer Acht bleiben. Deutlich wird dies bei Restaurationsbetrieben und anderen Saisonleistungen. Unabhängig davon wird die Gewerbesteuerpflicht mit der Liquidation und der Verteilung des Vermögens beendet. Die Aufgabe des Gewerbebetriebes allein löst noch nicht das Ende der Gewerbesteuerpflicht aus.

Zur Ermittlung der Gewerbesteuer gilt das nachfolgende gesetzliche Schema:

Gewinn aus Gewerbebetrieb
+ Hinzurechnungen
= Summe des Gewinns und der Hinzurechnungen
- Kürzungen
- Gewerbeverlust
= Gewerbeertrag
- Freibetrag
= verbleibender Gewerbeertrag
x Steuermesszahl
= Steuermessbetrag nach dem Gewerbeertrag
(zu vervielfältigen mit dem Hebesatz)

IV. Umsatzsteuerrecht (UStG)

Das Umsatzsteuerrecht ist eine der umfangreichsten und in Teilen komplizierteste Rechtsmaterie im deutschen Steuerrecht. Es existiert eine Fülle von Literatur und Rechtsprechung, die zudem vom Einfluss des europäischen Rechts und der Judikatur des europäischen Gerichtshofes geprägt ist. Die Umsatzsteuer ist eine Gemeinschaftssteuer, bei der das Aufkommen dem Bund, den Ländern und den Gemeinden gleichsam zusteht. Verwiesen sei insoweit auf Art. 106 GG. Den größten Teil der Umsatzsteuer erhält der Bund; danach folgen die Länder und mit einem geringen Restbetrag die Gemeinden. Die Umsatzsteuer wird von den Ländern verwaltet und ist eine Verkehrssteuer. Denn die Umsatzsteuer knüpft an Vorgänge des Rechtsverkehrs und des wirtschaftlichen Verkehrs an, wobei die wirtschaftlichen Folgen nicht maßgeblich sind – die Gewinnerzielungsabsicht ist irrelevant.

Die Umsatzsteuer ist gleichermaßen eine indirekte Steuer, da der Steuerschuldner der Leistungsempfänger ist und der Unternehmer die Steuerschuld auf den Leistungsempfänger abwälzen kann. Ferner bleibt bei der Besteuerung die persönliche Leistungsfähigkeit des Steuersubjekts außer Betracht, so dass die Umsatzsteuer auch eine Objektsteuer darstellt. Grundlage der Umsatzsteuer ist die sechste Mehrwertsteuerrichtlinie. Damit soll die Harmonisierung der Umsatzsteuer in der Europäischen Gemeinschaft verfolgt werden und Steuergrenzen im innergemeinschaftlichen Verkehr sowie eine einheitliche Bemessungsgrundlage beseitigt/herbeigeführt werden.

Im Umsatzsteuerrecht sind zwei maßgebliche Prinzipienwichtig: das Bestimmungslandprinzip und das Ursprungslandprinzip. Das Bestimmungslandprinzip sagt aus, dass die Ware in dem Staat, aus dem sie stammt, vollständig von der Umsatzsteuer entlastet wird und die endgültige Umsatzsteuerbelastung innerhalb des Importstaates erfolgt. Dieses Prinzip gilt für den gewerblichen Warenverkehr. Das Ursprungslandprinzip dagegen belässt die endgültige Besteuerung mit Umsatzsteuer im Exportstaat und vermeidet so eine Besteuerung im Importstaat.

1. Steuerbarkeit

Bei der Prüfung der Umsatzsteuer ist zunächst zu prüfen, ob der Umsatz überhaupt steuerbar ist. Steuerbar ist gemäß § 1 Abs. 1 UStG eine Lieferung oder sonstige Leistung gegen Entgelt, die von einem Unternehmer im Rahmen seines Unternehmens erbracht wurde. Der Ort der Leistung muss im Inland gelegen sein. Alle Tatbestandsmerkmale sind gesetzlich normiert und finden sich bei genauer Lektüre in den einzelnen Vorschriften wieder: Lieferung (§ 3 Abs. 1 UStG), sonstige Leistungen (§ 3 Abs. 9 UStG), Unternehmer (§ 2 UStG), Inland (§ 1 Abs. 2 UStG), Entgelt (§ 10 Abs. 1 Satz 2, 3 Abs. 1a UStG) Unternehmen (§ 2 Abs. 1 2 UStG). Hinzuweisen sei in diesem Zusammenhang darauf, dass ein Unternehmer ein einziges Unternehmen im steuerrechtlichen Sinne haben kann. Verdeutlichen Sie sich dies an einem Beispiel: X. betreibt ein Kfz-Gewerbe, verkauft Bananen und übt eine Tätigkeit als selbstständiger Hausmeister aus. Gesellschaftsrechtlich betrachtet, ist X. Inhaber von drei Unternehmen. Umsatzsteuerrechtlich betrachtet, führt X. ein einziges Unternehmen. In seiner Umsatzsteuervoranmeldung meldet X. in einem Feld die Gesamtheit aller Leistungen an, berechnet in einem weiteren Feld die abzuführende Umsatzsteuer und in einem dritten Feld die angefallene Vorsteuer, die von der Umsatzsteuer abziehbar ist. Hier werden immer wieder Fehler gemacht – daher: es gibt umsatzsteuerrechtlich nur ein Unternehmen!

2. Steuerpflicht, § 4 UStG

Des Weiteren ist zu prüfen, ob eine Steuerpflicht oder eine Steuerfreiheit vorliegt. Die Steuerfreiheit ist in § 4 UStG geregelt. Diese Norm ist sehr genau durchzusehen, um festzustellen, ob eine Steuerfreiheit vorliegt.

3. Bemessungsgrundlage, § 10 UStG

Bemessungsgrundlage ist für die Umsatzsteuer das Entgelt. Entgelt ist alles, was der Leistungsempfänger aufwendet, um die Leistung zu erhalten, jedoch abzüglich der Umsatzsteuer (Nettoprinzip). Die maßgeblichen Vorschriften finden sich in § 10 UStG.

4. Steuersatz, §§ 12, 24 UStG

Weiterhin stellt sich die Frage, mit welchem Umsatzsteuersatz das Entgelt belastet wird. Hier wird vielfach der Fehler gemacht anzunehmen, es gebe lediglich zwei Umsatzsteuersätze, nämlich 19 % und 7 %. Übersehen wird häufig der Durchschnittssatz für Land- und forstwirtschaftliche Betriebe, welche gemäß § 24 Abs. 1 UStG mit Umsatzsteuersätzen von 5,5 % und 10,7 % handeln können. Dies ergibt einen höheren Umsatz oder einen Marktvorteil – je nachdem, ob der Unternehmer den Endpreis heruntersetzt oder mit dem geringen Steuersatz ungesehen und unbemerkt fakturiert. Die Großzahl aller Unternehmen fakturiert mit dem verminderten Umsatzsteuersatz und erwirtschaftet eine höhere Gewinnmarge. Als Beispiel kann der Drive-in von McDonald's herangezogen werden: im Restaurant selbst werden 19 % Umsatzsteuer fakturiert, während im Drive-in 7 % Umsatzsteuer berechnet werden. Der Endpreis des Produktes ist derselbe.

5. Entstehung der Steuer, § 13 UStG

Fraglich ist, wann die Steuer entsteht. Gemäß § 13 UStG wird von einer Soll-Besteuerung ausgegangen. Dies bedeutet, mit Faktura der Leistung ist auch die Umsatzsteuer fällig und an das Finanzamt abzuführen. Dies führt häufig zu Liquidationsengpässen in dem jeweiligen Unternehmen, da die Rechnung zwar fakturiert und versandt wurde, häufig jedoch nicht sofort gezahlt wird. Dies bedeutet, der Unternehmer muss vor Erhalt des Entgeltes die Umsatzsteuer aus eigener Tasche vorleisten. Mag dies in Kleinbetrieben noch unproblematisch möglich sein, ist diese Vorgehensweise in größerem Umfang mitunter existenzbedrohend. Daher gibt es die Möglichkeit, die Ist-Besteuerung zu beantragen. Dies bedeutet, die Umsatzsteuer wird erst dann an das Finanzamt gezahlt, wenn der Betrag tatsächlich beim Unternehmer gutgeschrieben wird. Dies verhindert Zinsnachteile, kräftigt die Liquidität des Unternehmens und ist dann möglich, wenn der Gesamtumsatz im Vorjahr nicht mehr als 500.000,00 EUR betragen hat. Diese Regelung gilt bis Ende 2011, um die Wirtschaft zu entlasten. Danach gilt voraussichtlich eine Grenze von 250.000,00 EUR. Besteuerungszeitraum ist dabei das Kalenderjahr.

6. Vorsteuer, § 15 UStG

Der Unternehmer hat die Möglichkeit, die Vorsteuer von Rechnungen abzuziehen, die für Leistungen gegenüber seinem Unternehmen erbracht wurden. Normiert ist der Vorsteuerabzug in § 15 UStG. Diese Möglichkeit besteht nur dann nicht, wenn der Unternehmer als Kleinunternehmer geführt wird, und keine Umsatzsteuer ausweisen kann. Dann kann er konsequenterweise auch die Vorsteuer nicht geltend machen. Auch hier ist Vorteil und Nachteil abzuwägen. Wenn ein Unternehmer keine Umsatzsteuer berechnen muss, hat er am Markt einen gewissen Vorteil, da seine Leistungen günstiger fakturiert werden können als es die Konkurrenz tut. Als weitere Möglichkeit kann die Leistung in gleicher Höhe wie die der Konkurrenz fakturiert und die dadurch entstehende höhere Gewinnmarge einbehalten werden. Nachteilig ist, dass keine Vorsteuer geltend gemacht werden kann und anhand der Rechnung (fehlender Umsatzsteuerausweis) auf den ersten Blick erkannt wird, dass der leistende Unternehmer keinen hohen Umsatz erzielt. Möglicherweise wird dann vom Umsatz auf die Qualität geschlossen, was sich als negativ erweisen kann. Die Grenze zur Kleinunternehmereigenschaft liegt bei einem Umsatz in Höhe von 17.500,00 EUR im vorangegangenen Kalenderjahr, und im laufenden Kalenderjahr bei maximal 50.000,00 EUR. Die Eigenschaft als Kleinunternehmer bedarf eines Antrages seitens des Unternehmers.

7. Faktura von Rechnungen, § 14 UStG

Als zentrale Norm des Umsatzsteuerrechts ist § 14 Abs. 4 UStG zu beachten. Darin wird explizit aufgeführt, welche Angaben eine Rechnung enthalten muss. Enthält eine Rechnung falsche oder fehlende Inhaltsangaben, wird in aller Regel der Vorsteuerabzug versagt, was zu einem Liquiditätsengpass und finanziellen Nachteil führt.

8. Ort der sonstigen Leistung, § 3a UStG

Der Ort der sonstigen Leistung bestimmt sich nach § 3a UStG und ist zum 01.01.2010 grundlegend reformiert worden. Eine sonstige Leistung wurde nach alter Fassung an dem Ort ausgeführt, von dem aus der *Unternehmer* sein Unternehmen betreibt. Nach neuer Regelung gilt als Ort der sonstigen Leistung der Ort, an dem der *Leistungsempfänger* seinen Sitz beziehungsweise seine feste Niederlassung hat. Dies zieht diverse Änderungen in der Faktura und damit in der Buchhaltung nach sich.

V.) Rechtsbehelfsverfahren im Steuerrecht

Im Steuerrecht wie im Zivilrecht ergeben sich teilweise Situationen, in denen es notwendig ist, sofort und ohne große Formalanforderungen Rechtsschutz zu erlangen. Dienen soll dies in erster Linie dem Rechtschutzbedürfnis, aber auch der Verfahrensökonomie. Denn schließlich sind die bearbeitenden Behörden am Sachverhalt näher dran und können dem Rechtsbehelf stattgeben. Nachfolgend soll in erster Linie auf den Einspruch als wichtigster Rechtsbehelf eingegangen werden.

1. Einführung

Der Einspruch und weitere Rechtsbehelfe richten sich gegen Steuerbescheide und bestimmen sich nach den Vorschriften der AO und der FGO. Die Rechtsbehelfe tragen der Tatsache Rechnung, dass das Steuerrecht Massenfälle beherbergt. Daher sind viele Erfahrungssätze den Entscheidungen zu Grunde zu legen. Somit rechtfertigt sich aber auch die Tatsache, dass die Finanzbehörden kaum jeden Fall intensiv nachprüfen können. Inhalte solch materiell unrichtiger Entscheidungen treten also relativ häufig auf, was die Praxis in Form von Einspruchsstatistiken zeigt. Um der Überlastung der Gerichte mittels Nachprüfung von Steuerbescheiden entgegen zu wirken, wurden diverse Rechtsbehelfsverfahren eingeführt. Sie sind daher in Teilen lex spezialis zum Widerspruchverfahren der VwGO.

2. Einspruch

Der Einspruch ist das sog. verlängerte Verwaltungsverfahren und wird bei der ursprünglich zuständigen Behörde eingelegt. Daher kommt dem Einspruch auch kein Devolutiveffekt zu; überdies erklärt sich auch die Stellung des Einspruchs in der AO und nicht in der FGO. Dies trägt dem Grundsatz der Selbstkontrolle der Behörde Rechnung und dient in erster Linie der Erweiterung des Rechtschutzes des Steuerpflichtigen. Das Einspruchverfahren muss obligatorisch durchlaufen werden, um eine Klage erfolgreich verlaufen zu lassen. Mit dem Einspruch hat jeder Steuerpflichtige die Überprüfung seines Steuerbescheides selbst in der Hand. Er kann den Einspruch zurücknehmen oder erweitern. Jedoch ist zu beachten, dass die Finanzbehörde auch eine Verböserung eintreten lassen kann. Insoweit endet die Dispositionsmaxime des Steuerpflichtigen. Der Einspruch ist kostenfrei. Durch die Einlegung des Einspruchs tritt lediglich ein eingeschränkter Suspensiveffekt ein, denn es wird lediglich die formelle Bestandskraft, nicht jedoch die Vollziehung des angegriffenen VA gehemmt.

a. Zulässigkeit

Um dem Einspruch zum Erfolg zu verhelfen, muss dieser zulässig sein. Die Finanzbehörde hat also zunächst zu prüfen, ob die Sachentscheidungsvoraussetzungen vorliegen. Ansonsten ist der Einspruch als unzulässig zurückzuweisen.

a.a. Finanzrechtsweg, § 347 AO

Zunächst ist die Zulässigkeit des Finanzrechtswegs gem. § 347 AO zu prüfen. Danach ist der Einspruch zulässig in allen Abgabeangelegenheiten, in denen die AO Anwendung findet. Im Unterschied zu § 40 I VwGO gibt es hinsichtlich des Finanzrechtswegs keine Generalklausel, die eine Zuweisung zu den Finanzgerichten konstituiert. Der Finanzrechtsweg ist daher als abdrängende Sonderzuweisung zu den Finanzgerichten zu betrachten.

Der Finanzrechtsweg ist also immer dann gegeben, wenn es sich um eine öffentlich-rechtliche Streitigkeit über Abgabenangelegenheiten handelt, § 33 I Nr. 1 FGO. Es muss sich dabei um eine Abgabe handeln, die der Gesetzgebung des Bundes (Art. 105 GG) unterliegt und mittels Bundes- oder Landesbehörden verwaltet wird. Daher ist bei kommunalen Steuern auch nie der Finanzrechtsweg, sondern immer der Verwaltungsrechtsweg gegeben. Steuerbescheide hinsichtlich der Einkommensteuer oder der Körperschaftsteuer stellen jedoch eine Finanzrechtsangelegenheit dar. Ein Unterschied besteht auch bei Realsteuern, deren Messbetrag von den Finanzbehörden festgesetzt und von den Gemeinden endgültig festgesetzt und erhoben wird. Insoweit muss zwischen den einzelnen Kompetenzen aufgespalten werden. Danach richtet sich dann auch der Rechtsweg.

Auch die Steuerfahndung als Doppelnatur erlangt besondere Bedeutung im Rahmen des Rechtsweges. Wird sie im Steuerstrafverfahren oder im Ordnungswidrigkeitenverfahren tätig, weil sich ein Anfangsverdacht herausgestellt hat, dann muss der ordentliche Rechtsweg für die Überprüfung der Steuerfahndung-Maßnahmen bestritten werden. Denn dann kommt der Steuerfahndung eine Kompetenz als Justizbehörde zu. Dann müssen ihre Maßnahmen aber auch als Justizakte gelten. Wird die Steuerfahndung dagegen nach dem Abschluss des Steuerstrafverfahrens oder der Steuerordnungswidrigkeit tätig, ist der Finanzrechtsweg einschlägig.

Der Finanzrechtsweg ist ferner gegeben, wenn eine explizite Zuweisung (EigZulG u. a.) an die Finanzgerichte gegeben ist.

Wird eine Klage unzulässig erweise im Finanzrechtsweg betrieben, kommt eine Verweisung an das zuständige Gericht in Betracht. Dazu müssen die Beteiligten angehört werden und die Unzulässigkeit des Finanzrechtsweges ausgesprochen sein. Eine Abweisung der Klage als unzulässig ist zu verneinen. Da die Rechtswege als gleichwertig betrachtet werden, kann das nunmehr zuständige Gericht das Verfahren nicht ablehnen. Insofern ist eine aufdrängende Wirkung gegeben. Der Verweisungsbeschluss ist bindend und lediglich mit der zulassungsbedürftigen Beschwerde zum BFH anzufechten.

a.b. Statthaftigkeit des Einspruchs, §§ 347 I, 348 AO

Ferner ist Voraussetzung, dass der Einspruch gem. §§ 347 I, 348 AO statthaft ist, d. h. dass ein solcher Rechtsbehelf überhaupt zur Anwendung kommen kann. Zur Hilfe genommen werden kann die enumerative Aufzählung unter § 347 AO. Zunächst muss also ein Verwaltungsakt i. d. § 118 AO vorliegen. Die Legaldefinition des § 118 AO lehnt sich eng an die des VwVfG an. Verwaltungsakt ist danach jede Verfügung, Entscheidung oder andere hoheitliche Maßnahme, die eine Behörde zur Regelung eines Einzelfalls auf dem Gebiet des öffentlichen Rechts trifft und die auf unmittelbare Rechtswirkung nach außen gerichtet ist. Besondere Schwierigkeiten hinsichtlich der Qualifizierung eines Verwaltungsaktes dürften im Steuerrecht nicht auftreten, da die Bescheide der Finanzverwaltung in der Regel einen Verwaltungsakt darstellen. Davon zu unterscheiden sind lediglich unverbindliche Auskünfte ohne Regelungscharakter[1] oder Steueranmeldungen, die jedoch dem Steuerbescheid unter dem Vorbehalt der Nachprüfung gleichstehen. Ferner ist von diesen Regelungen der Fall auszunehmen, in dem die Behörde binnen angemessener Frist über einen Antrag nicht entschieden hat, § 347 I 2 AO. Auch Verwaltungsanweisungen, behördeninterne Vorgänge oder bloße Meinungsäußerungen stellen keinen VA dar, denn sie sind in der Regel nicht geeignet, einen Einzelfall zu regeln bzw. unmittelbare Rechtswirkung nach außen zu entfalten.

Um zu vermeiden, dass sich das Einspruchsverfahren unnötig in die Länge zieht und damit effektiver Rechtschutz gewährt wird, ist ein Einspruch gegen eine Einspruchentscheidung nicht zulässig. Alsdann ist direkt auf den Klageweg zu verweisen, § 44 I FGO. Bleibt im Fall der Untätigkeit der Behörde eine Einspruchsentscheidung aus, ist auch hier der nächste Weg das finanzgerichtliche Klagevorgehen.

Gegen andere Entscheidungen der Behörde ist der Einspruch nicht statthaft. Dann bleibt dem Steuerpflichtigen nur noch abzuwarten, bis eine Regelung der Behörde erfolgt, gegen die dann der Einspruch oder im Zweifel der Widerspruch zulässig ist oder der Betroffene nimmt andere Rechte wie die Dienst- oder Fachaufsichtsbeschwerde oder die Gegenstellung wahr.

Zu beachten ist auch, dass in Straf- und Bußgeldverfahren nicht die Vorschriften des Einspruchs, sondern die der StPO, oder des EGGVG bzw. des OWiG gelten.

1 Vgl. auch Mahnungen, Belehrungen, Hinweise, Rechtsauskünfte, Erledigungsvorschläge des Finanzamtes u. a.

a.c. Einspruchsbefugnis, §§ 350 ff. AO

Ferner ist zu besorgen, dass die Einspruchsbefugnis gem. §§ 350 ff. AO gegeben ist. Anders als in § 40 FGO ist hierfür keine Rechtsverletzung, sondern lediglich eine Beschwer notwendig. Der Einspruchsführer muss also geltend machen, durch einen bestimmten Verwaltungsakt in seinen subjektiven Rechten verletzt, also beschwert worden zu sein. Jedoch ist hier eine überschießende Tendenz zu § 40 FGO zu beobachten, indem die Beschwer die fehlerhafte Anwendung einer Verwaltungsvorschrift sowie die unzweckmäßige Ermessensausübung umfasst. Große Anforderungen werden an die Beschwer nicht gestellt.

Mit Hilfe des § 350 AO soll eine Popularklage abgewehrt werden, genauso wie die Finanzbehörden entlastet werden sollen, indem die Einspruchsberechtigten herausgefiltert werden können. Zugelassen zum Einspruchsverfahren wird also nur derjenige, der erkennbar persönlich in seinen Rechten betroffen sein könnte. Die behauptete Rechtsverletzung muss schlüssig und explizit geltend gemacht werden.

Ob die geltend gemachte Beschwer tatsächlich vorliegt, zeigt sich im Rahmen der Begründetheit des Einspruchs.

Die Beschwer teilt sich in ein subjektives und ein objektives Element. Die subjektive Beschwer ist demnach immer dann anzunehmen, wenn der Einspruchsführer selbst und unmittelbar durch einen Verwaltungsakt betroffen ist. Dieses Erfordernis dient der Verhinderung der Popularklage und ist i. d. R. unproblematisch gegeben. Insoweit ist auch ein expliziter Vortrag entbehrlich, schadet jedoch nicht.

Exkurs:

Der Gesamtrechtsnachfolger tritt gem. § 45 AO vollumfänglich in die Rechte des Erblassers ein. Somit gehen auch die Steuerverbindlichkeiten auf den Erben über. Dann ist es nur konsequent, dem Erben die verfahrensrechtliche Stellung des Rechtsvorgängers zukommen zu lassen. Der Erbe kann also alle Handlungen vornehmen, um gegen einen VA wirksam vorzugehen. Ein anderes gilt für den Einzelrechtsnachfolger. Dieser kann eventuelle Rechte des Vorgängers nicht ohne Weiteres geltend machen oder fortführen. Ausnahmen gelten lediglich für einzelne Tatbestände wie Zerlegungsbescheide, Grundsteuermessbescheide o. ä. Denn diese Tatbestände entfalten dingliche Regelungswirkung, die ähnlich der der Gesamtrechtsnachfolge zu behandeln ist.

Exkurs Ende

Sind mehrere Adressaten gegeben, ist jeder von ihnen allein einspruchsbefugt. Daraus ergibt sich, dass nicht nur derjenige beschwert ist, dem der VA zugegangen ist, sondern auch derjenige, dem der Inhalt des VA gegolten hat.

Die geltend zu machende Beschwer liegt regelmäßig im Ergebnis des jeweiligen VA, nicht jedoch in der Begründung desselben, die zu dem anzufechtenden Ergebnis führt. Eine Ausnahme liegt nur dann vor, wenn die Gründe selbst eine Grundlage für die Festsetzung einer anderen Steuer sind. Wird zum Beispiel ein Steuersachverhalt anders beurteilt, ergibt sich für das zu Grunde liegende Veranlagungsjahr jedoch keine Steueränderung, also keine abändernde Beurteilung, i. w. liegt eine Beschwer nicht vor. Dies gilt auch dann, wenn zwar andere Sachverhaltsvoraussetzungen geltend gemacht werden, die von der Finanzbehörde so nicht weiterverfolgt werden, also eine gänzlich andere Beurteilung von Steuertatbeständen erfolgt, im Ergebnis jedoch die Steuerschuld auf Null festgelegt wird. Wird ein Steuerbescheid o. ä. aufgehoben oder geändert, liegt keine Beschwer des Steuerpflichtigen mehr vor. Hat er sich zu Ungunsten des Steuerpflichtigen geändert und sich dann erledigt, kann der Steuerpflichtige jedoch mittels Fortsetzungsfeststellungsinteresse seine Rechte weiter verfolgen.

Für Ehegatten ergibt sich keine Änderung in der grundsätzlichen Darstellung dieser vorangegangenen Grundsätze. Lediglich die Tatsache, dass einem Ehegatten der jeweilige Bescheid nicht bekannt gegeben wurde, lässt eine Beschwer entfallen. Dieser Grundsatz gilt für die Zusammenveranlagung der Eheleute.

Die Beschwer muss grundsätzlich auf dem Gebiet des Steuerrechts stattfinden, d. h. es müssen steuerliche Streitfragen geklärt werden. Eine außersteuerliche Beschwer ist für den Einspruch mithin ergebnislos und nicht zu beachten. Denn anderenfalls kann ein Verwaltungsverfahren des Betroffenen angestrengt werden. Eine Ausnahme gilt jedoch dann, wenn die an sich nicht steuerlichen Tatsachen zu einer Bindung in einem außersteuerlichen Bereich führen. Dabei ist eine gesetzliche Bindung nicht notwendig. Es reicht also aus, wenn Behörden die Feststellungen des Finanzamtes als bindend betrachten.[2] Die Beschwer liegt auch bei vorläufigen Bescheiden vor und muss hinsichtlich eines jeden Veranlagungszeitraumes gesondert festgestellt werden. Dies gilt nur dann nicht, wenn sich die Festsetzung auf die späteren Zeiträume negativ auswirkt.

Die objektive Beschwer ist immer dann anzunehmen, wenn ein VA angegriffen wird, durch dessen Inhalt der Betroffene belastet wird und geltend macht, in seinen Rechten verletzt worden zu sein. Wird zum Beispiel eine bestimmte Steuer festgesetzt, leitet sich die sachliche Beschwer bereits aus der Steuerbetragsfestsetzung ab, ohne dass es eines besonderen Vortrages des Steuerpflichtigen bedarf. Eine Begründung für die sachliche Beschwer ist also in aller Regel

2 Z. B. die Anerkennung von Werbungskosten und deren Verlustvortrag in das laufende Jahr, wodurch das Einkommen auf Null herabgesetzt wird. Dann ist die Sozialbehörde an das Feststellungsergebnis gesetzlich nicht gebunden, wird es jedoch regelmäßig dem Sozialunterstützungsverfahren zu Grunde legen.

entbehrlich, arg. ex § 357 III AO. Dabei ist darauf zu achten, dass die Beschwer nicht in der Festsetzung der Steuer selbst, sondern bereits in einer Nebenbestimmung liegen kann. Diese muss jedoch unselbständig vom Steuerbescheid sein. Eine Beschwer ergibt sich selbst dann, wenn der Steuerpflichtige zwar einen ihn begünstigenden Bescheid erhalten hat, dieser nach seiner Ansicht jedoch quantitativ zu gering ausgefallen ist. Es kommt also lediglich auf die festgesetzte Steuer an. Gründe oder andere Erläuterungen spielen dabei keine herausragende Rolle. Die sachliche Beschwer ist selbst dann zu bejahen, wenn der Steuerpflichtige begehrt, eine steuerliche Rechtsposition generell zu überprüfen.

a.d. Beteiligtenfähigkeit, §§ 33, 78 AO

Die Beteiligtenfähigkeit ist eine weitere Voraussetzung für den steuerrechtlichen Einspruch. Beteiligtenfähig in diesem Sinne ist demnach, wer steuerrechtsfähig ist. Steuerrechtsfähig ist, wer Träger von Rechten und Pflichten ist und eine natürliche oder juristische Person darstellt, §§ 33, 78 AO. Die Rechte und Pflichten konzentrieren sich dabei auf das Steuerrechtsverhältnis.

In der AO kommt der Begriff der Steuerrechtsfähigkeit nicht vor. Gesprochen wird in diesem Sinne lediglich von einem Steuerpflichtigen. Nach der Legaldefinition des § 33 AO ist Steuerpflichtiger, wer eine Steuer schuldet, für eine Steuer haftet, eine Steuer für Rechnung eines Dritten einzubehalten und abzuführen hat, wer eine Steuererklärung abzugeben, Sicherheit zu leisten, Bücher und Aufzeichnungen zu führen oder andere, ihm durch die Steuergesetze auferlegte, Verpflichtungen zu erfüllen hat. Voraussetzung dafür ist jedoch auch wieder die Steuerrechtsfähigkeit. Diese lehnt sich eng an die Rechtsfähigkeit des BGB an. Gemeint sind also die subjektiven Voraussetzungen für einen Rechtsträger.

Steuerrechtsfähigkeit wird in der Regel von den einzelnen Steuergesetzen verliehen. Sie darf jedoch nicht nur auf das Steuerpflichtverhältnis zwischen Bürger und Staat ausgedehnt werden, sondern muss auch Betrachtung finden bei der Durchsetzung der Rechte des Bürgers gegen den Staat. Da die Steuerrechtsfähigkeit von den einzelnen Gesetzen verliehen wird, ist auf eine einheitliche Darstellung in der AO bewusst verzichtet worden. Denn selbst dann müsste ein jedes Gesetz die Steuerrechtsfähigkeit wieder selbst regeln, indem es die Steuerpflicht für sich selbst statuiert. Eine natürliche Person fällt mit ihren Einkünften aus nicht selbständiger Arbeit eben nicht unter das Körperschaftsteuergesetz. Dies gilt in umgekehrter Konstellation selbstredend auch für die Ansprüche des Bürgers gegen den Fiskus. Der Beginn der Steuerrechtsfähigkeit bestimmt sich demzufolge auch nach den einzelnen Gesetzen bzw. nach den allgemeinen Regelungen subsidiär. So kann für eine GbR die Vorgesellschaft bereits steuerpflichtig werden, während eine natürliche Person erst mit der Geburt und dann erst mit der Erzielung von Einkünften den einzelnen Steuerarten unterfällt. Auch das Ende der Steuerrechtsfähigkeit ist individuell zu bestimmen. Erlischt eine GbR, kann sie unter Umständen noch zu einer Steuernachzahlung in Anspruch genommen werden. Denn dann haftet die Abwicklungsgesellschaft für die Steuerverbindlichkeiten der Vorgänger-Gesellschaft. Eine natürliche Person dagegen verliert ihre Steuerverbindlichkeiten mit dem Tod. Mit dem Tod geht die Steuerschuld natürlich nicht unter. Denn gemäß § 1922 BGB geht diese Verbindlichkeit auf den Erben als Gesamtrechtsnachfolger über. Insofern kann von einer Fortdauer der Steuerrechtsfähigkeit über den Tod hinaus gesprochen werden. Insolvenz oder Vergleich haben keinerlei Auswirkungen auf die Steuerrechtsfähigkeit.

Die Steuerrechtsfähigkeit von juristischen Personen des öffentlichen Rechts ist in der AO allgemeinverbindlich nicht geregelt. Insoweit müssen die Grundsätze für die juristischen Personen des Privatrechts analog angewandt werden. Die Steuerrechtsfähigkeit beginnt also erst mit der Gründung dieser Gebilde (etwa Anstalten, Stiftungen, Bund, Länder, Gemeinden, Religionsgesellschaften u. a.) und endet mit deren vollständiger Abwicklung.

a.e. Handlungsfähigkeit, §§ 365 I, 79 AO

Die Handlungsfähigkeit bestimmt sich nach §§ 365 I, 79 AO und definiert die Fähigkeit zur Vornahme von Handlungen. Lediglich die Personen, die selbst durch ein Verhalten Rechtsfolgen herbeiführen können, sind handlungsfähig. Für das Steuerrechtsverfahren gilt dies mit der Maßgabe, Handlungen selbständig vorzunehmen, die Auswirkungen auf den Prozess per se haben. Die Handlungsfähigkeit weist einen engen Bezug zur Steuerrechtsfähigkeit auf. Denn steuerrechtsfähig kann nur sein, wer auch handlungsfähig ist. Alle natürlichen Personen, die im Zivilrecht unbeschränkt geschäftsfähig sind, sind auch im steuerlichen Verfahren handlungsfähig. Die Handlungsfähigkeit erstreckt sich also auf alle das Steuerrechtsverhältnis betreffenden Maßnahmen, die von einer natürlichen Person getroffen werden. Dabei ist das Persönlichkeitsrecht als Auslegungshilfe heranzuziehen. Im Zweifel der Handlungsfähigkeit ist der Rechtsbehelf daher als unzulässig abzuweisen.

Die Handlungsfähigkeit betrifft also zunächst die aktive Seite, eigene Handlungen wirksam im Prozess vorzunehmen. Sie betrifft jedoch auch die passive Seite, nämlich Verwaltungsakte wie Steuerbescheide entgegen zu nehmen und zu verstehen. Problematisch ist dann nämlich, ob die Verwaltungsakte bei Bekanntgabe ggü. einem Handlungsunfähigen Wirksamkeit entfalten können oder nicht. Bedeutung hat dies für etwaige Rechtsbehelfe oder Klagen gegen den jeweiligen Verwaltungsakt. Beschränkt handlungsunfähige natürliche Personen können jedoch auch wirksam Handlungen vornehmen, wenn sie die Ermächtigung des gesetzlichen Vertreters vorweisen können. Zweifel an der Handlungsfähigkeit sind von Gerichtsseite von Amts wegen zu prüfen.

Juristische Personen sind de natura nicht handlungsfähig. Daher ist es stets erforderlich, dass gesetzliche Vertreter oder sonstige Beauftragte etwa durch Rechtsgeschäft, die jeweilige juristische Person wirksam vertreten. Natürlich müssen die jeweiligen Vertreter auch handlungsfähig sein.

Behörden sind als Gebilde juristischer Art nicht handlungsfähig. Denn sie sind weder rechtsfähig noch geschäftsfähig. Dann ist es nur logisch und konsequent, die Behörden auch als handlungsunfähig zu statuieren. Die Begründung findet sich in der Tatsache, dass Behörden durch ihre Leiter, Vertreter oder Bedienstete vertreten werden. Diese natürlichen Personen erst können eine Handlung für die Behörde vornehmen. Für sich selbst kann eine Behörde nicht handeln.

Der Handlungsfähigkeit kommt eine Doppelfunktion zu. Denn die Handlungsfähigkeit ist zum Einen Sachentscheidungsvoraussetzung und zum Anderen Verfahrenshandlungsvoraussetzung. Für die Seite der Sachentscheidungsvoraussetzung muss die Handlungsfähigkeit gegeben sein, m. a. W. zum Zeitpunkt des Erlasses des Verwaltungsaktes muss der Beteiligte oder dessen Vertreter fähig gewesen sein, Rechtshandlungen vorzunehmen. Im Falle der Verfahrenshandlungsvoraussetzung ist zu besorgen, dass die aktive und passive Handlungsfähigkeit vorhanden ist, um wirksame Verfahrenshandlungen vorzunehmen. Ist die Verfahrenshandlungsfähigkeit im Streit, so tritt die Fiktion der Handlungsfähigkeit in Kraft, solange und soweit das Gegenteil dargelegt und bewiesen wurde. D. h., der an sich handlungsunfähige Beteiligte wird solange als verhandlungsfähig betrachtet, bis das Gegenteil von Amts wegen festgestellt wurde. Die Feststellung kann dabei per Verwaltungsakt erfolgen. Alle bis dahin erfolgten Handlungen sind in vollem Umfang wirksam. Wurde die Verhandlungsunfähigkeit rechtsverbindlich dargestellt, muss der Einspruch als unzulässig abgewiesen werden. Besteuerungsverfahren und andere Verfahren, die von Amts wegen erfolgen, sind bis zur endgültigen Feststellung auszusetzen.

Die von einem Handlungsunfähigen vorgenommenen Rechtshandlungen sind also unwirksam. Sie sind jedoch nicht ohne Weiteres heilbar, sondern erst im Wege der Genehmigung wirksam. Solange sind sie als schwebend unwirksam zu betrachten. Die Genehmigung wirkt also ex tunc, d. h. ihr kommt echte Rückwirkung zugute. Eine Ausnahme gilt bei bekannt zu gebenden Verwaltungsakten; diese sind ex nunc heilbar. Denn es ist nicht ersichtlich, warum der Empfänger die dadurch abgelaufene Rechtsmittelfrist nicht mehr soll einhalten können. Die dafür erforderliche nachträgliche Zustimmung (Genehmigung) kann formlos und sogar konkludent erfolgen.

a.f. Einspruchsfrist, § 355 I 1 AO

Gem. § 355 I 1 AO ist es elementar erforderlich, dass die Einspruchsfrist von einem Monat eingehalten wird.

Der Fristbeginn läuft ab Bekanntgabe des Verwaltungsaktes bzw. ab Zustellung des VA. Die Bekanntgabe muss wirksam erfolgt sein.

Im Falle der Zustellung per Post gilt der VA mit dem dritten Tag nach der Aufgabe zur Post als bekannt gegeben. Wird vor Ablauf der Bekanntgabefrist Einspruch eingelegt, ist dieser als unzulässig abzuweisen. Denn vor Bekanntgabe kann dieser keine Wirkung entfalten. Dann ist auch keine Beschwer des potenziellen Adressaten gegeben. Im Übrigen wird man wohl davon auszugehen haben, dass überhaupt kein Verwaltungsakt vorliegt, da vor Bekanntgabe keine Rechtswirkung nach außen gegeben ist. Damit ist auch ein Rechtschutzbedürfnis zu verneinen. Dagegen ist jedoch zu argumentieren, dass der zunächst unzulässige Rechtsbehelf in die Zulässigkeit hineinwächst. Dann erlangt er also automatisch die Voraussetzung als Zulässigkeitskriterium. Ein an sich unzulässiger Einspruch kann jedoch dann wirksam sein, wenn die Finanzbehörde durch Übersendung eines Schreibens den Eindruck erweckt, dieses sei als VA zu deuten. Im Zweifel ist aufgrund der unterschiedlichen Ansichten und Deutungen also zu raten, den Einspruch erneut einzulegen.

Für die Berechnung gelten die Vorschriften des BGB analog. Für die Fristberechnung ist der Steuerpflichtige beweisbelastet. Daher empfiehlt es sich, immer den Posteingang zu vermerken. Bei divergierenden Daten, etwa aus dem VA und dem Poststempel, sind beide festzuhalten und im Zweifel die kürzere Frist zu wählen, obwohl die Datumsangabe des Poststempels nach h. M. bestimmend sein soll.

Die Frist kann bis zum letzten Tag ausgenutzt werden, ohne dass es einer Begründung bedarf, warum der Einspruch nicht früher eingelegt wurde. Zu beachten ist dabei, dass es auf die Einlegung i. e. ankommt und nicht auf die Begründung. Diese kann zu einem späteren Zeitpunkt noch nachgeschoben werden. Allerdings ist dabei darauf zu achten, dass die Frist nicht allzu lange hinausgezögert wird, da die Behörde dann wegen mangelnder Mitwirkungspflicht den Einspruch als unbegründet ablehnen kann. Insoweit empfiehlt es sich, entweder den Einspruch sogleich mit einer Begründung zu versehen oder auf das Nachschieben der Begründung in angemessener Zeit hinzuweisen. Der Einspruch muss dabei der Behörde bis zum Ablauf des jeweiligen Tages, also bis 23.59.59 Uhr zugegangen sein. Denn die Frist ist eine gesetzliche Ausschlussfrist und kann nicht verlängert werden. Allenfalls kommt eine Wiedereinsetzung in den vorigen Stand in Betracht, jedoch nur dann, wenn die Versäumung der Frist unverschuldet war. Geschieht dies mittels Einwurf in den Briefkasten der Behörde, muss diese darlegen, dass der Steuerpflichtige die Frist nicht gewahrt hat. In der Regel wird eine Vorrichtung vorhanden sein, die automatisch am Tagesende den Briefkasten auswechselt oder schließt. Ist diese nicht vorhanden, muss sich die Behörde das Fehlen zurechnen lassen. Bei einem Postfach gilt der Einspruch mit dem Einsortieren als zugegangen.

Im Zweifelsfall muss der Steuerpflichtige darlegen und beweisen, dass das Schriftstück fristgerecht der Behörde zugegangen ist.[3] Die Einlegung des Einspruchs mittels Fax ist mittlerweile als gefestigt anzusehen und mithin als zulässig zu bejahen. Zweifelhaft ist jedoch, ob im Einzelfall der Nachweis des Übertragungsprotokolls den Zugang beweisen kann.

Liegen die Fristerfordernisse nicht vor, d. h. liegen sie vor, aber wurden sie nicht eingehalten, wird der Einspruch als unzulässig abgewiesen, ohne auf die Begründetheit überhaupt einzugehen. Denn die Zulässigkeit ist zuvörderst zu prüfen. Die teilweise vertretene Meinung, zunächst sei mit der Prüfung der Begründetheit zu beginnen, kann nicht durchdringen. Denn eine Rechtsbehelfsstelle wird aus ökonomischen Gründen immer versuchen, den Einspruch möglichst schnell zu erledigen. Dann darauf zu hoffen, die nicht vorliegenden Sachurteilsvoraussetzungen könnten noch nachgeschoben werden, entbehrt jeder Praxisrealität. Niemand wird sich die Mühe machen, dem Einspruchsführer den Hinweis zu geben, der Einspruch sei begründet aber noch nicht zulässig. Daher müsse eine Wiedereinsetzung beantragt werden, da sonst der Rechtsbehelf abgelehnt werden müsse.

Die Einlegung des Einspruchs kann durch Schriftform, durch Telegramm, Fernschreiben, Fax oder gar per e-mail erfolgen. Entscheidend ist, dass bei derartigen rechtsgestaltenden Erklärungen immer der Absender erkennbar ist. Daher bedarf die Versendung per e-mail auch der Verschlüsselung und der Identifizierung durch eine elektronische Signatur, die von der Behörde anerkannt wird. Der Einspruch ist persönlich zu unterschreiben. Zum Faksimile-Stempel vgl. die aktuelle Rechtsprechung. M. E. muss ein solcher Stempel als Unterschrift genügen. Denn damit ist das jeweilige Schriftstück dem Absender zuzuordnen.

a.g. Sonstige Sachentscheidungsvoraussetzungen

Im Übrigen müssen die sonstigen Sachentscheidungsvoraussetzungen vorliegen. Diese sind in der Regel unproblematisch. Deshalb wird darauf nur kursorisch eingegangen.

Der Einspruch darf nicht zurückgenommen werden, § 362 AO. Dann entfällt nämlich das Rechtschutzbedürfnis des Einspruchführers, sodass der Einspruch ohnehin als unzulässig abzuweisen wäre. Denn das Verfahren wird so behandelt, als wäre es gar nicht erst anhängig geworden. Jedoch kann der Ein-

3 Die Schriftform ergibt sich aus § 357 I 1 AO, wobei die falsche Bezeichnung- etwa als Widerspruch – nicht schadet (falsa demonstratio non nocet).

spruch wieder eingelegt werden. Alsdann beginnt das Rechtsbehelfsverfahren erneut. Ferner darf auf das Rechtsmittel Einspruch nicht verzichtet werden, § 354 AO. Denn dies hat zur Folge, dass der Einspruch mangels Aktivlegitimation als unzulässig abgewiesen werden muss. Ein Verzicht ist auch nicht rückgängig zu machen oder etwa wegen Irrtums anfechtbar.

b. Begründetheit

Der Einspruch muss nicht begründet werden. Vorzutragen sind nur die Tatsachen, durch die der Einspruchsführer glaubt, in seinen Rechten verletzt worden zu sein, die also als fehlerhaft betrachtet werden. Ein bestimmter Antrag entfällt als Voraussetzung des Einspruchs. Es empfiehlt sich jedoch stets, diesen beizufügen. Zwar wird der VA im Ganzen überprüft; jedoch ist es geeignet, hinsichtlich einer Verböserung die Finanzbehörde auf lediglich bestimmte Punkte hinzuweisen. Für einen Squeeze-out und dessen sich anschließende Besteuerung empfiehlt es sich somit, zunächst auf die Rechtswidrigkeit der Norm, also der Besteuerung per se hinzuweisen. Danach ist näher auf die einzelnen Punkte ausführlich einzugehen. Die Anfechtung sollte sich also auf einige zentrale Punkte beschränken, die in der Tat Aussicht auf Erfolg haben. Denn allzu oft sind alle angegriffenen Punkte rechtlich nicht zu beanstanden. Das erkennt auch die Finanzbehörde. Alsdann wird diese kaum noch dem Einspruch stattgeben, sodass nur noch die Klage zum Finanzgericht offen bleibt.

Es empfiehlt sich, den Einspruch mit einem Antrag auf Aussetzung der Vollziehung zu versehen. Zwar ist die Aussetzung in das Ermessen der Finanzbehörde gestellt. Jedoch verdichtet sich das Ermessen zu einer Pflicht der Vollzugsaussetzung. M. E. statuiert Art. 19 IV GG einen effektiven Rechtschutz, der im Einspruchsverfahren keine andere Bedeutung erlangen kann. Somit ist der Suspensiveffekt des Einspruchs herzustellen.[4]

An die Einspruchsbegründung werden also nur geringe Anforderungen gestellt, denn die Finanzbehörde ist an die Ausführungen des Einspruchsführers nicht gebunden. Es muss lediglich ersichtlich sein, wer der Einspruchsführer ist, gegen welche Beschwer sich der Rechtsbehelf richtet und dass die Nachprüfung begehrt wird. Soweit die Theorie. In praxi ist eine erweiterte Einspruchsbegründung vorzuschlagen. Denn ein unbegründeter Einspruch wird auch schnell abgewiesen. Verwiesen wird dabei oft auf den Verhältnismäßigkeitsgrundsatz, der es nicht erlaubt, weitreichende Ermittlungen erneut durchzuführen. Das soll zwar nicht de lege lata herrschendes Finanzverfahren sein, ist jedoch in praxi zu beobachten.

4 Vgl. spätere Ausführungen zur AdV!

Bei Ehegatten ist zu beachten, dass erkennbar sein muss, wer von beiden den Einspruch eingelegt hat. Ferner ist das Augenmerk darauf zu richten, dass ggf. ein Ehegatte für den anderen Rechtschutz begehrt. Dies kann zum Beispiel an Vertretung statt geschehen. Denn ein Einspruch des einen Ehepartners hat nicht unbedingt die gleiche Bedeutung wie der Einspruch des anderen Partners. Der § 357 III AO ist nicht als Muss-Vorschrift, sondern als Soll-Vorschrift zu lesen. Insoweit ist auch eine Begründung nicht zwingend erforderlich. Jedoch genügt die Behörde ihrer Ermittlungspflicht, wenn sie den Bescheid auf tatsächliche und rechtliche Fehler kursorisch überprüft. Dies geschieht an Hand der vorhandenen Akten. Beweise werden also nur erhoben, wenn eine Tatsache zweifelhaft ist. Das ist sie dann nicht, wenn die Behörde eben jene Tatsache für tatsächlich und rechtlich fehlerfrei hält und sich keine Zweifel von selbst aufdrängen. Daher empfiehlt es sich, den Einspruch genau zu begründen. Dies ist auch auf die Reichweite des eingelegten Einspruchs zu übertragen. Der Einspruch soll einen Antrag enthalten. Wird dieser nicht beigefügt, ist die Reichweite des Begehrens des Einspruchführers durch Auslegung zu ermitteln. Die Ermittlung durch Auslegung birgt jedoch erhebliche Gefahren hinsichtlich Art und Umfang des Ergebnisses in sich. Es ist zwar normalerweise davon auszugehen, dass ein Einspruchsführer keine Teilbestandskraft herbeiführen will. Jedoch ist diese Vorgehensweise nicht zwingend.

Zu beachten ist ferner, dass ein Einspruch bedingungsfeindlich ist. Soweit er unter einer Bedingung eingelegt wird, ist er als unzulässig abzuweisen. Dies ist nicht der Fall bei höchstvorsorglich eingelegtem Einspruch.

Zu beachten ist auch, dass im Einspruch steuermindernde Sachverhaltsdaten aufgezeigt werden können. So kann der Einspruchsführer noch im selben Verfahren Werbungskosten deklarieren, die die Steuerlast mindern. Dies kann auch erstmals geschehen. Nach Ansicht des Verfassers wird der Rechtschutz hier zu sehr erweitert. Denn es überzeugt nicht, diesen Rechtsbehelf derart zu erweitern, dass der Steuerpflichtige ohne Bedenken Tatsachen vergessen kann. Es kann ihm nämlich ohne weiteres zugemutet werden, Rechtsbeistand in Form eines Steuerberaters oder Fachanwalts für Steuerrecht beizuziehen. Es überzeugt ferner nicht, das Einspruchsverfahren kostenlos auszugestalten. Denn dem Steuerpflichtigen wird der effektive Rechtschutz durch die Einführung einer Kostenpflicht wie in anderen Verwaltungsverfahren nicht genommen. Dass Einspruch häufig nur vorsorglich eingelegt wird und auch Querulantentum die Kosten der Finanzverwaltung in die Höhe treibt, lässt eine Kostenbeteiligung als zumutbar erscheinen. Dies gerade und erst recht in der heutigen Zeit der Kassenleere.

Ist ein Einspruch unbegründet, wird er demzufolge auch als zulässig aber unbegründet abgewiesen. Dann bleibt dem Einspruchsführer die im Übrigen kostenpflichtige Klage vor dem zuständigen Finanzgericht.

3. Klageverfahren

Die Finanzgerichte sind die besondere Gerichtsbarkeit des Finanzverfahrens. Hierbei gilt ein zweistufiger Aufbau, d. h. die Finanzgerichtsbarkeit als rechtsprechende Gewalt im besonderen Verwaltungsverfahren teilt sich in Finanzgerichte der Länder und dem Bundesfinanzhof auf (§§ 1 f. FGO). Der BFH ist dabei nicht mehr Tatsacheninstanz, sondern lediglich Rechtsmittelinstanz für Revisionen und Beschwerden.

Der Finanzrechtsweg hat ein in sich abgeschlossenes Klageartensystem und kennt mehrere Klagearten: Anfechtungsklage, § 40 I H 1 FGO / Verpflichtungsklage, § 40 I H 2 FGO / Leistungsklage, § 40 I H 3 FGO / Feststellungsklage, § 41 I FGO. Im Folgenden soll verstärkt auf die in praxi am häufigsten vorkommende Anfechtungsklage eingegangen werden, wobei die anderen Klagearten kursorisch dargestellt werden.

a. Zulässigkeit der Klage

Eine Klage ist zulässig, wenn die allgemeinen und besonderen Sachurteilsvoraussetzungen vorliegen. Die Zulässigkeit der Klagearten ist zum Teil in § 40 II FGO dargelegt. Daraus lässt sich jedoch keine enumerative Aufzählung aller Sachurteilsvoraussetzungen ableiten. Vielmehr müssen sämtliche auch den zivilrechtlichen Klagen vorauslaufende Sachurteilsvoraussetzungen gegeben sein. Im Folgenden wird zunächst auf die allgemeinen (allen Klagen zugrunde liegenden) Sachurteilsvoraussetzungen eingegangen und dann gestaffelt auf die besonderen der unterschiedlichen Klagearten.

a.a. Zulässigkeit des Finanzrechtsweges, § 33 FGO

Voraussetzung ist zunächst, dass der Finanzrechtsweg gem. § 33 FGO für die Streitigkeit als zulässig erklärt werden muss. Hierbei ergeben sich kaum Abweichungen zu den Ausführungen des Einspruchs. Für folgende Sachverhalte ist daher der Finanzrechtsweg als zulässig zu erklären:

Abgabenangelegenheiten (Nr. 1), die da sind alle mit der Verwaltung der Abgaben einschließlich der Abgabenvergütungen oder sonst mit der Anwendung der abgabenrechtlichen Vorschriften durch die Finanzbehörden zusammenhängenden Angelegenheiten einschließlich der Maßnahmen der Bundesfinanzbehörden zur Beachtung der Verbote und Beschränkungen für den Warenverkehr über die Grenze (Abs. 2).

Nichtabgabenangelegenheiten (Nr. 2)
Berufsrechtliche Streitigkeiten (Nr. 3)
Streitigkeiten kraft Zuweisung (Nr. 4).

Sind Streitigkeiten anderer Art zu besorgen, ist das Finanzgericht nicht als Instanz für die Sachprüfung einer Klage zu betrachten. Der Finanzrechtsweg enthält anders als in § 40 I VwGO keine Generalklausel, denn der Finanzrechtsweg ist, wie bereits dargelegt, eine abdrängende Sonderzuweisung. Ist also das Finanzgericht unzuständig, so wird das Verwaltungsgericht als zuständiges Gericht in Betracht kommen.

a.b. Zuständigkeit des Finanzgerichts, § 35 FGO

Die Klage ist beim zuständigen Finanzgericht gem. § 35 FGO einzureichen. Unterschieden werden muss dabei zwischen der sachlichen, örtlichen und instanziellen Zuständigkeit.

Die sachliche Zuständigkeit bestimmt die Zuständigkeit des Finanzgerichts für alle Rechtstreitigkeiten des Finanzrechtsweges im ersten Rechtszug. Dies gilt unabhängig vom Streitwert, den Beteiligten oder vom Streitgegenstand, sondern de lege lata. Das Finanzgericht wird also mit der Bestimmung der Zuständigkeit im Einzelfall zuständig und hat über den Rechtstreit zu entscheiden. Problematisch wird dies allenthalben dann, wenn sich Gerichtsbezirke überschneiden.

Für Entscheidungen über Verwaltungsakte von Bundesbehörden sind die Finanzgerichte der Länder ebenfalls zuständig. Die Zuständigkeit der Finanzgerichte ist immer ausschließlich, m. a. W. ein anderes Gericht kann und darf nicht tätig werden in einer Sache, die einem bestimmten Finanzgericht zugewiesen ist. Diese Zuweisung kann auch nicht dadurch ausgehebelt werden, indem eine Gerichtszuständigkeit vereinbart wird.

Die sachliche Zuständigkeit eines Finanzgerichts kann sich auch dann ergeben, wenn die Sache durch den BFH an das ursprüngliche Gericht zurückverwiesen wird. Dabei ist jedoch eine Bindung an die Rechtsausführungen des BFH zu bejahen. Eine Überprüfung der Entscheidung des BFH kann das Finanzgericht dabei nicht bewirken, da es dem BFH instanziell untergeordnet ist. Das Finanzgericht ist jedoch nicht nur zuständig für Finanzgerichtsentscheidungen sondern auch für die dazugehörigen Annexkompetenzen, etwa die zur Feststellung der Prozesskostenhilfe oder als Vollstreckungsgericht.

Die Zuständigkeit des Finanzgericht prüft dieses von Amts wegen, bevor es sich überhaupt inhaltlich mit der Sache beschäftigt. Die Prüfungspflicht kann daher als Sachurteilsvoraussetzung angesehen werden. Wird die Zuständigkeit des jeweiligen Finanzgerichts nach Rechtshängigkeit der Streitsache verändert, berührt dies nicht die sachliche Zuständigkeit (perpetuatio fori). Nach Erklärung des Finanzgerichts zu seiner Zuständigkeit sind alle anderen Gerichte an diese Entscheidung gebunden. Dieser Entscheid kann vorab und insbesondere auf Rüge eines Prozessbeteiligten geschehen.

Die örtliche Zuständigkeit gem. § 38 I FGO bestimmt die Zuweisung des jeweiligen Finanzgerichts in räumlicher Hinsicht, m. a. W. es wird verbindlich festgestellt, welches Finanzgericht an welchem Ort für welchen Rechtstreit zuständig ist. Angeknüpft wird dabei an die sachliche Zuständigkeit des jeweiligen Gerichts. Maßgeblich ist dafür der Sitz der Behörde, die tatsächlich verklagt wird. Dies betrifft auch sämtliche Nebenverfahren wie z. B. die Aussetzung der Vollziehung.

Nicht von Bedeutung ist daher, gegen welche Behörde die Klage eigentlich zu richten wäre.

Bei Entscheidungen oberster Finanzbehörden ist nicht der Sitz der Behörde ausschlaggebend, sondern vielmehr der Sitz des Klägers. Vermieden werden soll mit dieser Regelung, dass die Finanzgerichte, in deren Bezirk die oberste Finanzbehörde ihren Sitz hat, unverhältnismäßig stark belastet werden. Daher wird auf den Wohnsitz des Klägers abgestellt, auch, um diesem unnötige Anfahrtswege zu ersparen. Hat ein Kläger mehrere Wohnsitze, ist darauf abzustellen, wo er seinen gewöhnlichen Aufenthalt begründet. Dieser befindet sich dort, wo der Betreffende sich nicht nur vorübergehend aufhält.

Auch die örtliche Zuständigkeit erlangt den Rang einer Sachurteilsvoraussetzung, d. h. ist diese nicht gegeben, ist per Beschluss an das zuständige Finanzgericht zu verweisen.

Ferner ist zu beachten, dass auch hier wieder die perpetuatio fori Anwendung findet, d. h. das Finanzgericht bleibt auch dann zuständig, wenn nach Eintritt der Rechtshängigkeit eine Änderung der Zuständigkeit zu besorgen ist. Bei Erklärung der Unzuständigkeit sind alle anderen Finanzgerichte an diese Entscheidung gebunden. Entschieden wird durch Beschluss und zwar auf Rüge eines Beteiligten oder von Amts wegen. Eine Anfechtungsmöglichkeit dieses Beschlusses ist nicht gegeben.

Instanziell ist das Finanzgericht unzuständig, wenn es sich bei dem Rechtstreit um eine Revision (§§ 115 ff. FGO) gegen ein Urteil eines anderen Finanzgerichts handelt, oder Streitgegenstand eine Entscheidung ist, die einem solchen Urteil gleichsteht, § 36 Nr. 1 FGO. Gleiches gilt bei Beschwerden gegen andere Entscheidungen des Finanzgerichts, des Vorsitzenden oder des Berichterstatters[5], § 36 Nr. 2 FGO. Aufgrund der Zweistufigkeit des Finanzgerichtsverfahrens ist der BFH die einzige Rechtsmittelinstanz. Es werden also alle Urteile in rechtlicher Hinsicht überprüft, wobei die Nachprüfung der Tatsachenvoraussetzung nicht durchgeführt wird, § 118 II FGO. Wird der BFH aufgrund von nicht gegebener Zuständigkeit für unzuständig erklärt, ist automatisch das Finanzgericht mit dem Rechtstreit zu befassen.

5 Nach §§ 79 ff. FGO kann ein Berichterstatter Entscheidungen treffen, die mittels Beschwerde angreifbar sind. Gleiches gilt für den Vorsitzenden eines Finanzgerichts.

a.c. Statthafte Klageart

Die jeweils statthafte Klageart richtet sich nach dem Begehren des Klägers. Wird durch den Kläger eine Klage falsch bezeichnet, wird die Klage jedoch nicht als unzulässig abgewiesen. Vielmehr ist im Wege der Auslegung festzustellen, welche Klageart Anwendung finden soll (falsa demonstratio non nocet). Ansonsten ist der Kläger auf die richtige Klageart hinzuweisen und zu belehren, die richtige Klagebezeichnung zu wählen. Erfolgt alsdann keine Reaktion in Form der Bezeichnungsänderung, ist die Klage als unzulässig abzuweisen.

Die Anfechtungsklage gem. § 40 I HS 1 FGO ist die statthafte Klageart für die gerichtliche Anfechtung eines Verwaltungsaktes. Wird dieser nicht beseitigt, ist er vollstreckbar. Der Kläger macht daher in seiner Klage die Rechtswidrigkeit und die subjektive Rechtsverletzung geltend, auf Grund derer der Verwaltungsakt aufzuheben oder zu ändern ist. Dazu muss konsequenterweise ein VA vorliegen, d. h. er muss zum Zeitpunkt der Klageerhebung bereits erlassen worden sein. Es reicht hierfür nicht aus, dass der VA lediglich zum Zeitpunkt der letzten mündlichen Verhandlung dem jeweiligen Gericht vorliegt. Denn dann wäre mit Rechtshängigkeit die fehlende Beschwer und somit das Rechtschutzbedürfnis zu verneinen. Die Klage wäre also als unzulässig abzuweisen. Mit der Anfechtungsklage kann auch ein Antrag auf Folgenbeseitigung gestellt werden, etwa dann, wenn der VA bereits vollzogen wurde, § 100 I 2 FGO. Der ursprüngliche Verwaltungsakt wird in Form des Einspruchs aufgehoben.

Die Verpflichtungsklage gem. § 40 I HS 2 FGO ist eine Unterart der Leistungsklage, denn sie ist auf den Erlass eines Verwaltungsaktes gerichtet. In Betracht kommt diese Klageart immer dann, wenn die Finanzbehörde einem Antrag des Betreffenden nicht stattgegeben hat und dieser meint, darauf einen Anspruch zu haben. Liegen die Voraussetzungen für den Erlass eines entsprechenden VA vor, spricht das Gericht die Verpflichtung aus, den VA in der beantragten Form zu erlassen. Anderenfalls ist der Kläger unter Beachtung der Rechtsauffassung des Gericht zu bescheiden, § 101 2 FGO. Ist der Klage ein VA oder ein Einspruchsbescheid vorausgegangen, umfasst die Entscheidung des Gerichts auch die Aufhebung der VAe. Immer dann also, wenn der Kläger den Erlass eines VA begehrt, ist die Verpflichtungsklage die statthafte Klageart. Lag bereits in einem früheren Zeitraum der begehrte VA schon beim Kläger vor, wurde ihm dieser jedoch wieder entzogen, kommt die Verpflichtungsklage nicht in Betracht. Stattdessen ist die Anfechtungsklage die statthafte Klageart. Denn diese hat spezielleren Charakter und ist der Verpflichtungsklage vorrangig. Ferner wird dann die Aufhebung des Entzuges begehrt. Wird dennoch Verpflichtungsklage erhoben, kann diese in die richtige Klageart umgedeutet werden.

Die Verpflichtung zur Bescheidung der Behörde stellt sich immer als Minus zur Vornahme einer Handlung dar. Insoweit ist die Verpflichtungsklage dafür auch die richtige Klageart.

Möglich ist auch, mit der Verpflichtungsklage vorbeugenden Rechtschutz zu erhalten. Dies geschieht im Rahmen der vorbeugenden Verpflichtungsklage, etwa dann, wenn die Finanzbehörde zu erkennen gibt, dem Kläger einen für diesen ungünstigen VA zu erlassen. Ob dann ein Rechtschutzbedürfnis gegeben ist, ist im Einzelfall zu klären, kann jedoch zweifelhaft sein. Vertreten werden kann nämlich die Auffassung, dass dem Bürger zugemutet werden kann, bis zur Entscheidung der Finanzbehörde zu warten, um dann Klage zu erheben. Denn bis zum Erlass des VA ist unklar, ob ein negativer Bescheid überhaupt ergeht. Dann muss vermieden werden, unnötige Kosten zu verursachen.

Die Verpflichtungsklage kann auch ergänzend mit der Anfechtungsklage erhoben werden, indem mittels Anfechtungsklage ein VA aufgehoben wird und gleichzeitig mit der Verpflichtungsklage ein für den Kläger günstigerer Bescheid erlassen wird. Dies ist häufig der Fall in der sog. Konkurrentenklage.

Eine weitere Klageart ist die Leistungsklage des § 40 I HS 3 FGO. Mit der Leistungsklage wird eine Verurteilung begehrt, mittels derer ein Handeln, Tun oder Unterlassen erreicht werden kann. Dieses soll jedoch nicht in Form eines VA bestehen. Dafür wäre nämlich die Verpflichtungsklage die statthafte Klageart. Die Leistungsklage hat also lediglich subsidiären Charakter. Denn für sie ist nur dann Raum, wenn eine Leistung durch einen Hoheitsträger nicht erbracht wird. Sie kommt beispielsweise bei Auskunftsersuchen oder aber auch bei Akteneinsichtsgewährung in Betracht. Auch hier ist wieder eine vorbeugende Leistungsklage möglich, um eventuelle Rechtsnachteile des Klägers zu vermeiden.

Für die Leistungsklage ist immer richtungsweisend, dass der begehrte Rechtschutz Verbindung mit einem Realakt aufweist. Sobald ein Verwaltungsakt im Verfahren auftaucht, ist die Frage zu stellen, ob die betriebene Klage noch zulässig ist.

Auch bei der Leistungsklage schadet die falsche Bezeichnung der Klageart nicht. Insoweit ist der beantragte Rechtschutz und damit die statthafte Klageart auszulegen oder der Kläger auf die Begriffsumstellung hinzuweisen. Nimmt der Kläger entsprechende Hinweise nicht an, kann die Klage als unzulässig abgewiesen werden.

Gem. § 41 FGO ist abschließend die Feststellungsklage die verbleibende Klageart im Finanzrechtsweg. Mit der Feststellungsklage wird ein besonderer Rechtschutz begehrt, denn mit der Feststellungsklage wird kein VA angefochten oder eine Leistung begehrt, sondern das Wesen der Feststellungsklage besteht in der Feststellung hinsichtlich des Bestehens oder Nichtbestehens eines Rechtsverhältnisses zwischen Antragsteller und Behörde. Insoweit ist begrifflich zwischen der positiven und der negativen Feststellungsklage zu unterscheiden. Daraus kann auch die Schlussfolgerung abgeleitet werden, dass die Beweislast für die unterschiedlichen Klagearten differenzierbar sind. Allgemein kann daher angenommen werden, dass der Kläger bei der positiven Feststellungsklage für die Voraussetzungen hinsichtlich des bestehenden Rechtsverhältnisses zuständig ist, während die Behörde bei der negativen Feststellungsklage das Nichtvorliegen eines solchen Rechtsverhältnisses darlegen und beweisen muss.

Die vorbeugende Feststellungsklage ist im Steuerrecht ebenso möglich wie im gewöhnlichen Verwaltungsverfahren. Zwar muss der Kläger nachweisen, dass die Feststellung des jeweiligen Rechtsverhältnisses ihm Schaden zufügen könnte. Dies ist jedoch nicht so unmöglich, als dass im Steuerrecht eine vorbeugende Feststellung nicht zugelassen wird. Denn es ist nicht ersichtlich, lediglich aus der Struktur des Steuerrechts generell ein Verbot des vorbeugenden Rechtschutzes zu konstruieren, nur weil die Ansicht vorherrscht, es müsse ein VA abgewartet werden oder die Nichtsteuerbarkeit von Umsätzen etwa müsse sich im Nachhinein herausstellen. Art. 19 IV GG gebietet die Gewähr effektiven Rechtschutzes. Nichts anderes kann daher im Steuerrecht gelten. Daher ist die vorbeugende Feststellungsklage zuzulassen.

Ferner ist Voraussetzung, dass der Kläger ein berechtigtes Interesse an der Feststellung des Bestehens des Rechtsverhältnisses darlegt. Kann er dies nicht tun, ist ein entsprechendes Rechtschutzbedürfnis zu verneinen. Die Klage ist alsdann als unzulässig abzuweisen. Denn bereits das Feststellungsinteresse ist besondere Sachurteilsvoraussetzung für diese Klageart.

Bei Änderung der Rechtslage ist der Kläger berechtigt, dem Klageantrag einen Hilfsantrag hinzuzufügen, mit dem er geltend macht, die Feststellung zu ermöglichen, dass nach der alten Rechtslage sein Begehren zulässig und begründet war. Die Feststellungsklage ist subsidiär zu den vorangehenden Klagearten. Daher kommt ihr im Steuerrecht auch nur eine geringe Bedeutung zu.

a.d. Erfolgloses Vorverfahren, § 44 I FGO

Für die Anfechtungs- und Verpflichtungsklage ist auch Voraussetzung, dass den Klagen ein Vorverfahren erfolglos vorausgegangen ist, § 44 I FGO. Der im Finanzrechtsweg vorgeschriebene Einspruch als Vorverfahren muss obligatorisch durchlaufen werden. Ist diese Sachurteilsvoraussetzung nicht gegeben, wird die Klage als unzulässig abgewiesen. Der Einspruch richtet sich nur gegen Verwaltungsakte. Daher erklärt sich auch die Nichtanwendung hinsichtlich der Leistungsklage und der Feststellungsklage, die gerade nicht auf einem Verwaltungsakt aufbauen. Der Einspruch muss nicht vor der mündlichen Verhandlung abgeschlossen sein. Nach ganz h. M. ist es ausreichend, wenn der Einspruch erst im Laufe des Verfahrens abgelehnt wird und diese Sachurteilsvoraussetzung erfüllt ist. Denn maßgeblich ist der Schluss der mündlichen Verhandlung. Somit erwächst die an sich unzulässige Klage in Zulässigkeit.

a.e. Klagebefugnis, § 40 II FGO

Der Kläger muss zudem gem. § 40 II FGO klagebefugt sein, d. h. er muss geltend machen, in seinen Rechten verletzt worden zu sein. Die Klagebefugnis soll die Popularklage verhindern und gleichzeitig dafür sorgen, dass effektiver Rechtschutz gem. Art. 19 IV GG gewährleistet wird, indem die Gerichte nicht mit an sich unzulässigen Klagen belastet werden. In seinen subjektiven Rechten verletzt ist, wer rechtswidrig in seinem Rechtskreis durch ein Verhalten der Behörde tangiert wurde. Betroffen ist also lediglich der Adressat des Verhaltens der Behörde. Dritte können nur dann klagebefugt sein, wenn sie durch den Verwaltungsakt bzw. durch das Verhalten der Behörde beeinträchtigt werden. Hier ist besonders auf die bereits erwähnte Konkurrentenklage hinzuweisen. Dazu ist elementare Voraussetzung, dass eine drittschützende Norm verletzt wurde, um der Klagebefugnis gerecht zu werden. Der Dritte muss jedoch ferner in seiner Existenz bedroht sein. Beide Voraussetzungen müssen durch den Dritten substantiiert dargelegt werden.

Zur subjektiven Betroffenheit des Klägers ist es erforderlich, dass dieser die Voraussetzungen darlegt. Eine bloße Behauptung reicht dafür nicht aus. Die Darlegungslast geht jedoch nicht soweit, dass die Rechtsverletzung zu beweisen ist. Vielmehr muss sie als möglich erscheinen.

a.f. Beteiligtenfähigkeit, Prozessfähigkeit, §§ 57 ff. FGO

Hinsichtlich der Sachurteilsvoraussetzungen Beteiligten-, Prozess- und Postulationsfähigkeit gem. §§ 57 ff. FGO wird auf die Ausführungen im Einspruchsverfahren verwiesen. Insoweit ergeben sich keine Änderungen.

a.g. Klagefrist, § 47 FGO

Die Anfechtungs- und Verpflichtungsklage müssen innerhalb der Klagefrist gem. § 47 FGO erhoben werden. Diese Frist beträgt einen Monat und beginnt i. d. R. mit der Bekanntgabe der Einspruchsentscheidung. Auch hier ist zu beachten, dass die Klage bis zum Fristablauf beim zuständigen Gericht eingegangen sein muss. Insoweit wird auf die Ausführungen beim Einspruch verwiesen. Das Finanzgericht muss die Klageschrift zur Kenntnis nehmen können, § 47 II FGO.

Die Klagefrist muss nicht bei nichtigen VAen gewahrt werden. Denn dem Steuerpflichtigen erwachsen aus einem nichtigen VA keine Rechtsfolgen nach Anfechtung. Um den Rechtschein zu beseitigen, den ein solcher VA stets mit sich bringt, muss die Anfechtung durchgeführt werden. Da der Steuerpflichtige jedoch nicht sicher sein kann, ob der VA rechtlich wirklich nichtig ist, kann ihm auch nicht die Einhaltung einer Klagefrist zugemutet werden. Dennoch ist anzuraten, die Klage stets in der richtigen Frist einzulegen. So wird ein eventuelles Zulässigkeitsproblem umgangen. Die h. M. wendet die Klagefrist auch auf einen nichtigen VA an. Denn es sei nicht ersichtlich, warum zwischen fehlerhaftem und nichtigem VA differenziert werden sollte.

Für Leistungsklagen ist die Klagefrist ebenfalls nicht einschlägig. Denn mit dieser Klageart wird eine Leistung und nicht ein VA begehrt. Dann ist auch schwierig festzustellen, wann die Frist beginnen soll.

Die Klagefrist ist von Amts wegen zu prüfen, d. h. es bedarf keiner Rüge hinsichtlich der Zeitüberschreitung. Ist die Klage nicht innerhalb der Frist eingelegt worden und kommt eine Wiedereinsetzung nicht in Betracht, weil der Kläger die Fristüberschreitung eigens verschuldet hat, wird die Klage mittels Prozessurteil als unzulässig abgewiesen. Die Verlängerung der Frist ist nicht vorgesehen. Denn sie steht nicht zur Disposition der Parteien und ist im Gegenteil eine ausschließliche Frist. Eine Ausnahme gilt nur dann, wenn keine Rechtsbehelfsbelehrung dem VA beigefügt wurde oder die Zustellung an einem Mangel leidet.

Bei der Berechnung der Frist sind die Normen des BGB anwendbar. Danach wird der Tag der Bekanntgabe in die Frist nicht mit einbezogen, §§ 187 ff. BGB, §§ 222 ff. ZPO. Ist das Ende der Frist auf einem Samstag, Sonntag oder Feiertag gelegen, so ist als Fristende der nächste Werktag zu berechnen.

b. Begründetheit

Die jeweilige Klage ist begründet, wenn der Kläger durch den Erlass des angefochtenen VA in seinen Rechten verletzt ist. Die Behauptungen des Klägers werden also durch das Gericht geprüft. Dabei müssen diese schlüssig und glaubhaft dargelegt werden. Den Nachweis, dass ein VA vorliegt und dass seine subjektiven Rechte verletzt sind, muss der Kläger grundsätzlich beweisen. Dies ist dann gegeben, wenn ein VA solchen Inhalts nicht hätte erlassen werden dürfen, wenn er gegen geltendes Recht verstößt, wenn die zu Grunde gelegten Tatsachen unrichtig sind oder die angewandte Norm per se rechtswidrig ist. Ein VA ist ferner dann rechtswidrig, wenn ein Ermessensfehler vorliegt, sei es als Ermessensnichtgebrauch, -fehlgebrauch oder Ermessenüberschreitung. Anzuwenden sind sämtliche Tatsachen und Rechtslagen hinsichtlich des Zeitpunktes des VA-Erlasses. Unerheblich ist also, ob sich die bestehende Rechtslage oder Tatsache inzwischen geändert hat. Alsdann greifen nämlich die Tatbestände der Rücknahme oder des Widerrufes eines VA, den die Behörde daselbst in Anspruch nehmen kann. Zur Entscheidung soll jedoch regelmäßig die Frage gestellt werden, ob die Entscheidung zum damaligen Zeitpunkt ihres Erlasses dem geltenden Recht entsprach. Wirken sich dagegen Rechtsänderungen markant auf den vorgelegten Fall aus, ist zweifelhaft, ob die Rechtsgrundlage zu Grunde gelegt werden soll. Denn unklar ist, warum ein Kläger anders behandelt werden soll als ein Kläger, der nach der Rechtsänderung klagen würde.

Die Kausalität der verletzten Rechte durch den fehlerhaften VA hat der Kläger ebenfalls schlüssig darzutun. Er muss also darlegen, dass seine Rechte durch die VA-Regelung geschmälert werden, dass der Erlass des VA kausal für die Rechtsverletzung verantwortlich ist.

Ebenfalls begründet ist ein VA, wenn eine Ablehnung oder Unterlassung eines VA rechtswidrig ist. Hinsichtlich der sich daran anschließenden Rechtsverletzung des Klägers und der Kausalität gilt nichts anderes. Hier ist vorrangig der Anspruch auf den Erlass eines VA, der jedoch von der Behörde nicht erfüllt oder dem inhaltlich nicht voll entsprochen wurde. Die Klage ist also als unbegründet abzuweisen, wenn dem Kläger kein Anspruch auf den Erlass eines solchen begehrten VA zusteht. Der Kläger ist auch hier gehalten, die Voraussetzungen für seinen Anspruch darzulegen und zu beweisen. Hinsichtlich der behördlichen Ermessensentscheidungen ist auf die allgemeinen Ermessensfehler und deren Folgen zu verweisen, die auch hier Anwendung finden.

4. Antrag auf Aussetzung der Vollziehung, § 69 FGO

Ein weiterer Rechtsbehelf ist der Antrag auf Aussetzung der Vollziehung gem. § 69 FGO. Dieses bedingungsfeindliche Rechtsinstitut rührt aus der Tatsache her, dass einstweiliger Rechtschutz in der FGO nur ungenügend ausgeprägt ist. Wird etwa mittels Einspruch ein VA – etwa ein Steuerbescheid – angefochten, heißt dies nicht automatisch, dass der VA nicht vollstreckt wird. Es ist also durchaus die Regel, dass bereits ein Einspruchsverfahren anhängig ist, die Finanzbehörde jedoch bereits die Erhebung der Steuer betreibt. Dies kann nur dadurch verhindert werden, indem die Vollziehung des Bescheides ausgesetzt wird. Hier macht sich der fehlende Suspensiveffekt des Einspruches bemerkbar. Anders ist dies etwa im Zivilprozessrecht oder im Verwaltungsgerichtsverfahren, wo die Einlegung des jeweiligen Rechtsbehelfes den Vollzug des angegriffenen Rechtsaktes suspendiert.

Mit dem fehlenden Suspensiveffekt im Finanzverfahren soll bewirkt werden, dass die Steuer nicht mutwillig verweigert wird und eine Art Stundung erreicht wird und dass Prozessquerulanten kein Mittel zum Zweck mitgegeben wird. Denn die Steuererhebung ist elementarer Bestandteil für die Funktion des Staates. Mit den Steuereinnahmen wird das Überleben des Bundes garantiert. Dann kann es nur konsequent sein, diese Einnahmen einem besonderen Schutz zu unterstellen.

Von der Aussetzung der Vollziehung abzugrenzen ist die Aufhebung der Vollziehung gem. § 69 III 4 FGO, § 361 II 3 AO. Diese ist nur scheinbar in der FGO erwähnt und lehnt sich an die Voraussetzungen der AdV an. Dabei wird eine Wirkung eines VA bereits für die Vergangenheit im Hinblick auf den einstweiligen Rechtschutz bewirkt. Bereits getroffene Vollstreckungsmaßnahmen sind daher aufzuheben; bei der AdV geschieht dies für die Zukunft. Da die Aufhebung der Vollziehung von den gleichen Voraussetzungen wie die AdV abhängt, ist es nicht erforderlich, eigens auf dieses Rechtsinstitut einzugehen. Alle Ausführungen sind analog auf die Aufhebung anzuwenden. Beide Rechtsinstitute können auch kumulativ geltend gemacht werden.

Die Aussetzung der Vollziehung bedeutet, dass ein VA zumindest vorübergehend von der Verwaltung bei dem Betroffenen nicht durchgesetzt werden kann. Der Bescheid entwickelt also in diesem Zeitraum keine Wirkungen für den Betroffenen, sodass dieser seine Rechte anderweitig verfolgen kann. Sofern von der Behörde in diesem Zeitraum dennoch Maßnahmen ergriffen werden, die der Durchsetzung des VA dienen, sind diese Maßnahmen als rechtswidrig zu betrachten und entfalten für den VA-Adressaten keine Bindungswirkung. In § 69 I 1 FGO wird deutlich, dass die Klage keine automatische Aussetzung der Vollziehung nach sich zieht. Daraus ist auch ein Tatbestandsmerkmal abzuleiten, nämlich das des Vorliegens einer Klageschrift, eines erfolglosen Vorverfahrens sowie grundsätzlich das Vorliegen eines VA, der eine Rechtsverletzung des Klägers mit sich führt.

Gemäß § 69 II 1 FGO soll die Finanzbehörde den VA (dessen Vollzug) aussetzen, dies jedoch nur, wenn ernsthafte Zweifel an der Rechtmäßigkeit des Bescheides bestehen. Diese Vorschrift ist eine Ermessensvorschrift, die sich jedoch zu einem Ermessen auf Null reduziert, wenn die Voraussetzungen der Vollziehungsaussetzung vorliegen.

a. Geltungsbereich

Der Geltungsbereich der AdV beschränkt sich auf Rechtstreitigkeiten im Finanzrechtsweg. Der Antrag auf AdV ist dann zulässig, wenn der eingelegte Rechtsbehelf noch nicht abschließend beurteilt wurde und der VA angefochten wurde. Bei Ehegatten bedeutet dies, dass beide Ehepartner Einspruch eingelegt haben müssen und AdV beantragen.

Ist der VA bereits unanfechtbar geworden – sei es durch Zeitablauf, Anerkennung oder Rücknahme des Einspruchs – ist eine AdV nicht mehr möglich.

Nach h. M. ist auch eine Verfassungsbeschwerde zum BVerfG ausreichend, um eine AdV zu beantragen. Da das AdV-Verfahren ein eigenständiges Verfahren ist, tritt es unter Umständen neben das Hauptsacheverfahren. Wenn also Prozesskostenhilfe gewährt wurde, und die Erfolgsmöglichkeit wegen der summarischen Erfolgsprüfung des Gerichts aussichtsreich erscheint, ist es anzuraten, die Aussetzung zu beantragen. Dies berührt das Hauptsacheverfahren jedoch nicht. Jedoch ist zu beachten, dass die AdV nicht kostenlos ist wie etwa das Einspruchsverfahren. Verläuft das Hauptsacheverfahren endgültig unvorteilhaft für den Kläger, verliert dieser also, muss er einen Gegenwert für die so erreichte Stundung des Steueranspruches erbringen. Gem. §§ 237 I 1 f. AO sind demzufolge Stundungszinsen zu erheben, die sich mit 0,5 v. H. für jeden vollen Monat bemessen. Für ein Jahr sind also 6 % Zinsen zu zahlen. Daher sollte vor dem Antrag auf Aussetzung überlegt werden, ob es nicht rentabler sein könnte, die Steuer zunächst zu zahlen und auf die AdV zu verzichten.

b. Zuständigkeit, § 69 II FGO

Gem. § 69 II FGO ist die den Bescheid erlassende Behörde auch für den AdV-Antrag zuständig. Wird von der Finanzbehörde der Antrag abgelehnt, kommt nunmehr ein Antrag an das zuständige Finanzgericht in Betracht. So soll vermieden werden, dass der Steuerpflichtige frei wählen kann, bei welcher Institution er den AdV-Antrag einreicht. Wird der Antrag bei der Finanzbehörde eingelegt, ist ein explizit begründeter Antrag nicht notwendig. Sinnvollerweise und aus Rechtssicherheitsgründen ist jedoch zu empfehlen, den Antrag auf AdV gleichzeitig mit dem Einspruch bei der zuständigen Behörde einzulegen. Zuständig dafür ist demnach die Behörde, die auch den angegriffenen VA erlassen hat. Ein Antrag wird von der Behörde nur dann nicht vorausgesetzt, m. a. W. die Behörde erklärt von sich aus die AdV, wenn der Ursprungs-VA offensichtlich rechtswidrig ist, die Vollziehung jedoch unmittelbar bevorsteht.

c. Antragsbefugnis

Antragsbefugt zur Antragstellung ist jeder Adressat eines VA im Finanzrechtsverfahren, der zudem die allgemeinen Voraussetzungen wie Prozessfähigkeit, Rechtsfähigkeit, evtl. Postulationsfähigkeit u. a. erfüllen muss. Ferner ist zu fordern, dass der Antragsteller eine eigene Beschwer geltend machen kann. Auch hier soll wieder vermieden werden, dass im Wege des Popularantrags Dritte rechtlich für einen anderen selbständig agieren und dessen Rechte wahrnehmen. Die Beschwer muss überzeugend, schlüssig und zweifelsfrei vom Antragsteller dargestellt werden. Der Vortrag des Antragstellers muss also den Schluss zulassen, dass der erlassene VA ernsthaft rechtswidrig sein könnte. Generell ist daher folgender Grundsatz aufzustellen: Wer berechtigt ist, Einspruch oder Klage gegen einen VA einzulegen, ist auch berechtigt, einen Antrag auf AdV zu stellen.

Für Dritte gilt auch hier wieder die Drittanfechtungsklage und insbesondere die Drittantragsbefugnis. Ein Dritter kann nur dann einen entsprechenden Antrag stellen, wenn er geltend machen und schlüssig und überzeugend darlegen kann, durch einen VA, der einem anderen zugestellt wurde, in seinen eigenen Rechten verletzt worden zu sein. Auch hier ist wieder die Konkurrentenproblematik entscheidend. Wurde also gegen einen Steuerpflichtigen ein Steuerbescheid in Höhe von 0 EUR erlassen und muss ein Dritter eine höhere Steuer zahlen, obwohl die gleichen Voraussetzungen vorliegen, ist der Dritte in seinen subjektiven Rechten aus dem Gleichbehandlungsgrundsatz hinsichtlich der gleichen Besteuerung verletzt. Also kann dieser auch einen Antrag auf Aussetzung der Vollziehung stellen. Der Bescheid gegen den anderen Steuerschuldner hat also auf den Dritten reflektierende Wirkung.

d. Rechtschutzbedürfnis

Der Antragsteller muss mithin geltend machen, antragsbefugt zu sein. Damit ist auch verbunden, dass der Antragsteller ein Rechtschutzbedürfnis geltend machen kann. Dieses ist in der Regel vorhanden, wenn der Antragsteller einen belastenden VA vorweisen kann, der nicht auf andere (schnellere und kostengünstigere) Weise anfechtbar ist. Die Behörde oder das Gericht darf also nicht für unlautere Ziele in Anspruch genommen werden. Das Vorhandensein des Rechtschutzbedürfnisses muss vom Antragsteller schlüssig und überzeugend dargelegt werden. Entstehen Zweifel darüber, ob diesem ein solches Interesse zusteht, ist der Antragsteller beweisbelastet, die ihm günstigen Voraussetzungen vorzutragen. In der Regel entfällt ein solches Rechtschutzinteresse, wenn in der Hauptsache bereits rechtskräftig über den Anspruch entschieden wurde, wenn der Bescheid keinerlei Auswirkungen auf die Belastung des Antragstellers ausstrahlt, wenn der Bescheid inzwischen bestandskräftig geworden ist oder wenn der Antragsteller seinen Rechtsbehelf wirksam zurückgenommen hat. Dies gilt auch dann, wenn der Antragsteller mittlerweile in der Hauptsache obsiegt hat, der Antrag erledigt wurde oder wegen Zeitablaufs der Bescheid wirksam geworden ist.

e. Ernstliche Zweifel an der Rechtmäßigkeit des VA

Voraussetzung ist ferner, dass ernsthafte Zweifel an der Rechtmäßigkeit des angefochtenen VA bestehen. Diese sind dann gegeben, wenn nach summarischer Prüfung des jeweiligen Bescheides und nach Heranziehung der dazu gehörigen Akten ersichtlich wird, dass gewichtige Gründe für eine Rechtswidrigkeit des VA sprechen. Ernstlich sind Zweifel dann, wenn strenge Maßstäbe zu einem dem VA widersprechenden Ergebnis gelangen. Die Zweifel müssen von einigem Gewicht sein, um das Tatbestandsmerkmal erfüllen zu können. Sie müssen jedoch nicht so weitreichend sein, dass die Wahrscheinlichkeit für die Rechtswidrigkeit des VA die Wahrscheinlichkeit gegen die Rechtswidrigkeit des VA überwiegt. Es ist durchaus als ausreichend anzusehen, wenn sich die summarisch abzuwägenden Gründe gleichstark gegenüberstehen. Ernstliche Zweifel sind daher wie in anderen Rechtsgebieten auch dann anzunehmen, wenn die Anfechtung des VA in der Hauptsache als überwiegend erfolgreich anzusehen ist. Jedoch ist zu beachten, dass die AdV eine Finanzangelegenheit regelt. Dann ist es ständige Übung, die Anforderungen höher anzusetzen, um den Vollzug der Steuererhebung nicht grundlos hinauszuschieben. Dennoch muss der Verhältnismäßigkeitsgrundsatz auch gegenüber dem Antragsteller gewahrt bleiben. Denn Sinn dieser Regelung ist gerade die Gewährung schnellen Rechtschutzes.

Für die ernstlichen Zweifel muss also eine gewissenhafte summarische Überprüfung stattfinden. Dabei darf grundsätzlich nicht bereits jeder auftretende Zweifel für eine Bewilligung des AdV-Antrags ausreichen. Vielmehr muss der Antrag erst die Ungewissheit der Rechtmäßigkeit des ursprünglichen VA hervorrufen, m. a. W. es muss eine gewichtige Möglichkeit bestehen, dass der Ursprungs-VA im Hauptsacheverfahren geändert oder aufgehoben wird. Dabei muss Obsiegen und Unterliegen des Klägers mindestens gleich gewichtet sein.

Hinsichtlich eines Revisionsverfahrens ist zu beachten, dass in der summarischen Prüfung die Wahrscheinlichkeit der Aufhebung des vorangehenden Urteils als wahrscheinlich gelten muss, wenn der BFH also aus Rechtsgründen die Aufhebung des erstinstanzlichen Urteils bewirken wird. Aber auch dabei ist der Grad der Zweifel nicht zu hoch anzusetzen. Denn das Aussetzungsverfahren soll Rechtschutz gewähren und nicht der Anwendung von vorläufigem Rechtschutz entgegenstehen.

f. Unbillige Härte

Dem Antrag auf Aussetzung der Vollziehung ist auch dann statt zugeben, wenn die Vollziehung des VA für den Betroffenen eine unbillige Härte darstellen würde, die durch überwiegende öffentliche Interessen nicht geboten wäre, § 69 II 2 HS 2 FGO. Dies stellt einen eigenständigen Aussetzungsgrund dar. Denn nicht immer liegen ernsthafte Zweifel an der Rechtmäßigkeit des VA vor. Dennoch kann es vorkommen, dass für den Antragsteller die Vollziehung eine unbillige Härte darstellt. Dann ist dem Antrag auf Aussetzung der Vollziehung stattzugeben.

Der Begriff „unbillige Härte“ ist ein unbestimmter Rechtsbegriff und daher nach den allgemeinen Regeln auszulegen. Unbillige Härte liegt also vor, wenn dem Antragsteller Nachteile mit der Vollziehung des VA entstehen, die diesen existenziell belasten bzw. über die eigentliche Belastung des ursprünglichen VA hinaus gehen. Dies ist dann zu bejahen, wenn die Folgen mit der Vollziehung nicht oder nur unter extremen Umständen wieder rückgängig gemacht werden können. Abzustellen ist also immer auf die wirtschaftlichen Verhältnisse des Antragstellers. Dabei ist eine Prüfung des Verschuldens, also ob der Antragsteller die Härte selbst verschuldet hat, zu unterlassen. Auszugehen ist lediglich von einem objektivierten Maßstab. Es muss also gerade damit die unbillige Härte begründet werden, dass vor der Bestandskraft des jeweiligen VA die Vollziehung begonnen wird. Vage Zweifel genügen dabei nicht.

Abzuwägen ist die unbillige Härte mit Gesichtspunkten des öffentlichen Interesses. Auch das öffentliche Interesse ist ein unbestimmter Rechtsbegriff. Die Auslegung ist wieder nach den allgemeinen Regeln auszuführen. Ein öffentliches Interesse besteht immer dann, wenn ein Zusammenhang mit der Erhebung von Abgaben besteht.

Bei der Feststellung des öffentlichen Interesses ist abzuwägen zwischen dem Interesse an der Aussetzung der Vollziehung und dem Interesse an der Vollziehung des Bescheides. Dabei ist ein objektiver Maßstab anzulegen, denn anderenfalls würde die Behörde oder das jeweilige Gericht immer einen Vorrang des öffentlichen Interesses bejahen. Heranzuziehen in die summarische Überprüfung sind also alle Begleitumstände und Tatsachen, die sich aus der Art des Verfahrens sowie aus den Akten ergeben. Hier kann, entgegen den ernsthaften Zweifeln, mitbestimmend wirken, wie weit der Antragsteller an seinem jetzigen Zustand selbst mitgewirkt hat. Es ist also möglich, das Verschulden des Antragstellers abwägend zu würdigen und in die Entscheidung über den Aussetzungsantrag mit einfließen zu lassen.

Beide Möglichkeiten für die Aussetzung auf Antrag des Steuerpflichtigen dürfen nicht miteinander kombiniert werden. Es besteht also ein Alternativverhältnis.

Zwar ist zu beachten, dass es bei der unbilligen Härte nicht auf die Erfolgsaussichten in der Hauptsache ankommt. Jedoch wird nach ständiger Rechtsprechung diese Voraussetzung in die Entscheidung mit eingeführt. Dem Antrag ist also nur dann statt zu geben, wenn Zweifel an der Rechtmäßigkeit des streitbefangenen VA nicht ausgeschlossen werden können. Bestehen nämlich keine Zweifel an der Rechtmäßigkeit des vorgelegten VA, ist auch nicht ersichtlich, warum dem Antrag auf Aussetzung der Vollziehung statt gegeben werden sollte.

Bei dieser Art der Abwägung ist jedoch immer ein ernsthafter Zweifel vorauszusetzen. Denn bei einer bloßen Möglichkeit würde das Institut der Vollziehungsaussetzung leer laufen.

Eine Versagung der Aussetzung ist dann gegeben, wenn der streitbefangene VA bereits unanfechtbar geworden ist, sei es wegen Zeitablaufs, sei es wegen Bestandskraft o. ä.

g. Wirkung der Aussetzungsanordnung

Wird dem Antrag auf Aussetzung der Vollziehung durch die Finanzbehörde oder durch das Finanzgericht/dem BFH statt gegeben, beseitigt dies nicht das Hauptsacheverfahren. Denn durch das ausgeübte Ermessen der Institutionen wird lediglich die Vollziehung also die Erhebung der Steuer, die Durchführung des VA etc. verhindert. Dessen ungeachtet muss das Hauptsacheverfahren weiter verfolgt werden. Hinsichtlich des Umfangs ist die AdV nach dem Einspruchsumfang zu bemessen. In die Wertung fließen jedoch auch die ernstlichen Zweifel oder die unbillige Härte mit ein. Wird z. B. bei einem Steuerbescheid die Aussetzung beantragt, wurde die Steuer bereits eingezogen, hat der Antragsteller einen Anspruch auf Rückzahlung eben diesen Betrages.[6] Daraus folgt, dass eine rückwirkende Anordnung der Aussetzung durchaus möglich ist. In der Regel wird die Aussetzungsverfügung auf den Tag der Antragstellung zurück festgelegt. Ist ein näherer Zeitpunkt in der Aussetzungsverfügung nicht explizit dargelegt, ist im Zweifel der Tag der Bekanntgabe entscheidend, m. a. W. ab dem Tag der Bekanntgabe der Aussetzungsverfügung darf der VA nicht mehr vollzogen werden. Angeordnet wird die AdV nur für den Zeitraum des jeweiligen finanzgerichtlichen Verfahrens. In der Regel wird daher das Ablaufdatum einen Monat später als die finanzgerichtliche Entscheidung seine Wirksamkeit erlangen. Wurde mit der AdV eine Sicherheitsleistung festgelegt, gilt die AdV erst mit Zahlung / Hinterlegung dieser Zahlung.

Dennoch ist zu beachten, dass mit der Entscheidung über den Antrag nicht die Fälligkeit der jeweiligen Leistung berührt wird. Denn die Fälligkeit ist materieller Regelungsgehalt des jeweiligen VA – die Aussetzung berührt lediglich das Prozessrecht und im weiteren Sinne erst die materielle Sachlage mittelbar. Mit der AdV entfallen ferner sämtliche Säumniszuschläge. Denn die AdV ist keine Sanktion, sondern ein Rechtsbehelf. Es soll damit kein Druck auf den Schuldner ausgeübt werden, sondern eher dessen Rechte gewahrt bleiben. Dennoch entstehen bei Unterliegen in der Hauptsache Zinsansprüche von jährlich 6 % des jeweiligen Betrages. Insoweit ist die AdV trotz alledem mit einem Sanktionscharakter behaftet.

Beispiel:

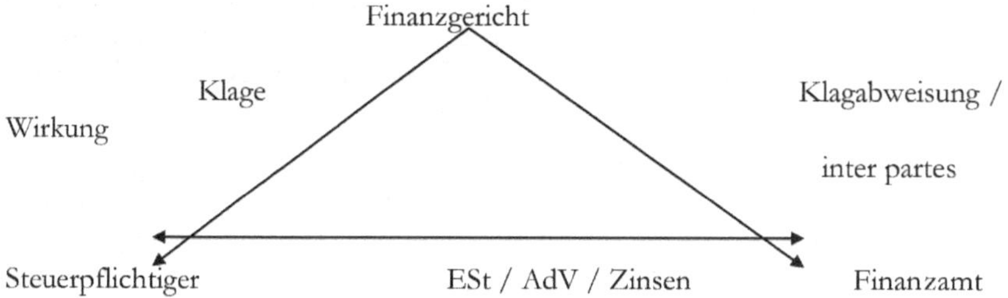

Am 01.01.03 erhebt der Steuerpflichtige Klage vor dem zuständigen Finanzgericht, mit dem Antrag, den ESt-Bescheid in Höhe einer Nachzahlung von

6 Abzugrenzen ist dabei von der Aufhebung der Vollziehung, die wohl das passendere Rechtsinstitut in diesem Fall darstellt, § 361 II 3 AO.

100.000,00 € vom 15.11.2002 aufzuheben. Gleichzeitig wird ihm vom Finanzamt die AdV gewährt. Am 31.12.2003 wird die Klage als unbegründet abgewiesen. Am 01.02.2004 verlangt das Finanzamt 100.000,00 € zzgl. 6 % Zinsen seit AdV-Beginn. Der Steuerpflichtige erhebt isolierten Einspruch gegen die Zinsforderung.

Der Zinsanspruch ist gerechtfertigt. Denn der Steuerpflichtige hat in der Hauptsache verloren. Der Zinsanspruch ergibt sich damit aus §§ 237 I 1, 238 I 1 AO. Der Einspruch wird als unbegründet abgewiesen. Eine sich anschließende Klage hätte keine Aussicht auf Erfolg.

Durch die AdV wird auch die Verjährung des Zahlungsanspruchs hervorgerufen. Bis zur Beendigung der AdV läuft die Verjährungsfrist nicht weiter.

Finanzgerichtliche Verfahren sind gebührenbelastet und richten sich sowohl nach den einschlägigen Gebührenordnungen (BRAGO, RVG, Steuerberatervergütungsverordnung) als auch nach den Gerichtskostenberechnungen (GKG). Wurde ein Bevollmächtigter zugezogen, sind dessen Gebühren und Auslagen vom Kläger zu tragen. Ist der Bevollmächtigte mehrfach qualifiziert, steht es diesem frei, nach welcher Gebührenordnung er abrechnen will. Mehr denn je dürfte mit der Neuordnung der Anwaltsvergütung jedoch die Honorarvereinbarung in den Vordergrund rücken. Zu beachten ist, dass das Verfahren über die Aussetzung der Vollziehung kostenfrei ist. Gleiches gilt für das Einspruchsverfahren und schließt die Auslagen der Behörde ein.

Da sich im Gerichtsverfahren die Kosten nach dem Streitwert bemessen, ist dieser vom Gericht nach dem Antrag oder nach freiem Ermessen festzulegen.

Alles in allem ist die AdV ein geeignetes Mittel, um vorübergehend Rechtschutz erhalten zu können. Dennoch ist dieses Verfahren nicht geeignet, generelle Anwendung zu finden. Denn es muss bereits bei Antragstellung relativ sicher sein, dass das Hauptsacheverfahren Erfolg haben wird. Ansonsten sind die Aussetzungszinsen zu zahlen, die zu den Gerichtskosten zu addieren sind. Es ist also genau abzuwägen – unter Berücksichtigung der wirtschaftlichen Verhältnisse des Mandanten – ob die AdV durchgesetzt werden soll.

Die Kostenfreiheit kann nicht überzeugen. Zwar ist die Aussetzung ein probates Mittel, um einstweiligen Rechtschutz zu erlangen. Dies geht jedoch zumeist auf Kosten des Staates. Denn auch 6 % pro Jahr sind im Vergleich mit Krediten des freien Marktes relativ gering. Daher ist nach Ansicht des Verfassers der Zinsanspruch mit dem Diskontsatz nach Maßgabe des Marktes zu erhöhen oder zu senken. Im Übrigen obliegt es jedem Antragsteller, die Folgen vorherzusehen und eventuelle Verluste einzuplanen. Und der zu gewährende Rechtschutz ist ebenfalls gewahrt. Die Kostenfreiheit muss daher in einer grundlegenden Änderung des deutschen Steuersystems Eingang finden.

5. Einstweilige Anordnung, § 114 FGO

Ein weiteres Rechtsbehelfsmittel ist die einstweilige Anordnung gem. § 114 FGO. Die einstweilige Anordnung ist ein Eilverfahren des Finanzrechtsweges und dient der Regelung eines vorläufigen Zustandes (Regelungsanordnung, § 114 I 2 FGO) bzw. der Sicherung eines Rechts vor Veränderung eines bestehenden Zustandes (Sicherungsanordnung, § 114 I 1 FGO).

Voraussetzung für beide Anordnungsarten ist das Vorliegen eines Anordnungsanspruchs und eines Anordnungsgrundes. Mit der Anordnung wird die Hauptsache nicht vorweggenommen. Denn der Sinn besteht lediglich darin, dem Antragsteller vorläufigen Rechtschutz zu gewähren. Daher kommt die einstweilige Anordnung auch nicht kumulativ, sondern lediglich alternativ zur AdV in Betracht, § 114 V FGO. Die Anordnung hat daher auch nur Subsidiaritätscharakter. Denn sie besteht in der Forderung, einen VA zu erlassen oder ein Rechtsverhältnis festzustellen bzw. eine Leistung zuzusprechen. Die AdV dagegen setzt einen VA voraus. Daher stehen beide Rechtsinstitute in Konkurrenz zueinander. Würde es die einstweilige Anordnung nicht geben, wäre für die Fälle der Leistungs- oder Verpflichtungs-/Feststellungsklagen kein Raum für vorläufigen Rechtschutz. Daher ist dieses Rechtsinstitut notwendiger Bestandteil des Finanzgerichtsverfahrens, wollte man nicht § 123 VwGO analog anwenden.

a. Anordnungsanspruch

Der Anordnungsanspruch ergibt sich aus dem Recht oder dem Rechtsverhältnis, das in der Hauptsache streitbefangen ist oder noch werden soll. Der Antragsteller muss also glaubhaft darlegen und beweisen, dass ihm ein Recht zusteht, dessen Verwirklichung irreparabel gefährdet ist. Dies kann zum Beispiel in einer Unterlassungsanordnung bestehen.

Die Anordnung kann sich aber auch auf ein Rechtsverhältnis beziehen. Dann hat der Antragsteller darzutun, dass dieses Rechtsverhältnis besteht oder nicht besteht, um Nachteile abzuwenden oder Gewalt zu verhindern. Für die Bejahung eines Anordnungsanspruches ist die Erfolgsaussicht in dem Hauptsacheverfahren summarisch zu prüfen. Hinsichtlich der Beurteilung schwieriger Rechtsfragen reicht eine summarische Interessenabwägung und Rechtsprüfung jedoch nicht aus. Daher muss nach Ansicht des Verfassers die einstweilige Anordnung erlassen werden. Denn in Zweifelsfragen steht immer der Rechtschutz des Antragstellers im Vordergrund. Es muss also auch hier wieder geprüft werden, ob eine hinreichende Wahrscheinlichkeit für die Erfolgswahrscheinlichkeit in der Hauptsache besteht. Treten dabei Zweifel auf, ist für den Antragsteller zu entscheiden. Dies folgt bereits aus Art. 19 IV GG.

b. Anordnungsgrund

Eine weitere Voraussetzung ist der Anordnungsgrund. Dieser ist bereits dann zu bejahen, wenn die Anordnung zur Abwendung einer Gefährdung der Interessen des Antragstellers (vorläufige Sicherung) mittels Eilverfahren notwendig ist. Verhindert werden soll also die Veränderung eines bestehenden Zustandes. Dies betrifft in erster Linie endgültige Zustände wie etwa Beeinträchtigung des Steuergeheimnisses. Im Vordergrund steht zum Einen immer die Eilbedürftigkeit, die sich zum Anderen aus der Gefährdung der Sache ergibt. Es müssen demzufolge gewichtige und schwerwiegende Gründe vorliegen, die einen Anordnungsgrund rechtfertigen. Dies erklärt auch die relativ geringe Resonanz in der Praxis im Gegensatz zur Aussetzung der Vollziehung.

Ferner ist zu beachten, dass das private Interesse des Antragstellers gegenüber dem öffentlichen Interesse überwiegt. Im Wege der praktischen Konkordanz beider Rechtspositionen sind also alle Parteiansichten abzuwägen und die Vor- und Nachteile summarisch zu prüfen.

Werden Anordnungsgrund und/oder Anordnungsanspruch nicht glaubhaft dargestellt, kommt eine einstweilige Anordnung dennoch in Betracht. Dies jedoch nur, wenn vorher vom Antragsteller Sicherheit in entsprechender Höhe geleistet wird.

Rechtsprechung: Bundesfinanzhof: Beschluss vom 03.09.2018 – VIII B 15/18

Nach § 128 Abs. 3 i.V.m. § 69 Abs. 3 Satz 1, Abs. 2 Satz 2 FGO ist die Vollziehung eines angefochtenen Verwaltungsaktes ganz oder teilweise auszusetzen, wenn ernstliche Zweifel an der Rechtmäßigkeit dieses Verwaltungsaktes bestehen.

6 a) Ernstliche Zweifel i.S. von § 69 Abs. 2 Satz 2 FGO liegen dann vor, wenn bei summarischer Prüfung des angefochtenen Bescheids neben für seine Rechtmäßigkeit sprechenden Umständen gewichtige Gründe zutage treten, die Unentschiedenheit oder Unsicherheit in der Beurteilung von Rechtsfragen oder Unklarheit in der Beurteilung entscheidungserheblicher Tatfragen bewirken (ständige Rechtsprechung, z.B. BFH-Beschlüsse vom 10. Februar 1967 III B 9/66, BFHE 87, 447, BStBl III 1967, 182, und vom 28. Mai 2015 V B 15/15, BFH/NV 2015, 1117, Rz 11, m.w.N.). Die Entscheidung hierüber ergeht bei der im AdV-Verfahren gebotenen summarischen Prüfung aufgrund des Sachverhalts, der sich aus dem Vortrag der Beteiligten und der Aktenlage ergibt (BFH-Beschluss in BFH/NV 2015, 1117, Rz 11, m.w.N.). Zur Gewährung der AdV ist es nicht erforderlich, dass die für die Rechtswidrigkeit sprechenden Gründe im Sinne einer Erfolgswahrscheinlichkeit überwiegen (ständige Rechtsprechung, z.B. BFH-Beschlüsse vom 20. Juli 2012 V B 82/11, BFHE 237, 545, BStBl II 2012, 809, Rz 9, m.w.N., und in BFH/NV 2015, 1117, Rz 11; vom 27. Januar 2016 V B 87/15, BFHE 252, 187 [BFH 17.12.2015 – XI B 84/15] m.w.N.).

7 b) Ernstliche Zweifel können auch verfassungsrechtliche Zweifel hinsichtlich einer dem angefochtenen Verwaltungsakt zugrunde liegenden Norm sein (ständige Rechtsprechung, z.B. Bundesverfassungsgericht —BVerfG—, Urteil vom 21. Februar 1961 1 BvR 314/60, BVerfGE 12, 180, BStBl I 1961, 63, unter B.II.;

BFH-Beschlüsse vom 5. März 2001 IX B 90/00, BFHE 195, 205, BStBl II 2001, 405; vom 22. Dezember 2003 IX B 177/02, BFHE 204, 39, BStBl II 2004, 367; vom 25. April 2018 IX B 21/18, BFHE 260, 431, BStBl II 2018, 415).

8 aa) Hält ein Gericht ein Gesetz, auf dessen Wirksamkeit es bei der Entscheidung ankommt, für verfassungswidrig, so hat es allerdings gemäß Art. 100 Abs. 1 Satz 1 des Grundgesetzes (GG) das Verfahren auszusetzen und die Entscheidung des BVerfG einzuholen. Das dem BVerfG vorbehaltene Verwerfungsmonopol hat zur Folge, dass das Fachgericht Folgerungen aus der (von ihm angenommenen) Verfassungswidrigkeit eines formellen Gesetzes im Hauptsacheverfahren erst nach deren Feststellung durch das BVerfG ziehen darf.

9 bb) Die Fachgerichte sind jedoch durch Art. 100 Abs. 1 GG nicht gehindert, schon vor der im Hauptsacheverfahren einzuholenden Entscheidung des BVerfG auf der Grundlage ihrer Rechtsauffassung vorläufigen Rechtsschutz zu gewähren, wenn dies im Interesse eines effektiven Rechtsschutzes geboten erscheint und die Hauptsacheentscheidung dadurch nicht vorweggenommen wird (vgl. BVerfG-Beschluss vom 24. Juni 1992 1 BvR 1028/91, BVerfGE 86, 382, unter B.II.2.b; BFH-Beschluss in BFHE 204, 39, BStBl II 2004, 367 [BFH 22.12.2003 - IX B 177/02]).

6. Stundung, § 222 AO

Einen Rechtsbehelf stellt auch die Stundung gem. § 222 AO dar. Die Stundung kommt immer dann in Betracht, wenn der Steuerpflichtige nicht in der Lage ist, die Steuerschuld auf einmal abzutragen. Dies ergibt sich jedoch nicht nur bei natürlichen Personen, sondern auch in vielfältiger Weise bei juristischen Personen. Mit der Stundung soll also eine Härte vermieden werden, die mit der Einziehung fälliger Beträge entstehen würde. Die Stundung soll regelmäßig nur dann gewährt werden, wenn ein Antrag gestellt wurde und eine Sicherheitsleistung erbracht wurde. Die Sicherheitsleistung ist nicht zu fordern, wenn der zu vollstreckende Betrag nur gering ist und der Anspruch per se nicht gefährdet ist. Zu beachten ist, dass eine Stundung nicht kostenfrei, sondern gegen Erhebung von Stundungsgebühren erfolgt, § 234 AO. Dennoch können keine Säumniszuschläge erhoben werden, da die Stundung die Fälligkeit der jeweiligen Beträge nach hinten verschiebt. Die für die Säumniszuschläge erforderliche Fälligkeit ist daher nicht gegeben. Die gestundeten Ansprüche können auch nicht vollstreckt werden, sodass die Stundung für nicht liquide Schuldner ein attraktives Mittel zur Eigenfinanzierung darstellt. Die Stundungsgewährung ist eine Ermessensentscheidung der jeweiligen Behörde.

Die Stundung und die AdV können kumulativ beantragt werden.

Voraussetzung für die Stundung ist das Vorliegen von einer besonderen Härte für den Schuldner im Falle der Einziehung fälliger Beträge sowie einer Gewährleistung des Anspruches (keine Gefährdung).

a. Besondere Härte

Die Einziehung des fälligen Betrages muss für den Schuldner eine besondere Härte bedeuten, d. h. die sofortige Einziehung fälliger Beträge muss unbillig sein. Dieser unbestimmte Rechtsbegriff ist mittels anerkannter Auslegungsmethoden inhaltlich zu füllen. Es muss also regelmäßig eine Abwägung der kollidierenden Interessen des Schuldners und des Gläubigers erfolgen, wobei das Ermessen rechtsfehlerfrei auszuüben ist.

Eine persönliche besondere Härte liegt danach vor, wenn die Ursachen für die Unmöglichkeit fristgerechter Begleichung fälliger Beträge in der Person des Schuldners liegt, m. a. W. wenn es dem Schuldner nicht zumutbar ist, aus wirtschaftlichen oder persönlichen Verhältnissen heraus die Schuld zu begleichen. Der Schuldner muss also stundungsbedürftig sein. Dazu ist zunächst erforderlich, dass der Schuldner seine gesamte Wirtschaftskraft einsetzt, um die Stundungsbedürftigkeit zu eliminieren. Zu beachten ist auch seine persönliche und familiäre Situation, die zur Stundungsbedürftigkeit erheblich beitragen kann.

Ferner ist erforderlich, dass der Schuldner stundungswürdig ist. Dies ist er dann, wenn er die Zahlungsschwierigkeiten nicht selbst verursacht hat. Abzustellen ist also auf das Verhalten, das Verschulden des Schuldners. Dieser muss sich sodann auch das Verhalten Dritter zurechnen lassen. Es ist also nicht unbedingter Rechtssatz, dass jedes negative Verhalten auch die Stundungswürdigkeit des Schuldners in Frage stellt.

Eine sachlich besondere Härte ist zu bejahen, wenn die Grundsätze von Treu und Glauben dies erforderlich machen. Dies ist gegeben, wenn die Behörde mit ihrem eigenen Verhalten eine widersprüchliche Praxis aufstellen würde. Ist es zum Beispiel behördliche Praxis, im Falle von Insolvenzbefürchtungen eine Stundung zu gewähren, so erscheint es rechtsfehlerhaft, wenn bei einem Schuldner die Rechtslage anders beurteilt wird.

b. Gefährdung des Anspruchs

Eine weitere Voraussetzung für die Stundungsbewilligung ist, dass damit der Anspruch nicht in seiner Durchsetzbarkeit gefährdet wird. Dies ist dann gegeben, wenn die Durchsetzbarkeit nur und aufgrund der Stundung erheblich verschlechtert wird. Durch diesen unbestimmten Rechtsbegriff wird der zuständigen Behörde ein weiter Spielraum eingeräumt. Entscheidend ist nämlich der subjektive Eindruck der Finanzbehörde, wie sich der Sachverhalt also für diese Behörde darstellt. Für die Gefährdung des Anspruchs ist also eine Prognoseentscheidung der Finanzbehörde erforderlich, die der Antragsteller durch positive Darstellung seiner Lebensverhältnisse entscheidend mitgestalten kann. Beeinträchtigt wird die Entscheidung der Behörde auch dadurch, dass es ihr frei steht, eine Sicherheitsleistung zu verlangen, § 241 AO. Damit kann der Gefährdung des Anspruchs vorgebeugt werden. Aufgrund des damit verbunden Verwaltungsaufwandes ist bei kleineren Beträgen von einer solchen Leistung abzusehen. Dies gilt auch bei kurzfristigen Stundungen. Denn in Relation zum gestundeten Betrag ist die Sicherheitsleistung überflüssig, weil zeitaufwendig.

Die Sicherheitsleistung kann durch Wertpapiere, Pfandrechte, Spareinlagen oder Abtretung von Forderungen erfolgen. Damit wird deutlich, dass die zu erbringende Leistung eines erheblichen Aufwandes bedarf.

Bei Vorlage aller unbestimmten Tatbestandsvoraussetzungen wird dem Schuldner gestattet, die bereits fällige Leistung zu einem späteren Zeitpunkt zu erbringen. Dies kann sich auf einen Teilbetrag der Leistung oder auf die volle Höhe beziehen. Die Stundung soll nur auf Antrag gewährt werden. Dies ist gängige Praxis. Die Finanzbehörden werden nämlich nur in den seltensten Fällen von sich aus tätig. Billigkeitsmaßnahmen werden nur dann ergriffen, wenn die besondere Lage des Schuldners eklatant nach außen hervor tritt. Es ist also immer zu empfehlen, einen schriftlichen Antrag an die Behörde zu stellen, um eine Stundung zu erreichen. Der Antrag ist bei der zuständigen Behörde einzureichen. In der Regel wird es sich dabei um eine Landesfinanzbehörde handeln. In dem Antrag sollte ausführlich dargelegt und begründet werden, warum eine Stundung zu gewähren ist. Beweisbelastet ist dabei der Antragsteller. Günstig wird es sich auswirken, dem Antrag eine Finanzbilanz des Antragstellers beizufügen und einen Tilgungsplan einzureichen.

Die Stundung ist ein Verwaltungsakt, der unter Ermessensbeachtung Wirkung erlangt. Er unterliegt somit auch der Anfechtung in Form des Einspruchs und der Verpflichtungsklage. In der Stundungsverfügung wird der Fälligkeitszeitpunkt neu bestimmt. Gleichzeitig erfolgt eine Anordnung der Ratenzahlung oder der Zahlung des gesamten Betrages. Als Annexbestimmung enthält der VA die Pflicht zur Zahlung von Stundungszinsen (0,5 % / Monat) oder den Erlass dieser Zinszahlung. Da die Fälligkeit zu einem späteren Zeitpunkt ausdrücklich besteht, ist dann eine erneute Mahnung überflüssig.

Die Stundung kann wegen Veränderung der Rechts- oder Sachlage zurückgenommen oder widerrufen werden.

Von der Stundung ist der Zahlungsaufschub abzugrenzen. Dieser ist in § 223 AO geregelt und verlagert die Fälligkeit der geschuldeten Leistung nach hinten. Damit fallen weder Säumniszuschläge noch Stundungszinsen an. Auch hierbei sind wieder ein Antrag des Schuldners sowie eine Sicherheitsleistung notwendig. Jedoch ist der Zahlungsaufschub nicht nach freiem Ermessen zu erlassen. Denn bei Vorlage aller Tatbestandsmerkmale ist der Aufschub zu gewähren. Es besteht also ein Recht auf Erlass eines bewilligenden Bescheids. Der Zahlungsaufschub kommt bei Verbrauchssteuern und Zöllen in Betracht.

Die abgelehnte Genehmigung ist ein VA, die den Regeln der Anfechtung unterliegt.

7. Gegenvorstellung

Die Gegenvorstellung ist ein Rechtsbehelf, der nicht gesetzlich geregelt ist. Dieses von der Rechtsprechung entwickelte Rechtsinstitut soll dann Anwendung finden, wenn eine Verletzung des rechtlichen Gehörs nach Art. 103 I GG zu befürchten steht oder wenn eine offenbar rechtwidrige Entscheidung ergangen ist, die mit dem geltenden Recht in keinerlei Einklang steht. Mit der Gegenvorstellung soll dem Richter die Möglichkeit der Selbstkorrektur gegeben werden. Sie ist aus Art. 17, 20 III GG herzuleiten.

Die Gegenvorstellung ist also ein nicht förmliches Rechtsinstitut. Daher ist sie auch an keine Form oder Frist gebunden. Gerichtet wird dieses Rechtsinstitut an diejenige Behörde, die eine Handlung vorgenommen hat, die mit der Gegenvorstellung gerügt werden soll. Angreifbar sind alle Maßnahmen einer Behörde.

Einzige Voraussetzung für die Gegenvorstellung ist die Beschwer des Antragstellers sowie ein Antrag selbst auf Abhilfe. Für die Gegenvorstellung gilt jedoch der Grundsatz: „Fristlos, formlos, fruchtlos". Ihr kommt daher auch kein besonderer Stellenwert im finanzgerichtlichen Verfahren zu.

8. Dienst-/ Fachaufsichtsbeschwerde

Die Dienstaufsichtsbeschwerde und die Fachaufsichtsbeschwerde sind wie die Gegenvorstellung nichtförmliche Rechtsbehelfe. Sie sind daher auch formlos und fristlos bei der Behörde einzulegen, welche die Handlung vorgenommen hat. Im Übrigen ist auf die Ausführungen zur Gegenvorstellung zu verweisen.

Mit der Dienstaufsichtsbeschwerde wird angestrebt, dass die vorgesetzte Behörde oder der Vorgesetzte i. e. Abhilfe schafft. Gerügt wird dabei das persönliche Verhalten eines behördlichen Mitarbeiters. In Betracht kommt dabei die Verletzung von Informationspflichten, Bearbeitungspflichten oder Fürsorgepflichten.

Die Sachaufsichtsbeschwerde wird an den Beamten gerichtet, dem die Aufsicht obliegt. Dies kann auch eine aufsichtsführende Behörde sein. Die Beschwerde richtet sich gegen eine Entscheidung der Behörde, die ergehen soll oder bereits ergangen ist. Mit der Sachaufsichtsbeschwerde kann z. B. auf konträre Rechtsauffassungen der Behörde hingewiesen werden, um Einfluss auf die Entscheidung zu nehmen.

Bei beiden Rechtsinstituten gilt auch wieder der Grundsatz der „Fruchtlosigkeit".

9. Sonstige Anträge insbesondere Sprungklage, § 45 FGO

Ein sonstiger Antrag, der nicht in der AO oder in der FGO geregelt ist, ist der bloße Antrag auf Erlass oder Änderung einer Entscheidung. Herbeigeführt werden soll eine Entscheidung, die als VA noch nicht vorliegt. Mangels praktischer und theoretischer Bedeutung wird im Folgenden darauf nicht eingegangen.

Die Sprungklage gem. § 45 FGO ist keine besondere Klageart, sondern lediglich eine Anfechtungs- oder Verpflichtungsklage mit der Besonderheit, dass das Vorverfahren entbehrlich ist. Zuständig für die Sprungklage ist das FG im ersten Rechtszug gem. § 35 FGO.

Sinn und Regelungsgehalt dieser Klage ist es, das Vorverfahren entbehrlich zu machen, wenn von diesem keine das Verfahren förderlichen Auswirkungen zu erwarten sind. Denn grundsätzlich bedeutet der Einspruch, also das Vorverfahren, eine Überprüfung der formellen und materiellen Rechtslage. Es soll dem Kläger die Möglichkeit des schnellen Rechtschutzes bieten. Wird im Vorfeld bereits ersichtlich, dass das Vorverfahren keinen Erfolg verspricht, also zum Verfahren nichts Wesentliches beiträgt, kann dieses übersprungen werden und sogleich Klage erhoben werden.

10. Widerspruch, §§ 68 ff. VwGO

Für Realsteuern – etwa Gewerbesteuer oder Grundsteuer – sind die Normen des Einspruchsverfahrensrechts nicht anwendbar, § 1 AO. Gem. Art. 105 II, 108 V 2 GG steht dem Bund die volle Gesetzgebungskompetenz zu. Um bundeseinheitliche Regelungen zu treffen, wurde davon auch weitestgehend Gebrauch gemacht. Die Verwaltung wurde dabei den Gemeinden übertragen. Daher ist es auch sinnvoll, dass das außergerichtliche Rechtsbehelfsverfahren nach denjenigen Vorschriften durchgeführt, nach denen sich die Gemeinden richten (jeweiliges Landesrecht). Der Rechtsweg in Realsteuersachen führt daher immer zu den Verwaltungsgerichten. Also ist es nur konsequent, die außergerichtlichen Rechtsbehelfe nicht der AO, sondern der VwGO zu unterwerfen. Damit ist der Weg zum Widerspruch gem. §§ 68 ff. VwGO eröffnet.

a. Sinn und Zweck des Vorverfahrens

Das Vorverfahren hat regelmäßig den Zweck, dem Grundsatz der Gesetzmäßigkeit und Zweckmäßigkeit der Verwaltung zu genügen. Denn mit dem Vorverfahren, was notwendig einer Anfechtungs- und Verpflichtungsklage vorgeschaltet ist, kann der Rechtsbegehrende nochmals Rechtschutz erlangen, indem die angefochtene Entscheidung grundlegend überprüft wird. Damit sollen die zuständigen Behörden, die grundsätzlich am Fall näher dran sind, ihre Entscheidung grundlegend überdenken. Ferner ist mit dem Vorverfahren beabsichtigt, die Gerichte zu entlasten. Denn mit Hilfe des Widerspruchs wird eine Vielzahl von Entscheidungen im Sinne des Anfechtenden geändert. Es ist also auch eine Selbstkontrolle der Verwaltung.

Die Kompetenzen der Behörden sind dabei weitgehend, da sie Entscheidungen der vorgeschalteten Behörde aufheben können. Bei der Entscheidungsfindung können die Ermittlungen des Tatbestandes erweitert werden, weitere Einwendungen des Widerspruchführers berücksichtigt werden, rechtliche Überlegungen ausgedehnt und Ermessensfehler rückgängig gemacht werden.

Prozessual ist das Institut des Vorverfahrens als Sachurteilsvoraussetzung zu betrachten, d. h. ohne das Widerspruchsverfahrens ist eine eventuelle Klage als unzulässig zu verwerfen. Denn dieses muss zum Zeitpunkt der Entscheidungsfindung vorliegen und von Amts wegen geprüft werden. Grundsätzlicher letzter Zeitpunkt für die Vorlage des Widerspruches ist der Zeitpunkt der letzten mündlichen Verhandlung.

Die Rechtsprechung hat zum Teil versucht, das Widerspruchsverfahren entbehrlich zu machen, indem die Klage als Rechtsbehelf gesehen wurde und die Klageerwiderung der Behörde als Bescheid gedeutet wurde. Denn aus prozessökonomischen Gründen scheint es durchaus sinnentleert, der Klage in solchen Konstellationen, in denen aus der Klage der Inhalt eines etwaigen Widerspruches hervorgeht, ein förmliches Verfahren voranzustellen, obwohl ersichtlich ist, dass dieses keine andere Beurteilung zulässt. Diesem Verfahren kann nicht gefolgt werden. Denn zum Einen ist bereits de lege lata der Widerspruch notwendig bestimmten Klagen vorzuschalten. Davon kann nicht im Einzelfall abgewichen werden. Zum Anderen soll das Vorverfahren gerade der Behörde die Möglichkeit geben, ihre Entscheidung nochmals zu überdenken, um eine offensichtliche Fehlentscheidung zu korrigieren. Daher ist der Widerspruch als notwendige Sachurteilsvoraussetzung zu sehen.

Der Widerspruch hat grundsätzlich aufschiebende Wirkung (sog. Suspensiveffekt), d. h. der angegriffene Bescheid kann bis zur Entscheidung nicht durchgesetzt werden; die Vollziehung ist also gehemmt. Ausnahmen davon bestehen, wenn die Entscheidung öffentliche Abgaben und Kosten betrifft (§ 80 II Nr. 1 VwGO), bei unaufschiebbaren Anordnungen und Maßnahmen von Polizeivollzugsbeamten (§ 80 II Nr. 2 VwGO) oder in anderen durch Bundesgesetz oder für Landesrecht durch Landesgesetz vorgeschriebenen Fällen, insbesondere für Widersprüche und Klagen Dritter gegen Verwaltungsakte, die Investitionen oder die Schaffung von Arbeitsplätzen betreffen (§ 80 II Nr. 3 VwGO). Der Grund besteht darin, dass mit dem Suspensiveffekt vollendete Tatsachen verhindert werden sollen, die nur schwer wieder rückgängig zu machen sind. Der Anfechtende soll somit nicht auf die Schadensersatz- oder Folgenbeseitigungsansprüche verwiesen werden. Bei den vorgenannten Ausnahmen muss im Sinne des Gemeinwohls und der Rechtsordnung darauf verzichtet werden, einen solchen Effekt hervorzurufen. Denn bei diesen Regelungen wird das überwiegende öffentliche Interesse an der sofortigen Vollziehung bejaht. Stellt sich nämlich im Nachhinein heraus, dass die ursprüngliche Maßnahme rechtmäßig war, hat diese sich eventuell bereits durch Zeitablauf erledigt oder entfaltet nicht mehr die gewünschten Wirkungen.

b. Voraussetzungen des Widerspruchsverfahrens

Gem. § 69 VwGO beginnt das Widerspruchsverfahren mit der Erhebung des Widerspruchs bei der zuständigen Behörde. Dabei schadet es nicht, wenn dem Schreiben des Widerspruchsführers nicht die Überschrift „Widerspruch" vorangeht. Denn im Sinne eines umfassenden Rechtschutzes (das Verwaltungsverfahren bedingt keine anwaltliche Vertretung) muss dem Rechtsuchenden ein umfassendes Verfahren zur Verfügung gestellt werden, ohne dass dabei auf rechtsintensive Formalien oder Kenntnisse abzustellen ist. Daher ist ein jedes Schreiben unter Berücksichtigung sowohl des Wortlautes des Begehrens als auch des Gesamtverhaltens des Erklärungsgebers auszulegen oder umzudeuten. Weitere inhaltliche Anforderungen an einen Widerspruch werden vom Gesetzgeber nicht gefordert. Dieser muss also nicht begründet sein oder gar einen bestimmten Antrag enthalten. Ungeachtet dessen empfiehlt es sich natürlich, einen Widerspruch so substantiiert wie nur möglich zu gestalten. Denn dann kann sich die Behörde auf die jeweiligen Einzelpunkte konzentrieren und andere Eckdaten nur summarisch und kursorisch überprüfen. Erkennbar muss jedoch sein, welcher Verwaltungsakt mit dem Widerspruch angefochten werden soll und dass dessen Überprüfung begehrt wird. Anderenfalls würde die Ermittlungspflicht der Behörde ausufern. Den Widerspruchsführer trifft dabei eine gewisse Mitwirkungspflicht, die sich jedoch in den Grenzen der Zumutbarkeit halten soll.

Ferner muss wenigstens im Geringsten erkennbar sein, dass nicht etwa ein anderer Rechtsbehelf gewollt ist. Für die Auslegung ist § 88 H 2 VwGO anzuwenden. Die Anwendung findet jedoch nur analog statt, da sich § 88 VwGO auf Klageanträge bezieht, der Widerspruch jedoch gerade kein Klageverfahren darstellt.

Aus dem Widerspruch muss die Befugnis hervorgehen, einen solchen Rechtsbehelf einzulegen, m. a. W. es muss ersichtlich sein, dass der Widerspruchsführer in seinen Rechten verletzt sein könnte. Abzustellen ist dabei immer auf ein subjektives Recht des Antragstellers, d. h. ist offensichtlich, dass dieser kein verletztes subjektives Rechts rügen kann, ist der Widerspruch ohne Prüfung der Begründetheit als unzulässig abzuweisen.

Während des Widerspruchsverfahrens kann der Rechtsbehelf zurückgenommen oder durch Erklärung der Erledigung der Hauptsache oder durch Vergleich beendet werden.

Auch ein Verzicht auf das Widerspruchsverfahren ist ohne weiteres möglich. Der Verzicht kann jedoch nur vor der Einlegung des Widerspruchs Anwendung finden. Alsdann wird ein dennoch eingelegter Widerspruch und eine später eingereichte Klage als unzulässig verworfen. Wird während des Widerspruchsverfahrens Verzicht erklärt, wird dieser in die Rücknahme des Rechtsbehelfes umgedeutet werden müssen.

Der Widerspruch ist innerhalb eines Monats zu erheben. Gem. § 70 I VwGO ist für den Empfang die Stelle, die den Verwaltungsakt erlassen hat, zuständig. Die Erhebung des Widerspruchs kann schriftlich oder mündlich zur Niederschrift erfolgen. Daraus folgt, dass ein telefonisch eingelegter Widerspruch als nicht eingelegt gilt, selbst wenn darüber Notizen gefertigt wurden. Abzustellen ist nämlich immer darauf, ob der Rechtsbehelf vom Widerspruchsführer herrührt und mit dessen Willen in den Verkehr gelangt ist.[7] Dies geht aus einer Telefonnotiz nicht zweifelsfrei hervor; im Übrigen ist die Behörde nicht verpflichtet, Aktennotizen darüber zu fertigen. Wurde der Widerspruch nicht formgerecht eingelegt, kann die Heilung des Schriftformerfordernisses nach Ablauf der Widerspruchsfrist nur noch über das Rechtsinstituts der Wiedereinsetzung in den vorigen Stand erfolgen, § 60 VwGO.

Die Widerspruchsfrist beträgt gem. § 70 I VwGO einen Monat nach Bekanntgabe des Verwaltungsaktes. Die Frist ist Zulässigkeitsvoraussetzung für die Zulässigkeit des Widerspruchs und der sich eventuell anschließenden Klage. Die Berechnung der Frist erfolgt nach § 57 VwGO, § 222 ZPO, §§ 187 ff. BGB.

Als Bekanntgabe ist die Zustellung, die öffentliche Bekanntgabe, die Verkündung und die formlose Eröffnung zu definieren. Wird der VA nicht bekannt gegeben, beginnt auch keine Widerspruchsfrist zu laufen. Wird der VA nur zufällig wahrgenommen – etwa die Baugenehmigung des Nachbarn, indem dieser anfängt zu bauen – läuft die Monatsfrist ebenso wenig. Denn die Bekanntgabe setzt gerade die Willenserklärung der Behörde voraus, eine Entscheidung dem Empfänger bekannt zu geben. Dann findet auch die Frist des § 58 VwGO (ein Jahr) keine Anwendung. Denn die Einhaltung der Rechtsbehelfsfristen würde schlechterdings nur vom Zufall abhängen und nicht den rechtstaatlichen Grundsätzen genügen. Der Widerspruch kann dann nur als – materiellrechtlich oder prozessrechtlich – verwirkt (§ 242 BGB analog) erachtet werden. Ähnliches gilt für die Rechtsbehelfsbelehrung. Deren Fehlen im Zusammenhang mit dem jeweiligen VA löst automatisch den Gang der Ein-Jahres-Frist nach § 58 VwGO aus.

Wird kein Widerspruch gegen den jeweiligen VA eingelegt, erwächst dieser in Bestandskraft und kann nicht mehr angefochten werden.

7 BVerwG 30, 274 ff.

Wird der Widerspruch nicht fristgerecht eingelegt, kann dieser als verspätet zurückgewiesen werden.

c. Begründetheit

Gem. § 72 VwGO hilft die Behörde dem Widerspruch ab, wenn sie diesen für begründet erachtet. Damit verbunden ist die Entscheidung über die Kosten. Aus o. g. Norm geht hervor, dass die zuständige Behörde verpflichtet ist, ihre Entscheidung nochmals auf Richtigkeit und Ermessensfehler zu prüfen. Berücksichtigt werden müssen dabei die neu geltend gemachten Tatsachen des Widerspruchführers sowie die bereits in das Vorverfahren eingebrachten Tatsachen. Jedoch muss die Behörde kein neues Verfahren eröffnen, sondern das alte nochmals aufrollen. Dazu gehört auch, dass gem. § 28 VwVfG Beteiligte u. U. neu angehört werden müssen. Kommt die Behörde nach summarischer Prüfung zu dem Schluss, dass der Widerspruch begründet ist, wird der ursprüngliche VA geändert, aufgehoben oder der Antragsteller neu verbeschieden. Kommt die Behörde dagegen zu dem Resultat, der Widerspruch sei unbegründet, ergeht kein Abhilfebescheid sondern ein Widerspruchsbescheid i. d. § 73 VwGO. Dieser hat schriftlich an den Widerspruchsführer zu ergehen. Daraus muss eindeutig die Begründung, die Kostenentscheidung sowie die Belehrung für den Klageweg (Rechtsbehelfsbelehrung) hervorgehen. Der Bescheid muss zudem hinreichend bestimmt sein und dem Empfänger zugestellt werden. Da eine Bindung an den Antrag nicht besteht (§ 88 VwGO) und zum Teil auch nicht ersichtlich ist, wogegen sich der Widerspruchsführer im Einzelnen wendet, kann die Behörde mehr gewähren, als eigentlich vom Widerspruchsführer gewollt war. Sie kann jedoch dem Widerspruch auch nur in Teilen stattgeben oder ihn im Gegenteil komplett zurückweisen.

Ob der Widerspruchsführer eine Verschlechterung seiner Rechtsposition hinnehmen muss (reformatio in peius) ist umstritten, wird aber bejaht werden müssen.

Dagegen spricht, dass der ursprüngliche VA eine gewisse Bestandskraft inne hat, die eine Vertrauensregelung geschaffen hat. Diese ist dann nur auf Grund besonderer Ermächtigung rücknehmbar. Ferner ist keine besondere Rechtsgrundlage für die reformatio in peius geschaffen worden. Dies hätte der Gesetzgeber aus Rechtstaatsgründen tun müssen. Auch hindert eine Gefahr der Verböserung die Einlegung von Rechtsbehelfen, indem diese eine abschreckende Wirkung entfaltet. Ferner spricht gegen eine Verböserung, dass der Widerspruchsführer einen bestimmten Antrag gestellt hat, indem er Widerspruch einlegte. Eine Verböserung würde über den Antrag hinausgehen und damit den Grundsatz „ne ultra petita" verletzen.

Dafür spricht jedoch, dass die Verwaltung „Herrin des Verfahrens" ist, und somit in alle möglichen Richtungen entscheiden kann. Ferner kann niemand eine nur günstige Regelung beanspruchen. Auch ist die Verböserung lange bereits richterlich und gewohnheitsrechtlich anerkannt. Ferner spricht dafür, dass ein VA nach Bestandskraft zurückgenommen oder widerrufen werden kann. Dann muss dies erst recht vor dessen Bestandskraft gelten. Im Übrigen ist § 79 II 1 VwGO als Anzeichen dafür heranzuziehen, dass vom Gesetzgeber eine Verböserung gewollt und gesehen wurde. Diese Ansicht überzeugt. Wenn der Widerspruchsführer also ein Rechtsbehelfsverfahren durchführt, muss er damit rechnen, dass sich seine Rechtsposition auch verschlechtern kann. Er hat es demnach in der Hand, die für ihn günstigste Rechtsfolge selbst zu bewirken. Ein schutzwürdiges Interesse am Bestand des nunmehr angefochtenen VA besteht daher nicht mehr. Somit ist es der Behörde unbenommen, eine reformatio in peius zu bewirken.

Beispiel:

Am 01.01.04 ergeht an den Unternehmer X ein Bescheid zur Zahlung von Grundsteuer i. H. v. 1.000,- €. Dagegen legt dieser am 20.02.2004 Widerspruch ein, mit dem Antrag, die Grundsteuer um 10 % zu ermäßigen. Am 15.03.2004 ergeht ein ordnungsgemäß zugestellter Widerspruchbescheid. Darin wird festgelegt, dass der Ursprungs-Bescheid dergestalt geändert wird, dass der X statt 1.000,- € nunmehr 2.000,- € zahlen soll.

a) Der Widerspruch ist zulässig und begründet – die Klage hat Aussicht auf Erfolg.

b) Der begründete Widerspruch ist unzulässig – Die Klage wird als unzulässig verworfen.

c) Der zulässige Widerspruch ist unbegründet – Die Klage wird als unbegründet abgewiesen.

d) Die reformatio in peius ist unzulässig – die Klage hat Aussicht auf Erfolg.

e) Die reformatio in peius ist zulässig – die Klage hat keine Aussicht auf Erfolg.

f) X hat bereits während des Vorverfahrens Verzicht hinsichtlich des Widerspruchs erklärt
– Die Klage ist unzulässig.

Die Begründung des Widerspruchbescheides muss sowohl die tatsächlichen Voraussetzungen als auch die rechtliche Begründung enthalten, auf die sich Entscheidung stützt. Denn der Bescheid soll für jedermann nachvollziehbar und überprüfbar sein, also rechtstaatlichen Grundsätzen genügen. Form- und Verfahrensfehler können nachträglich geheilt werden. Etwaig fehlende Begründungen können bis zum Schluss der letzten mündlichen Verhandlung nachgeholt werden.

Für den Praktiker ist es wichtig zu beachten, die jeweilige bundesrechtliche VwGO-Bestimmung zur Anwendung kommen zu lassen. Ergeben sich aus dem Landesrecht keine unterschiedlichen Betrachtungsweisen, ist die bundeseinheitliche VwGO heranzuziehen. In der Regel bestehen nur marginal geringe Unterschiede. Gleiches gilt für das VwVfG. Hierbei sind schon erheblichere

Differenzen zu beachten, sodass ein Vergleich mit dem Bundesrecht lohnenswert ist. Zu achten ist auf das richtige Zitat der jeweiligen Norm (etwa: BremVwVfG o. ä.).

Tenorierungsbeispiel:

Sehr geehrter Herr X,

auf Grund Ihres form- und fristgerecht eingelegten Widerspruches vom 20.02.2004 gegen den Grundsteuerbescheid vom 01.01.2004 (Az.: xxxxx/xxx) erlässt die Stadt XY folgenden

Widerspruchbescheid

Der Grundsteuerbescheid vom 01.01.2004 wird aufgehoben.

oder

Der Grundsteuerbescheid wird mit der Maßgabe geändert, dass die Grundsteuerschuld um 10 % v. H. auf 900,- € reduziert wird.

oder

Ihr zulässiger Widerspruch wird als unbegründet zurückgewiesen.

Begründung, Kosten, Rechtsbehelfsbelehrung, Unterschrift / Siegel.

11. Wiedereinsetzung in den vorigen Stand, § 110 AO[8]

Wiedereinsetzung in den vorigen Stand gem. § 110 AO stellt ein Rechtsinstitut dar, welches unbillige Härten für den Antragsteller vermeiden soll, sobald dieser unfreiwillig (unverschuldet) eine Frist versäumt. Mit der Wiedereinsetzung wird ein Zulässigkeitskriterium wieder hergestellt, sodass bereits bestandskräftige Verwaltungsakte oder formelle bzw. materielle gerichtliche oder behördliche Entscheidungen rückwirkend entfallen. Der Antragsteller wird also in den Verfahrensabschnitt versetzt, in dem er sich vor der Fristversäumnis befand. Es wird also fingiert, dass der Antragsteller die Frist nie versäumt hätte. Dadurch kann dieser seinen Prozess weiter führen und sämtliche Sachentscheidungen wie vor Fristversäumnis geltend machen bzw. herbeiführen.

Für die Fristendefinition ist darauf abzustellen, ob eine Frist von der Handlung des Antragstellers abhängt und damit eine Rechtsfolge bewirkt werden sollte. Es fallen also Verjährungsfristen o. ä. nicht unter den Fristbegriff des § 110 AO.

Verschulden ist im Kontext der Wiedereinsetzung in den vorigen Stand das problematischte Tatbestandsmerkmal. Hinsichtlich des Verschuldens ist im weiteren Sinn auf den allgemeinen Fahrlässigkeitsbegriff abzustellen, der vom BGH modifiziert wurde. Verschulden ist demzufolge anzunehmen, wenn der Antragsteller hinsichtlich der Wahrung der von ihm versäumten Frist diejeni-

8 Für das Verwaltungsverfahren gilt § 60 VwGO.

ge Sorgfalt außer Betracht lässt, die für einen gewissenhaften, seine Rechte und Pflichten wahrnehmenden Bürger geboten und ihm nach den Gesamtumständen des konkreten Einzelfalls zumutbar ist.[9] Im Ergebnis ist also – anders als in § 276 BGB – auf die subjektive Seite der Fahrlässigkeit abzustellen. Kenntnisse, Möglichkeiten und besondere Umstände müssen in den jeweiligen Maßstab mit einfließen, ohne dass auf eine typisierende, objektive Begriffsbetrachtung abzustellen ist. Im Umkehrschluss bedeutet dies, dass jede Partei ihr Verschulden zu vertreten hat und mit den daraus resultierenden Folgen umgehen muss. Das heißt auch, dass jede Form von Verschulden, also auch jede leichteste Fahrlässigkeit den Weg in die Wiedereinsetzung in den vorigen Stand versperrt. Damit soll erreicht werden, dass zum einen der materiellen Gerechtigkeit zur Durchsetzung verholfen wird, indem Entscheidungen öffentlicher Art innerhalb bestimmter Frist unanfechtbar werden. Alle Beteiligten erhalten damit eine Rechtssicherheit, die nicht durch Wiedereinsetzungsanträge verschleppt werden soll. Auf der anderen Seite erfordert der Schutz der jeweiligen Partei ein Rechtsinstitut, welches der Unerfahrenheit des Laien Rechnung trägt, jedoch nicht ausufernd wirkt. Dies gebieten das Rechtstaatsgebot und der Grundsatz des fairen Verhaltens (fair trial).

Die Versäumung einer Frist kann also nicht entschuldigt werden, wenn die Versäumung durch Einleitung weiterer Schritte hätte vermieden werden können. Insoweit ist die Verschuldensbegriffsausfüllung nicht zu eng, aber auch nicht zu ausufernd zu betrachten. Irrtümer über die materielle Rechtslage oder über das Wesen der Ausschlussfrist erlauben in der Regel keine Wiedereinsetzung. Denn ein solcher Antrag kann nicht damit begründet werden, dass der Antragsteller ungenügende Kenntnisse hatte und die Folgen für diesen nicht absehbar waren. Begründet wird dies damit, dass sich jede Partei eines professionellen Vertreters bedienen kann. Bedient sich eine Partei eines Vertreters, sei es ein Steuerberater – sei es ein Rechtsanwalt – muss sich diese Partei das Verschulden des Vertreters gem. § 110 I 1 AO zurechnen lassen. Zunächst sind daher auf die Vertreter dieselben Verschuldensmaßstäbe anzuwenden, wie auf die vertretene Partei. Handelt es sich jedoch um Rechtsanwälte, Steuerberater oder andere steuerberatende Berufe, wird ein erhöhter Sorgfaltsmaßstab anzuwenden sein. Dies begründet sich aus der subjektiven Betrachtungsweise des Sorgfaltsbegriffes und richtet sich nicht an einem objektiven Maßstab aus. So hält der BFH Organisationsverschulden für nicht entschuldbar. Eine Exculpation dürfte hier nur in den seltensten Fällen Platz greifen. Bedient sich die jeweilige Partei anderer Personen, etwa Boten, Angestellter, Beauftragter o. ä., muss sie sich deren Verhalten i. d. R. nicht zurechnen lassen. Hat die Partei bei deren Auswahl jedoch sorgfaltswidrig gehandelt, muss sie auch für deren Fehlverhalten persönlich einstehen.

9 BFH/NV 1996, 358 m. w. N.

Für die Wiedereinsetzung in den vorigen Stand bedarf es eines Antrages, der innerhalb einer Frist von einem Monat einzureichen ist. Für die Monatsfrist kann der Antragsteller wiederum Wiedereinsetzung beantragen, sodass u. U. eine doppelte Wiedereinsetzung vorliegen kann. Zu beachten ist, dass dieser Antrag zu begründen ist, d. h. soweit die Gründe, die eine Wiedereinsetzung rechtfertigen könnten, der Behörde nicht schon bekannt oder offensichtlich sind, hat aus dem Antrag ersichtlich zu werden, warum der Antragsteller glaubt, berechtigt zu sein, einen solchen Antrag erfolgreich stellen zu können. Hinsichtlich der Glaubhaftmachung ist eine recht geringe Anforderungshürde konstruiert. Daraus folgt, dass die zu beweisende Tatsache mittels überwiegender Wahrscheinlichkeit als begründet dargestellt wird.

Die Begründung bedarf keiner bestimmten Form. Jedoch empfiehlt es sich, den Antrag und die Tatsachen, auf denen dieser beruht, schriftlich niederzulegen. Dies läuft späteren Beweiszwecken und Darlegungsschwierigkeiten entgegen. Die Gründe sind bis zum Schluss der letzten mündlichen Verhandlung darlegbar und beweisbar.

Die Wiedereinsetzung in den vorigen Stand endet ein Jahr nach dem Ende der versäumten Frist, § 110 III AO, es sei denn, höhere Gewalt bedingt die Unmöglichkeit der Nachholung der versäumten Handlung. Höhere Gewalt ist in diesem Zusammenhang jedes von außen kommende Ereignis, das unter den gegebenen Umständen auch durch äußerste nach Lage der Sache anzuwendende Sorgfalt nicht abgewendet werden kann.[10]

Da die bei der Finanzbehörde, die über die versäumte Handlung zu befinden (§ 110 IV AO) hat, erfolgte Entscheidung keine Ermessensentscheidung, sondern eine Rechtsentscheidung ist, ist eine gerichtliche Nachprüfbarkeit gegeben. Ansonsten wäre nur eine Überprüfung auf Ermessensfehlgebrauch, -nichtgebrauch etc. objektiv nachprüfbar. Die Entscheidung ist unselbständiger Teil der Hauptsache und daher nicht isoliert anfechtbar.

Hinsichtlich der einschlägigen und facettenreichen Wiedereinsetzungsgründe sei auf die umfangreiche Kommentarliteratur verwiesen.

12. Berichtigung offenbarer Unrichtigkeiten, § 129 AO[11]

Die Berichtigung offenbarer Unrichtigkeiten gem. § 129 AO ist im Prinzip in diesem Kontext fehl am Platz, da sie kein Rechtsbehelfsverfahren in Gang setzt, sondern lediglich der Behörde die Möglichkeit gibt, Schreibfehler, Rechenfehler und andere Unrichtigkeiten eines Verwaltungsaktes jederzeit zu berichtigen, die beim Erlass des VA unterlaufen sind (§ 129 1 AO). Für Willenserklärungen des Steuerpflichtigen kommt § 129 AO daher nicht in Be-

10 BFH, BStBl. I 1989, 196.

11 Vgl. § 42 VwGO u. a. zur Berichtigung im Verwaltungsverfahren.

tracht. Sinn und Zweck dieser Norm ist es, klarzustellen, welcher Regelungsgehalt von der Behörde in realiter gewollt war. Vertrauen in eine offensichtliche Unrichtigkeit wird damit jeglicher Grundlage entzogen. Mit der Berichtigung wird also nur deutlich gemacht, was ohnehin schon Bedeutung erlangt hat. Insofern kann nicht darauf abgestellt werden, einen Vertrauenstatbestand zu bilden, der allein auf einem Versehen basiert. Auf die Zumutbarkeit der Berichtigung – wie sie von wenigen Stimmen in der Literatur gefordert wird – kommt es daher nicht an; abzustellen ist einzig und allein auf den Wortlaut des Gesetzes. Und dieser sieht keine Zumutbarkeitsregeln vor.

Voraussetzung ist zunächst eine Unrichtigkeit. Diese liegt dann vor, wenn der erklärte Wille der Behörde mit dem tatsächlichen Willen der Behörde nicht übereinstimmt. Diese Unrichtigkeit muss beim Erlass des Verwaltungsaktes unterlaufen sein. Es kommt also nicht darauf an, ob der jeweilige VA eine Unrichtigkeit enthält. Das Verwaltungsverfahren ist dabei strenger als das Finanzverfahren. Im Finanzrecht muss also von jedem mechanischen Fehler ausgegangen werden. Dies begründet sich bereits aus dem Gesetzeswortlaut, in dem auf Schreib- und Rechenfehler eingegangen wird. Tatsachen- oder Rechtsirrtümer fallen demnach nicht unter den Berichtigungstatbestand des § 129 AO.

Der Fehler, also die Unrichtigkeit muss aus dem jeweiligen Verwaltungsakt selbst hervorgehen, m. a. W. ein unabhängiger Dritter muss erkennen können, dass vorliegend eine Berichtigung in Betracht kommt. Die Unrichtigkeit bedarf also der Offenbarkeit.

Auf das Verschulden der Finanzbehörden kommt es im Kontext des § 129 AO nicht an.

Die Beweislast ist der Behörde zugeordnet, wobei Aufklärungsmängel zugunsten des Steuerpflichtigen der Finanzbehörde zur Last fallen.

Grundsätzlich ist eine Berichtigung fristlos möglich. Eine Ausnahme besteht jedoch bei der Berichtigung von Steuerbescheiden. Hier kann lediglich bis zum Ablauf der Festsetzungsfrist eine Berichtigung erfolgen. Für die Berichtigung hat die Behörde volles Ermessen. Kann der Steuerpflichtige jedoch ein berechtigtes Interesse nachweisen, reduziert sich die Ermessensentscheidung auf Null.

13. Aufhebung und Änderung von Steuerbescheiden, § 172 AO

Die Aufhebung und Änderung von Steuerbescheiden gem. § 172 AO bewirkt eine Durchbrechung der Bestandskraft von Steuerbescheiden. Steuerbescheide können nach Bestandskraft nicht mehr mit Rechtsbehelfen angefochten werden. Dies gilt jedoch nicht für die Behörde. Diese kann immer noch nachkorrigieren. Voraussetzung für die Korrektur nach § 172 AO ist jedoch immer, dass der zu ändernde Verwaltungsakt rechtswidrig ist. Der Anwendungsbereich des § 172 AO ergibt sich aus dessen Aufzählung. Voraussetzung ist ferner, dass keine Festsetzungsverjährung des jeweiligen Steuerbescheides eingetreten ist.

14. Korrektur wegen nachträglich bekannt gewordener Tatsachen, § 173 AO

Die Korrektur von Steuerbescheiden wegen nachträglich bekannt gewordener Tatsachen / Beweismittel erfolgt im Rahmen des § 173 AO. Dadurch kommt der Finanzbehörde kein Ermessen, sondern eine Pflicht zur Änderung der Bescheide zu. Die Korrektur der Bescheide ist jedoch sachlich begrenzt auf die neu bekannt gewordenen Tatsachen, d. h. der Bescheid muss objektiv unrichtig gewesen sein.

Verschulden spielt auch in diesem Korrektursystem keine Rolle, sofern auf die Darlegungslast hinsichtlich der bekannt gewordenen Tatsachen abzustellen ist. Diese obliegt der zuständigen Finanzbehörde. Ansonsten ist im Weiteren der Verschuldensbegriff ein zentraler Punkt dieser Norm. Verschulden umfasst Vorsatz und Fahrlässigkeit. Vorsätzlich handelt, wer sich den Handlungserfolg vorstellt und dessen Eintritt auch begehrt oder zumindest billigend in Kauf nimmt. Fahrlässig handelt, wer die ihm obliegende Sorgfalt verletzt – grob fahrlässig, wer die ihm obliegende Sorgfalt in ungewöhnlichem Maße und nicht entschuldbar verletzt. Die Abgrenzung zwischen grober Fahrlässigkeit und Vorsatz ist schwierig und bereitet nicht selten Probleme, da die Abstufung eine sehr feine ist und die Tendenz in die eine oder andere Richtung eine Gratwanderung ist.

Der Geltungsbereich des § 173 AO erstreckt sich über sämtliche Steuerbescheide, soweit nicht eine Verdrängung auf Grund des Gemeinschaftsrechts eintritt. Eine weitere Ausnahme gilt für Haftungs- und Duldungsbescheide. Bei der Ermittlung des Sachverhalts kommt dem Steuerpflichtigen eine Mitwirkungspflicht zu, die sich aus § 242 BGB analog herleitet.

Voraussetzung für eine Korrektur ist, dass neue Tatsachen vorliegen. Tatsachen sind dabei alle objektiv in Erscheinung getretenen Lebenssachverhalte, die dem Beweise zugänglich sind. Darunter sind auch sog. innere Tatsachen zu verstehen, d. h. Tatsachen, die nur auf Grund äußerer, komplexer Sachverhalte feststellbar sind. Davon abzugrenzen sind Schlussfolgerungen oder Mutmaßungen, die nicht dem Normgefüge des § 173 AO unterliegen. Ferner ist die so oft zitierte Änderung der Rechtsansichten und Rechtsprechung keine neue Tatsache. Denn zum Einen ist bereits anzuzweifeln, ob die Rechtsprechung als Tatsache anzusehen ist. Zum Anderen ist die Rechtsänderung nachträglich eingetreten. Zum Zeitpunkt des Erlasses des ursprünglichen VA konnte sich keine divergierende Betrachtung der Sach- und Rechtslage ergeben. Ferner soll dem Steuerpflichtigen nicht das Risiko eines Vorverfahrens genommen werden, indem diesem zugestanden wird, eine Rechtsprechungsänderung abzuwarten. Insoweit kommt eine Korrektur auch nicht in Betracht. Eine Ausnahme wäre nur dann statuierbar, wenn die Finanzbehörde bereits bei Erlass des VA bei Kenntnis der Rechtsprechung zu einer niedrigeren Steuer gelangt wäre. Diese Ausnahme ist dogmatisch jedoch höchst zweifelhaft und nur unter großen Anstrengungen zu konstruieren, im Ergebnis daher grundsätzlich abzulehnen.

Die Tatsachen, die zu einer Korrektur nach § 173 AO führen, müssen bei Erlass des VA bereits vorgelegen haben, dürfen jedoch noch nicht bekannt gewesen sein. Dafür muss der Entschluss der Finanzbehörde zum Erlass eines Steuerbescheides bereits abgeschlossen sein, d. h. der Zeitpunkt bestimmt sich für einen Zeitraum vor Erlass des Bescheides und nach Steuerfestsetzung. Ferner ist zu beachten, dass der Finanzbehörde die jeweils relevanten Tatsachenänderungen bekannt werden, also nicht dem Steuerpflichtigen. Denn § 173 AO ist eine Korrekturmöglichkeit für die Behörde.

Die Tatsachen müssen zudem kausal für eine Änderung des ursprünglichen Bescheides sein, d. h. mit der Kenntnis der Tatsachen müsste die Behörde einen inhaltlich differenzierten VA erlassen haben. Der Korrektur steht jedoch der Grundgedanke des § 242 BGB analog (Treu und Glauben) entgegen, nämlich immer dann, wenn es sich bei den Tatsachen um solche handelt, die als bekannt gelten. Dann steht § 242 BGB einer Korrektur entgegen, sodass, obwohl die Voraussetzungen für eine Korrektur gegeben sind, diese nicht mehr möglich ist. Nach der ständigen Rechtsprechung des BFH ist eine Änderungssperre stets dann anzunehmen, wenn der Steuerpflichtige seiner Mitwirkungspflicht vollumfänglich nachgekommen ist und sämtliche wesentlichen Tatsachen vorgetragen hat, die objektiv für eine Änderung kausal gewesen wären. Dazu kommt, dass die Finanzbehörde bei Kenntnis der Tatsachen keine wesentliche Änderung des Bescheides erwirkt hätte, wären die Tatsachen dieser bei Erfüllung ihrer Amtsermittlungspflicht bekannt geworden.[12]

Die nachträglich bekannt gewordenen Tatsachen müssen kausal zu einer höheren oder niedrigeren Steuer führen. Wirkt sich eine Tatsache steuerneutral aus, ist diese unberücksichtigt zu lassen.

15. Korrektur wegen eines rückwirkenden Ereignisses, § 175 I 1 Nr. 2 AO

Mit der Norm des § 175 I 1 Nr. 2 AO wird die Bestandskraft von Steuerbescheiden durchbrochen. Gem. Nr. 2 ist ein Steuerbescheid zu ändern oder zu erlassen, sobald ein Ereignis eintritt, welches Rückwirkungsbindung für die Vergangenheit entfaltet. Die Änderung unterliegt damit nicht dem Ermessen

12 BFH BStBl. I 1988, 115.

der Finanzbehörde, sondern hat zu erfolgen. Geregelt wird mit dieser Norm ein dem Wegfall der Geschäftsgrundlage (§ 313 BGB) ähnlich gelagerter Fall, nämlich die Änderung des ursprünglich richtig ermittelten und subsumierten Sachverhaltes durch ein Ereignis. Dieses Ereignis muss für den Sachverhalt von Bedeutung und kausal sein. Die Änderung des Sachverhaltes muss sich steuerrechtlich auswirken, d. h. es genügt nicht, wenn sich der Besteuerung zwar ein anderer Sachverhalt zu Grunde legt, dieser aber für die Besteuerung per se keine Auswirkungen hat. Eine rückwirkende Änderung von steuerrechtlichen Normen stellt in diesem Zusammenhang keine Rückwirkung dar. Denn damit wird nicht auf den Sachverhalt Einfluss genommen, sondern lediglich auf die veränderte Rechtsgrundlage. Diese entzieht sich jedoch bereits sprachlich dem Inhalt der Norm. Gleiches gilt für eine Änderung der Rechtsprechung oder der Erklärung der Verfassungswidrigkeit einer Norm durch das BVerfG. Denn zum Einen bleiben unanfechtbare Bescheide unberührt – zum Anderen wirkt sich eine solche Änderung i. d. R. nicht auf den steuerlichen Sachverhalt, sondern auf die rechtliche Subsumtion aus, die gerade nicht unter § 175 I 1 Nr. 2 AO fallen soll.

Eine Änderung kann zu Gunsten oder zu Ungunsten des Steuerpflichtigen vorgenommen werden.

Ob ein Ereignis steuerrechtlich Wirkung für die Vergangenheit entfaltet, ergibt sich aus den Einzelgesetzen. Denn für sich betrachtet, kann ein Ereignis keine Wirkung für die Vergangenheit haben; diese muss ihm erst zugesprochen werden. Zuständig dafür ist der Gesetzgeber.

16. Korrektur materieller Fehler, § 177 AO

Die Korrektur materieller Fehler (alt: Rechtsfehler) bestimmt sich nach § 177 AO. Damit werden sämtliche Steuerbescheide erfasst, die objektiv fehlerhaft sind und aus anderen Gründen geändert werden. Dabei entdeckte Fehler, die nicht durch eine selbständige Änderungsnorm veränderbar sind, werden von § 177 AO erfasst und so korrigiert. Diese Norm ist notwendig, da Fehler eigentlich nicht mehr geändert werden können, wenn die Steuerfestsetzung unanfechtbar geworden ist, also der Steuerbescheid bestandskräftig wurde. Eine Korrektur kann in einem solchen Falle nur auf Grund einer gesetzlichen Ermächtigung wie § 177 AO erfolgen. Dabei wird jedoch nicht der gesamte Sachverhalt neu zur Betrachtung geführt, sondern es erfolgt lediglich eine punktuelle Änderung der jeweiligen Einzeltatbestände. Die Verjährung spielt in diesem Zusammenhang keine Rolle, da die Änderung lediglich die Besteuerungsgrundlage, nicht jedoch den Steueranspruch betrifft. Und nur dieser unterliegt der Verjährung.

Voraussetzung ist zunächst, dass ein Verwaltungsakt vorliegt. Dieser ist in der Regel, bei einem Steuerbescheid grundsätzlich, zu bejahen. Ferner muss ein

Rechtsfehler vorliegen, der sich nach der Rechtsprechung des BFH als objektive Unrichtigkeit definiert.[13] Dazu muss der Sachverhalt von der jeweils zuständigen Finanzbehörde falsch erfasst worden sein. Daraus folgt gleichsam, dass es sich bei den Rechtsfehlern immer und stets um solche der Behörde handeln muss. Abzugrenzen ist dabei von der falschen Erfassung der jeweils zu Grunde liegenden Tatsachen. Auf das Verschulden kommt es dabei nicht an. Hier erfolgt lediglich eine objektive Betrachtung des Sachverhalts. Ermessen wird der Behörde nicht zugestanden. Ist eine materielle Unrichtigkeit festgestellt, muss die Finanzbehörde berichtigen. Diese richtet sich umfänglich nach der Änderung des Steuerbescheides und ist sowohl zu Gunsten des Steuerpflichtigen als auch zu Ungunsten des Steuerpflichtigen vorzunehmen. Allerdings ist auch hier wieder die Grenze von Treu und Glauben (§ 242 BGB analog) zu beachten, die einer Korrektur im Einzelfall entgegenstehen kann. Im Übrigen ist der Vertrauensschutz des § 176 zu beachten (§ 177 IV i. V. m. § 176 AO).

Die Höchstgrenze der Korrektur bestimmt sich aus der Differenz zwischen dem ursprünglichen Steuerfestsetzungbetrag und der Steuerauswirkung, die sich aus der Änderung ergibt. Die Untergrenze wird durch den Betrag definiert, der sich aus der Differenz zwischen der bisherigen und aktuellen Steuerfestsetzung und dem Abzug des Änderungsbetrages ergibt.

17. Rücknahme eines Steuerverwaltungsaktes, § 130 AO[14]

Die Rücknahme eines Steuerverwaltungsaktes richtet sich nach § 130 AO. Diese Norm ist für Steuerbescheide nicht anwendbar, § 172 I Nr. 2 lit. d AO. Daher gilt § 130 AO auch nicht für diesen ähnlich stehende Bescheide. Die Norm des § 130 ist als lex spezialis zu den Vorschriften der Änderungstatbestände zu sehen. Dies ergibt sich bereits aus der Stellung im Gesetz. Ist also § 130 anwendbar, kommt eine Änderung etwa nach § 172 AO nicht in Betracht.

Ausgegangen wird in § 130 AO zunächst von der Möglichkeit der freien Rücknahme eines VA. Eine Ausnahme besteht jedoch für begünstigende Bescheide gem. Abs. 2. Die Rücknahme bezieht sich nur auf rechtswidrige VAe. Rechtmäßige Bescheide können nur widerrufen werden.

Rechtswidrig ist ein VA dann, wenn geltendes Recht unrichtig angewandt wurde oder der falsche Sachverhalt zu Grunde gelegt wurde. Daher ist auch die Rücknahme nichtiger Verwaltungsakte möglich. Dafür reicht ein Verstoß gegen Verwaltungsvorschriften jedoch nicht aus. Dieser ist nur dann als rechtswidrig i. d. § 130 AO einzustufen, wenn der Verstoß gleichzeitig einen

13 BFH BStBl. II 1972, 742.

14 Für das Verwaltungsrecht vgl. § 48 VwVfG.

Verstoß gegen Art. 3 I GG impliziert. Für die Rechtswidrigkeit, die sowohl aus formellem als aus materiellem Recht bestehen kann, trägt die Finanzbehörde grundsätzlich die Beweislast.

Die rechtswidrigen VAe können zurückgenommen oder durch einen neuen Verwaltungsakt ersetzt werden. Dabei spielt der Grund für die Rechtswidrigkeit keine Rolle. § 130 AO unterscheidet jedoch zwischen begünstigenden und nicht begünstigenden Verwaltungsakten. Der Unterschied besteht darin, dass für die Rücknahme eines begünstigenden Verwaltungsakts die Voraussetzungen des Abs. 2 gelten, während für einen nicht begünstigenden Verwaltungsakt die Rücknahme ohne weitere Voraussetzungen möglich ist.

Verwaltungsakte mit Mischcharakter bedürfen einer differenzierteren Betrachtung. Soll ein VA mit Mischinhalt – mit sowohl begünstigendem als auch nicht begünstigendem Inhalt – rückgängig gemacht werden, ist zunächst festzustellen, welcher Teil geändert werden soll. Alsdann ist zu prüfen, ob mit der Rücknahme eine Verbesserung oder eine Verschlechterung eintritt. Bei einer reformatio in peius ist daher nur § 130 II AO anwendbar; bei einer Verbesserung ist die Rücknahme ohne weitere Voraussetzungen nach § 130 I AO möglich.

Ob der Verwaltungsakt rechtswidrig und begünstigend ist, muss von der Finanzbehörde festgestellt werden. Dies unterliegt der vollen richterlichen Überprüfung. Die Entscheidung, ob dieser VA zurückgenommen werden soll, liegt dagegen im Ermessen der Behörde. Die Ermessensausführung unterliegt auch hier wieder der vollen gerichtlichen Überprüfbarkeit; der Inhalt der Ermessensausführung jedoch nicht. Mit der Entscheidung, ob die Behörde einen VA zurücknimmt, ist auch die Entscheidung verbunden, ob die Rücknahme mit Wirkung nur für die Zukunft oder auch mit Wirkung für die Vergangenheit stattfinden soll. Ferner soll die Behörde prüfen, ob die Angaben des Steuerpflichtigen unwahr oder nicht vollständig erfolgten. Daraus folgt auch das Entschließungsermessen der Behörde hinsichtlich der Rücknahme des VA.

Hinsichtlich der Fristen für die Rücknahme ist zu differenzieren. Die Anwendungsbereiche des § 130 I, II Nr. 2 AO unterliegen keiner Frist. Sie sind zu jedem beliebigen Zeitpunkt zurücknehmbar. Anders dagegen die restlichen Fälle des § 130 AO. Diese unterliegen der Ein-Jahres-Frist. Fristbeginn dafür ist die Erkenntnis der Finanzbehörde von der Rechtswidrigkeit des VA. Ferner müssen ihr die erheblichen Tatsachen, die eine Rücknahme rechtfertigen, vollständig bekannt sein.

18. Widerruf eines Steuerverwaltungsaktes, § 131 AO[15]

Im Gegensatz zu § 130 AO regelt § 131 AO den Widerruf eines Steuerverwaltungsaktes. Zu differenzieren ist also lediglich hinsichtlich der Rechtswidrigkeit. Der Widerruf besteht entgegen des Wortlauts auch für rechtswidrige Verwaltungsakte. Denn wenn ein rechtmäßiger Verwaltungsakt widerrufen werden kann, besteht für den rechtswidrigen kein besonderer Schutz bzgl. dessen Bestand.

Auch diese Norm gilt nicht für Steuerbescheide (§ 172 I Nr. 2 lit. d AO) und ist daher für das Steuerrecht von prinzipiell untergeordneter Bedeutung.

Trotz der Differenzierung ist auch hier wieder zwischen begünstigenden und nicht begünstigenden Verwaltungsakten zu unterscheiden.

Ein rechtmäßiger, nicht begünstigender Verwaltungsakt kann, auch nachdem er unanfechtbar geworden ist, ganz oder teilweise mit Wirkung für die Zukunft widerrufen werden, es sei denn, ein VA gleichen Inhalts müsste erneut erlassen werden oder aus anderen Gründen wäre ein Widerruf unzulässig. Der Widerruf ist also auf den gesamten VA oder nur auf einen Teil zu beschränken.

Der Widerruf ist ferner möglich, wenn der Beteiligte eine Auflage (§ 120 II Nr. 4 AO) der Behörde nicht erfüllt hat. Wirkung entfaltet der Widerruf nur ex nunc, es sei denn, die Behörde setzt einen anderen Wirkungszeitraum fest. Mit dem Widerruf wird der Verwaltungsakt ganz oder eingeschränkt unwirksam. Die Unwirksam entfaltet sich mit dem Zeitpunkt der Wirksamkeit des Widerrufs.

Für die Zuständigkeit der jeweiligen Behörde gilt § 26 II AO uneingeschränkt, gleichwohl auf Grund Redaktionsversehens ein Hinweis auf die Geltung dieser Norm unterblieben ist.

Im Übrigen gilt das zu § 130 AO Gesagte.

15 Zum Verwaltungsverfahren vgl. § 49 VwVfG.

VI. Fragen und Antworten

Wie wird die Einkommensteuer bezeichnet? Sie wird als Personensteuer bezeichnet, da sie auf die wirtschaftliche Netto-Leistungsfähigkeit und die persönlichen Verhältnisse des jeweiligen Steuerpflichtigen abstellt.

Welche verschiedenen Veranlagungsformen gibt es? Es gibt die Einzelveranlagung sowie die Veranlagung von Eheleuten durch getrennte Veranlagung, Zusammenveranlagung und besondere Veranlagung.

Wie lauten die Tatbestandsmerkmale der unbeschränkten Einkommensteuerpflicht? § 1 Abs. 1 EStG: natürliche Person mit Wohnsitz im Inland.

Was bedeutet der Begriff „Welteinkommensprinzip“? Sämtliche Einkünfte unterliegen der Einkommensteuer, die von einem in Deutschland ansässigen Steuerpflichtigen im Inland und im Ausland erzielt werden.

Was bedeutet der Begriff „Progressionsvorbehalt“? Im Rahmen des Progressionsvorbehalts wird ein Steuersatz durch Einbeziehung steuerfreier Leistungen gebildet, mit dem das zu versteuernde Einkommen ohne steuerfreie Einnahmen versteuert wird.

Definieren Sie den Begriff „Abgeltungssteuer“! Die Abgeltungssteuer hat das Halbeinkünfteverfahren abgelöst und wird auf Einkünfte aus Kapitalvermögen angewandt. Der Steuersatz beträgt 25 % zuzüglich Solidaritätszuschlag zuzüglich Kirchensteuer und wird vom Kreditinstitut direkt einbehalten und an das Finanzamt abgeführt. Damit ist die steuerliche Belastung abgegolten.

Welche Gewinnermittlungsarten kennen Sie? Es gibt die Bilanzierung und die Einnahme-Überschuss-Rechnung, normiert in §§ 4, 5 EStG.

Welche Pauschbeträge kennen Sie? Es gibt u. a. den Pauschbetrag für Werbungskosten aus nichtselbständiger Tätigkeit in Höhe von 920,00 EUR sowie den Pauschbetrag für Sonderausgaben in Höhe von 36,00 EUR, den Sparerfreibetrag i. H. v. 801,00 EUR und den Freibetrag bei Rentenbezug i. H. v. 102,00 EUR.

Definieren Sie den Begriff „Werbungskosten“! Werbungskosten sind Aufwendungen zur Erwerbung, Sicherung und Erhaltung der Einnahmen gemäß § 9 EStG.

Wie wird die private Nutzung eines betrieblichen Pkw steuerlich ermittelt? Für die private Nutzung wird monatlich 1 % des inländischen Bruttolistenpreises sowie für die Fahrten zwischen Wohnung und Arbeit monatlich 0,03 % des Listenpreises pro Entfernungskilometer angesetzt.

Wie werden Renten besteuert? Renten als sonstige Einkünfte werden nicht mehr mit dem Ertragsanteil, sondern nachgelagert besteuert.

Was ist steuerlich nicht abzugsfähig? Steuerlich nicht abzugsfähig sind unter anderem Aufwendungen für die private Lebensführung (vgl. § 12 EStG).

Wie lauten die Tatbestandsmerkmale eines Gewerbebetriebes? Selbständigkeit, Nachhaltigkeit, Gewinnerzielungsabsicht, Beteiligung am allgemeinen wirtschaftlichen Verkehr, keine Landwirtschaft und Forstwirtschaft, keine Tätigkeit aus selbstständiger Arbeit, keine Vermögensverwaltung.

Welche Einkommensteuertarife kennen Sie? Grundtarif und Splittingtarif, (§ 32a EStG).

1. Was sind Doppelbesteuerungsabkommen? Doppelbesteuerungsabkommen sind bilaterale oder multilaterale Abkommen zur Vermeidung der Doppelbesteuerung, (§ 2 AO).
2. Welche Arten der persönlichen Steuerpflicht gibt es? Unbeschränkte Steuerpflicht, unbeschränkte Steuerpflicht auf Antrag, beschränkte Steuerpflicht, erweitert beschränkte Steuerpflicht (§ 1 EStG).
3. Was bedeutet „Liebhaberei“ im steuerlichen Sinn? Liebhaberei ist eine Betätigung, die aus rein persönlichen Gründen betrieben wird.
4. Welche Voraussetzung muss erfüllt sein, um Liebhaberei zu verneinen? Einkunftserzielungsabsicht.
5. Nennen Sie die Einkünfte gemäß § 21 EStG! Einkünfte aus Vermietung und Verpachtung von unbeweglichem Vermögen (z.B. Grundstücke) sowie von Sacheninbegriffen; Einkünfte aus zeitlich begrenzter Überlassung von erworbenen Rechten (z.B. Überlassung eines Patentes) sowie der Veräußerung von Miet- und Pachtzinsforderungen.
6. Welche Aufwendungen gehören zu den Werbungskosten (§ 9 EStG) bei den Einkünften aus Vermietung und Verpachtung? Alle Aufwendungen, die durch eine Vermietung und Verpachtung veranlasst sind. Dazu können auch vergebliche oder fehlgeschlagene Aufwendungen gehören.
7. Wann ist § 22 EStG anzuwenden? … wenn keine anderen Einkunftsarten gegeben sind (alle übrigen Einkunftsarten haben Vorrang). Ausnahme: § 22 Nr. 2 in Verbindung mit § 23 EStG hat Vorrang vor § 17 EStG.
8. Wann liegen Einkünfte nach § 17 EStG vor? Bei Veräußerung oder verdeckter Einlage in eine Kapitalgesellschaft; Anteile an einer Kapitalgesellschaft; Anteile im Privatvermögen; kein privates Veräußerungsgeschäft.
9. Welche Einkünfte zählen zu den Einkünften aus selbstständiger Tätigkeit? Einkünfte aus freiberuflicher Tätigkeit; Einnehmer einer staatlichen Lotterie; sonstige selbstständige Tätigkeit.
10. Welche Hauptgruppen gibt es im Rahmen der freiberuflichen Tätigkeiten? Selbstständig ausgeübte Tätigkeiten (wissenschaftlich, künstlerisch,

schriftstellerisch, unterrichtend, erzieherisch); Katalogberufe (Rechtsanwalt, Arzt, Notar); den Katalogberufen ähnliche Tätigkeiten.

11. Wer bezieht Einkünfte aus nichtselbstständiger Tätigkeit? Z. B. Arbeitnehmer.
12. Welche Voraussetzungen müssen für die Bejahung der Arbeitnehmereigenschaft erfüllt sein? Voraussetzung ist, dass ein Dienstverhältnis besteht oder bestanden hat und aus diesem Dienstverhältnis Arbeitslohn bezogen wird.
13. Worin liegt der Unterschied beider Gewinnermittlungsarten? Bei der Einnahme-Überschuss-Rechnung werden Betriebseinnahmen und Betriebsausgaben nach dem Zufluss-und Abflussprinzip (§ 11 EStG) erfasst. Eine Bewertung mit dem niedrigeren Teilwert ist bei der Bilanzierung dagegen möglich.
14. Wie sind die Anschaffungs- oder Herstellungskosten für Wirtschaftsgüter des Anlagevermögens steuerlich zu berücksichtigen? Die Anschaffungs- oder Herstellungskosten von abnutzbaren Wirtschaftsgütern des Anlagevermögens sind durch die sog. Abschreibung zu berücksichtigen. Die Anschaffungs- oder Herstellungskosten von nicht abnutzbaren Wirtschaftsgütern des Anlagevermögens sind erst im Zeitpunkt des Zuflusses des Veräußerungserlöses oder bei Entnahme im Zeitpunkt der Entnahme dieser Wirtschaftsgüter zu berücksichtigen (z. B. Grundstück).
15. Wann kann ein Steuerpflichtiger von der Einnahme-Überschuss-Rechnung zur Bilanzierung wechseln? Bei freiwilligem Wechsel der Gewinnermittlungsarten, für den Fall, dass der Steuerpflichtige buchführungspflichtig wird sowie im Fall der Veräußerung oder Aufgabe des Betriebes.
16. Welche Einnahmen führen zu Einkünften aus Kapitalvermögen? Die Einnahmen aus § 20 I Nr. 1–10 EStG, soweit diese nicht zu den Einkünften aus Land- und Forstwirtschaft, Gewerbebetrieb, aus selbstständiger Tätigkeit oder aus Vermietung und Verpachtung gehören.
17. Was bedeutet der Begriff „Unternehmer“? Unternehmerfähigkeit, gewerbliche oder berufliche Tätigkeit, Selbstständigkeit.
18. Was ist eine gewerbliche oder berufliche Tätigkeit? Jede nachhaltige Tätigkeit zur Erzielung von Einnahmen.
19. Wann wird die Tätigkeit nachhaltig ausgeübt? Die Tätigkeit wird fortgesetzt oder auf Dauer ausgeübt und unterscheidet sich durch die Art und die Intensität von der Tätigkeit einer Privatperson.
20. Führen bereits Vorbereitungshandlungen zur Unternehmereigenschaft? Ja, wenn die spätere Ausführung entgeltlicher Leistungen ernsthaft beabsichtigt ist.
21. Wann ist ein Gegenstand des Unternehmens gegeben? Wenn die unternehmerische Verwendung des Gegenstandes objektiv möglich und in der

Regel auch durchgeführt wird. Ferner bei gemischt-genutzten Gegenständen (Pkw, Haus), bei denen eine Zuordnung zum Unternehmen vorgenommen wird.

22. Wie viele Unternehmen im Sinne des Umsatzsteuerrechts kann ein Unternehmer haben? Ein Unternehmen.
23. Welche Gebiete unterscheidet das Umsatzsteuergesetz? Inland, Ausland, übriges Gemeinschaftsgebiet, Gemeinschaftsgebiet, Drittlandsgebiet.
24. Was ist eine sonstige Leistung? Eine wirtschaftliche Leistung, die keine Lieferung ist und die in einem Tätigwerden, Dulden oder Unterlassen besteht.
25. Erklären Sie, wo die Steuerhoheit geregelt ist! Art. 108 Grundgesetz
26. Welche verschiedenen Einkunftsarten gibt es und wo sind diese zu finden? Vgl. § 2 Einkommensteuergesetz
27. Wo ist das Einspruchsverfahren zu finden? §§ 347 ff. Abgabenordnung
28. Kann für Steuern eine Gegenleistung verlangt werden? Wo ist der Begriff „Steuer“ definiert? Nein, vgl. § 3 Abgabenordnung.

VII. Literaturverzeichnis

Aatz, Alois; Die Besteuerung der Wertpapier-Optionsgeschäfte von Privaten, BB 1974, 879 ff.

Arndt, Hans-Wolfgang; Steuerrecht, 2. Auflage, Heidelberg 2001

Badura, Peter; Staatsrecht, 3. Auflage, München 2003

Bayer, Hermann-Wilfried; Grundbegriffes des Steuerrechts, 4. Auflage, Neuwied u. a. 1992

Benda, Ernst / Maihofer, Werner / Vogel, Hans-Jochen; Handbuch des Verfassungsrechts der Bundesrepublik Deutschland, 2. Auflage, Berlin u. a. 1994

Berg, Wilfried; Staatsrecht, 3. Auflage, Stuttgart u. a. 2001

Bleckmann, Albert; Die Struktur des allgemeinen Gleichheitssatzes, Band 9, Köln u. a. 1995

Birk, Dieter; Steuerrecht, 6. Auflage, Münster 2003

Bosse, Christian; Erwerb eigener Aktien, Dissertation, Heidelberg 2002

Bundessteuerberaterkammer; Besteuerung von Spekulationsgeschäften auf dem verfassungsrechtlichen Prüfstand – Einspruch gegen Steuerbescheide zur Spekulationssteuer, Beihefter zu DStR 2002 – KR, 34 f.

Bundessteuerberaterkammer; Rückwirkende Verlängerung der Grundstücksspekulationsfrist auf zehn Jahre vermutlich verfassungswidrig – BFH gewährt Vollziehungsaussetzung, Beihefter zu DStR 2001 – KR, Creifelds, Carl; Rechtswörterbuch, 15. Auflage, München 1999

Dammer, Thomas; Memento Steuern 2000, Freiburg i. Br. 2000

Daumke, Michael; Grundriß des deutschen Steuerrechts, 2. Auflage, Berlin 1991

Degenhart, Christoph, Staatsrecht I Staatsorganisationsrecht, 19. Auflage, Heidelberg u. a. 2003

Emmerich, Volker / Sonnenschein, Jürgen; Konzernrecht, 6. Auflage, München 1997

Ernst, Markus; „Die Besteuerung der Veräußerungsgewinne von Anteilen an Kapitalgesellschaften im Privatvermögen und ihre Rechtfertigung", Augsburg 2003

Eschenbach, Jürgen; Der verfassungsrechtliche Schutz des Eigentums, Dissertation, Osnabrück 1995

Falterbaum, Hermann / Beckmann, Heinz / Bolk, Wolfgang; Buchführung und Bilanz, 17. Auflage, Achim 1998

FORUM EUROPAEUM KONZERNRECHT; Konzernrecht für Europa, ZGR 1998, 673 ff.

Gassner, Wolfgang; Europarechtswidrigkeit der Organschaftsbesteuerung, DB 2004, 841 ff.

Groß, Wolfgang; Kapitalmarktrecht, Kommentar, München 2000

Haas, Helmut; Körperschaftsteuer, 7. Auflage, München 2002

Heinicke in: Schmidt, Ludwig; EStG, Kommentar, 22. Auflage, München 2003

Herrmann, Carl / Heuer, Gerhard / Raupach, Arndt; Einkommensteuer- und Körperschaftsteuergesetz, Kommentar, 21. Auflage, 1982

Huhmann, Marcus; Die verfassungsrechtliche Dimension des Bankgeheimnisses, Dissertation, Kiel 2001

Ipsen, Jörn; Staatsrecht I, 15. Auflage, München u. a. 2003

Ipsen, Jörn; Staatsrecht II, 6. Auflage, München u. a. 2003

Jarass, Hans D. / Pieroth, Bodo; Grundgesetz für die Bundesrepublik Deutschland, Kommentar, 7. Auflage, München 2004

Klein, Franz; AO, Kommentar, München 2000
Köbler, Gerhard; Etymologisches Rechtswörterbuch, Tübingen 1995
Kötter, Friedrich / Hirt, Enst / Röttinger, Hans; ABC des Bilanzsteuerrechts, 3. Auflage, Berlin 1979
Kobler, Markus; Der Staat und die Eigentumsrechte, Tübingen 2000
Lippross, Otto-Gerd; Basiskommentar-Steuerrecht, Band II, Köln 2002
Littmann, Eberhard / Bitz, Horst / Pust, Hartmut; Das Einkommensteuerrecht, Kommentar, Band 3 & 4, Stuttgart 2004
Peltzer, Martin; Die Haftung der Konzernmutter für die Schulden ihrer Tochter, mit der sie durch Ergebnisabführungs- und/oder Beherrschungsvertrag verbunden ist, insbesondere im Falle der Insolvenz der Tochter, AG 1975, 309 ff.
Pietsch, Reinhart / Posdziech, Ortwin; Grundriß der Körperschaftsteuer, Bonn 1991
Plückebaum, Rodolf / Wendt, Wilhelm / Ehmcke, Torsten / Niemeier, Gerhard / Schlierenkämper, Klaus-Peter; Einkommensteuer, 18. Auflage, Achim 1996
Sachs, Michael; GG, Kommentar, München 1996
Schade, Peter; Grundgesetz, Kommentar, 6. Auflage, Regensburg u. a. 2003
Schmallowsky, Thomas; Squeeze out im normativen Umfeld, Düsseldorf 2004
Schumacher, Rudolf; Private Veräußerungsgeschäfte nach § 23 EStG für Minderheitsaktionäre als steuerliche Folge beim sog. „Squeeze-out“?, DB 2002, 1626 ff.
Schöneberger, Peter; Haftung des Organträgers nach Beendigung des Gewinnabführungsvertrages, BB 1978, 1646 ff.
Streck, Michael; Körperschaftsteuergesetz, Kommentar, 6. Auflage, München 2003
Thomsen, Birger; Das Amnestiegesetz aus steuerstrafrechtlicher Sicht, Aachen 1995
Tiedtke, Klaus / Wälzholz, Eckhard; Private Veräußerungsgeschäfte (Spekulationsgeschäfte) nach § 23 EStG im Rahmen von Trennungs- und Scheidungsvereinbarungen, DStZ 2002, 9 ff
Tipke, Klaus / Lang, Joachim; Steuerrecht, 15. Auflage, Köln 1996
Vogel, Klaus; DBA, Kommentar, 3. Auflage, München 1996
Waclawik, Erich; Ausgeschlossen und dennoch veräußert? – Die einkommensteuerlichen Folgen der „Steuerfalle Squeeze-out“ bei Privatanlegern, DStR 2003, 447 ff.
Walter, Wolfgang / Stümper, Franz-Peter; Überschusserzielungsabsicht bei privaten Veräußerungsgeschäften: Spekulation mit Jahreswagen?, DB 2001, 2271 ff.
Walz, W. Rainer / Fischer, Hardy; Grundlagen des Steuerrechts für Einsteiger, JuS 2003, 341 ff.
Wöhe, Günter / Kußmaul, Heinz; Grundzüge der Buchführung und Bilanztechnik, 2. Auflage, München 1996
Wöhe, Günter; Einführung in die Allgemeine Betriebswirtschaftslehre, 18. Auflage, München 1993
Zenthöfer, Wolfgang / Leben, Gerd; Körperschaftsteuer und Gewerbesteuer, 11. Auflage, Stuttgart 2001

Stichwortverzeichnis

Zeitfracht Medien GmbH
Ferdinand-Jühlke-Straße 7
99095 Erfurt, Deutschland
produktsicherheit@kolibri360.de